LE

PETIT CHOSE

PARIS.— IMP. L. POUPART-DAVYL, 30, RUE DU BAC

ALPHONSE DAUDET

LE PETIT CHOSE

HISTOIRE D'UN ENFANT

> « C'est un de mes maux que les souvenirs que me donnent les lieux ; j'en suis frappée au delà de la raison. »
> Mme DE SÉVIGNÉ.

PARIS
J. HETZEL, LIBRAIRE-ÉDITEUR
18, RUE JACOB, 18

1868
Tous droits réservés

A
PAUL DALLOZ

TÉMOIGNAGE DE MA GRATITUDE ET DE MON AMITIÉ

A. D.

LE PETIT CHOSE

HISTOIRE D'UN ENFANT

PREMIÈRE PARTIE

I

LA FABRIQUE

Je suis né le 13 mai 18.., dans une ville du Languedoc, où l'on trouve, comme dans toutes les villes du Midi, beaucoup de soleil, pas mal de poussière, un couvent de Carmélites et deux ou trois monuments romains.

Mon père, M. Eyssette, qui faisait à cette époque le commerce des foulards, avait aux portes de la ville en question une grande fabrique dans un pan de laquelle il s'était taillé une habitation charmante, tout ombragée de platanes et séparée des ateliers par un vaste jardin. C'est là que je suis venu au monde et que j'ai passé les premières, les seules bonnes années de ma vie. Aussi ma mémoire reconnaissante a-t-elle gardé du jardin, de la fabrique et des platanes un impérissable souvenir, et lorsqu'à la ruine de mes parents il m'a fallu me séparer de ces choses, je les ai positivement regrettées comme des êtres.

Je dois dire, pour commencer, que ma naissance ne porta pas bonheur à la maison Eyssette. La vieille Annou, notre cuisinière, m'a souvent conté depuis, comme quoi mon père, en voyage à ce moment, reçut en même temps la nouvelle de mon apparition dans le monde et celle de la disparition d'un de ses clients de Marseille qui lui emportait plus de quarante mille francs ; si bien que M. Eyssette, heureux et désolé du même coup, se demandait, comme l'autre, s'il devait pleurer pour la disparition du client de Marseille ou rire pour l'heureuse arrivée du petit Daniel... Il fallait pleurer, mon bon monsieur Eyssette, il fallait pleurer doublement.

C'est une vérité : je fus la mauvaise étoile de mes parents. Du jour de ma naissance, d'incroyables malheurs les assaillirent par vingt endroits. D'abord nous eûmes donc le client de Marseille, puis deux fois le feu dans la même année, puis la grève des ourdisseuses, puis notre brouille avec l'oncle Baptiste, puis un procès très-coûteux avec nos marchands de couleurs; puis enfin la Révolution de 18... qui nous donna le coup de grâce.

A partir de ce moment, la fabrique ne battit plus que d'une aile; petit à petit les ateliers se vidèrent; chaque semaine un métier à bas, chaque mois une table d'impression de moins. C'était pitié de voir la vie s'en aller de notre maison comme d'un corps malade, lentement, tous les jours un peu. Une fois on n'entra plus dans les salles du second. Une autre fois, la cour du fond fut condamnée. Cela dura ainsi pendant deux ans; pendant deux ans la fabrique agonisa. Enfin un jour les ouvriers ne vinrent plus, la cloche des ateliers ne sonna pas, le puits à roue cessa de grincer, l'eau des grands bassins, dans lesquels on lavait les tissus, demeura immobile, et bientôt dans toute la fabrique il ne resta plus que M. et madame Eyssette, la vieille Annou, mon frère Jacques et moi; puis là-bas, dans le fond, pour garder les ateliers, le concierge Colombe et son fils le petit Rouget.

C'était fini, nous étions ruinés.

J'avais alors six ou sept ans. Comme j'étais très-frêle et maladif, mes parents n'avaient pas voulu m'envoyer à l'école. Ma mère m'avait seulement appris à lire et à écrire, plus quelques mots d'espagnol et deux ou trois airs de guitare, à l'aide desquels on m'avait fait, dans la famille, une réputation de petit prodige. Grâce à ce système d'éducation, je ne bougeais jamais de chez nous, et je pus assister dans tous ses détails à l'agonie de la maison Eyssette. Ce spectacle me laissa froid, je l'avoue ; même je trouvai à notre ruine ce côté très-agréable, que je pouvais gambader à ma guise par toute la fabrique, ce qui, du temps des ouvriers, ne m'était permis que le dimanche. Je disais gravement au petit Rouget : « Maintenant, la fabrique est à moi ; on me l'a donnée pour jouer. » Et le petit Rouget me croyait. Il croyait tout ce que je lui disais, cet imbécile.

A la maison, par exemple, tout le monde ne prit pas notre débâcle aussi gaiement. Tout à coup M. Eyssette devint terrible ; c'était dans l'habitude une nature en dehors, enflammée, violente, exagérée, aimant les cris, la casse et les tonnerres ; au demeurant, un très-excellent homme, ayant seulement la main leste, le verbe haut et l'impérieux besoin de donner le tremblement à tout ce qui l'entourait. La mauvaise fortune, au lieu de l'abattre, l'exaspéra. Du soir au matin ce fut une colère formidable qui, ne sachant à quoi s'en prendre, s'en prenait à tout, au soleil, au mistral, à Jacques, à la vieille Annou, à la Révolution, oh ! surtout à la Révolution !... A entendre mon père, vous auriez juré que cette Révolution de 18..., qui nous avait mis à mal, était spécialement dirigée contre nous. Aussi, je vous prie de croire que les révolutionnaires n'étaient pas en odeur de sainteté dans la maison Eyssette. Dieu sait ce que nous avons dit de ces messieurs dans ce temps-là... Ils étaient la bête noire de mon père. Encore aujourd'hui quand le vieux papa Eyssette (que

Dieu me le conserve !) sent venir son accès de goutte, il s'étend péniblement sur sa chaise longue, et nous l'entendons dire avec une grimace : « Oh ! ces révolutionnaires !... »

A l'époque dont je vous parle, M. Eyssette n'avait pas la goutte, et la douleur de se voir ruiné en avait fait un homme terrible que personne ne pouvait approcher. Il fallut le saigner deux fois en quinze jours. Autour de lui, chacun se taisait; on avait peur. A table, nous demandions du pain à voix basse. On n'osait pas même pleurer devant lui. Aussi, dès qu'il avait tourné les talons, ce n'était qu'un sanglot d'un bout de la maison à l'autre; ma mère, la vieille Annou, mon frère Jacques et aussi mon grand frère l'abbé, lorsqu'il venait nous voir, tout le monde s'y mettait. Ma mère, cela se conçoit, pleurait de voir M. Eyssette malheureux; l'abbé et la vieille Annou pleuraient de voir pleurer madame Eyssette; quant à Jacques, trop jeune encore pour comprendre nos malheurs, — il avait à peine deux ans de plus que moi, — il pleurait par besoin, pour le plaisir.

Un singulier enfant que mon frère Jacques! En voilà un qui avait le don des larmes! D'aussi loin qu'il me souvienne, je le vois les yeux rouges et la joue ruisselante. Le soir, le matin, de jour, de nuit, en classe, à la maison, en promenade, il pleurait sans cesse, il pleurait partout. Quand on lui disait : « Qu'as-tu ? » il répondait en sanglotant : « Je n'ai rien. » Et, le plus curieux, c'est qu'il n'avait rien. Il pleurait comme on se mouche, plus souvent, voilà tout. Quelquefois M. Eyssette, exaspéré, disait à ma mère : « Cet enfant est ridicule, regarde-le !... c'est un vrai fleuve. » A quoi madame Eyssette répondait de sa voix douce : « Que veux-tu, mon ami ? cela passera en grandissant ; à son âge, j'étais comme lui. » En attendant, Jacques grandissait ; il grandissait beaucoup même, et *cela* ne lui passait pas. Tout au contraire, la singulière aptitude qu'avait cet étrange garçon à répandre sans raison des averses de larmes allait chaque jour en augmentant. Aussi la désolation de nos parents lui fut une bonne fortune... C'est pour le coup qu'il s'en donna de sangloter à son aise des journées entières, sans que personne vînt lui dire : « Qu'as-tu ? »

En somme, pour Jacques comme pour moi, notre ruine avait son joli côté.

Pour ma part, j'étais très-heureux. On ne s'occupait plus de moi. J'en profitais pour jouer tout le jour avec Rouget parmi les ateliers déserts, où nos pas sonnaient comme dans une église, et les grandes cours abandonnées que l'herbe envahissait déjà. Ce jeune Rouget, fils du concierge Colombe, était un gros garçon d'une douzaine d'années, fort comme un bœuf, dévoué comme un chien, bête comme une oie et remarquable surtout par une énorme chevelure rouge à laquelle il devait son surnom de Rouget. Seulement, je vais vous dire : Rouget, pour moi, n'était pas Rouget. Il était tour à tour mon fidèle Vendredi, une tribu de sauvages, un équipage révolté, tout ce qu'on voulait. Moi-même en ce temps-là je ne m'appelais pas Daniel Eyssette : j'étais cet homme singulier, vêtu de peaux de bêtes dont on venait de me donner les aventures, master Crusoé lui-même. Douce folie ! Le soir, après souper, je relisais mon *Robinson*, je l'apprenais par cœur ; le jour, je le jouais, je le jouais avec rage, et tout ce qui m'entourait je l'enrôlais dans ma comédie. La fabrique n'était plus la fabrique ; c'était mon île déserte (oh ! bien déserte !). Les bassins jouaient le rôle d'Océan. Le jardin faisait une forêt vierge. Il y avait dans les platanes un tas de cigales qui étaient de la pièce et qui ne le savaient pas.

Rouget, lui non plus, ne se doutait guère de l'importance de son rôle. Si on lui avait demandé ce que c'était que Robinson, on l'aurait bien embarrassé ; pourtant je dois dire qu'il tenait son emploi avec la plus grande conviction, et que pour imiter les rugissements des sauvages, il n'y en avait pas comme lui. Où avait-il appris ? Je l'ignore. Toujours est-il que ces grands rugissements de sauvages qu'il allait chercher dans le fond de sa gorge, en agitant sa forte crinière rouge, auraient fait frémir les plus braves. Moi-même, Robinson, j'en avais quelquefois le cœur bouleversé, et j'étais obligé de lui dire à voix basse : « Pas si fort, Rouget, tu me fais peur. »

Malheureusement, si Rouget imitait le cri des sauvages très-bien, il savait encore mieux dire des gros mots d'enfants de la rue et jurer le nom de Notre Seigneur. Moi, tout en jouant, j'appris à

souvent, voilà tout. Quelquefois M. Eyssette, exaspéré, disait à ma mère : « Cet enfant est ridicule, regarde-le !... c'est un vrai fleuve. » A quoi madame Eyssette répondait de sa voix douce : « Que veux-tu, mon ami ? cela passera en grandissant ; à son âge, j'étais comme lui. » En attendant, Jacques grandissait ; il grandissait beaucoup même, et *cela* ne lui passait pas. Tout au contraire, la singulière aptitude qu'avait cet étrange garçon à répandre sans raison des averses de larmes allait chaque jour en augmentant. Aussi la désolation de nos parents lui fut une bonne fortune... C'est pour le coup qu'il s'en donna de sangloter à son aise des journées entières, sans que personne vînt lui dire : « Qu'as-tu ? »

En somme, pour Jacques comme pour moi, notre ruine avait son joli côté.

Pour ma part, j'étais très-heureux. On ne s'occupait plus de moi. J'en profitais pour jouer tout le jour avec Rouget parmi les ateliers déserts, où nos pas sonnaient comme dans une église, et les grandes cours abandonnées que l'herbe envahissait déjà. Ce jeune Rouget, fils du concierge Colombe, était un gros garçon d'une douzaine d'années, fort comme un bœuf, dévoué comme un chien, bête comme une oie et remarquable surtout par une énorme chevelure rouge à laquelle il devait son surnom de Rouget. Seulement, je vais vous dire : Rouget, pour moi, n'était pas Rouget. Il était tour à tour mon fidèle Vendredi, une tribu de sauvages, un équipage révolté, tout ce qu'on voulait. Moi-même en ce temps-là je ne m'appelais pas Daniel Eyssette : j'étais cet homme singulier, vêtu de peaux de bêtes dont on venait de me donner les aventures, master Crusoé lui-même. Douce folie ! Le soir, après souper, je relisais mon *Robinson*, je l'apprenais par cœur ; le jour, je le jouais, je le jouais avec rage, et tout ce qui m'entourait je l'enrôlais dans ma comédie. La fabrique n'était plus la fabrique ; c'était mon île déserte (oh ! bien déserte !). Les bassins jouaient le rôle d'Océan. Le jardin faisait une forêt vierge. Il y avait dans les platanes un tas de cigales qui étaient de la pièce et qui ne le savaient pas.

Rouget, lui non plus, ne se doutait guère de l'importance de son rôle. Si on lui avait demandé ce que c'était que Robinson, on l'aurait bien embarrassé ; pourtant je dois dire qu'il tenait son emploi avec la plus grande conviction, et que pour imiter les rugissements des sauvages, il n'y en avait pas comme lui. Où avait-il appris ? Je l'ignore. Toujours est-il que ces grands rugissements de sauvages qu'il allait chercher dans le fond de sa gorge, en agitant sa forte crinière rouge, auraient fait frémir les plus braves. Moi-même, Robinson, j'en avais quelquefois le cœur bouleversé, et j'étais obligé de lui dire à voix basse : « Pas si fort, Rouget, tu me fais peur. »

Malheureusement, si Rouget imitait le cri des sauvages très-bien, il savait encore mieux dire des gros mots d'enfants de la rue et jurer le nom de Notre Seigneur. Moi, tout en jouant, j'appris à faire comme lui, et un jour, en pleine table, un formidable juron m'échappa je ne sais comment. Consternation générale ! « Qui t'a appris cela ? Où l'as-tu entendu ? » Ce fut un événement : M. Eyssette parla tout de suite de me mettre dans une maison de correction, mon grand frère l'abbé dit qu'avant toute chose on devait m'envoyer à confesse, puisque j'avais l'âge de raison. On me mena à confesse. Grande affaire ! Il fallait ramasser dans tous les coins de ma conscience un tas de vieux péchés qui traînaient là depuis sept ans. Quel travail ! Je n'en dormis pas de deux nuits ; c'est qu'il y en avait toute une panerée de ces diables de péchés; j'avais mis les plus petits dessus, mais c'est égal, les autres se voyaient, et lorsque, agenouillé dans la petite armoire de chêne, il fallut montrer tout cela au curé des Récollets, je crus que je mourrais de peur et de confusion...

Ce fut fini. Je ne voulus plus jouer avec Rouget; je savais maintenant, c'est saint Paul qui l'a dit et le curé des Récollets me le répéta, que le démon rôde éternellement autour de nous comme un lion, *quærens quem devoret*. Oh ! ce *quærens quem devoret*, quelle impression il me fit ! Je savais aussi que cet intrigant de Lucifer prend tous les visages qu'il veut pour nous tenter; et vous ne m'auriez pas ôté de l'idée qu'il s'était caché dans la peau de M. Rouget pour m'apprendre à jurer le nom de Dieu. Aussi mon premier soin, en rentrant à la fabrique, fut d'avertir Vendredi qu'il eût à rester chez lui dorénavant. Infortuné Vendredi ! Cet ukase lui creva le cœur, mais il s'y conforma sans une plainte. Quelquefois je l'apercevais debout, sur la porte de la loge, du côté des ateliers ; il se tenait là, tristement ; et lorsqu'il voyait que je le regardais, le malheureux poussait pour m'attendrir les plus effroyables rugissements, en agitant sa crinière flamboyante ; mais plus il rugissait, plus je me tenais loin. Je trouvais qu'il ressemblait au fameux lion *quærens*. Je lui criais : « Va-t'en ! tu me fais horreur. »

Rouget s'obstina à rugir ainsi pendant quelques jours ; puis un matin, son père, fatigué de ces rugissements à domicile, l'envoya rugir en apprentissage, et je ne le revis plus.

Mon enthousiasme pour Robinson n'en fut pas un instant refroidi. Tout juste vers ce temps-là, l'oncle Baptiste se dégoûta subitement de son perroquet et me le donna. Ce perroquet remplaça Vendredi. Je l'installai dans une belle cage au fond de ma résidence d'hiver ; et me voilà, plus Crusoé que jamais, passant mes journées en tête-à-tête avec cet intéressant volatile et cherchant à lui faire dire : « Robinson ! mon pauvre Robinson ! » Comprenez-vous cela ? Ce perroquet, que l'oncle Baptiste m'avait donné pour se débarrasser de son éternel bavardage, s'obstina à ne pas parler dès qu'il fut à moi... Pas plus « mon pauvre Robinson, » qu'autre chose ; jamais je n'en pus rien tirer. Malgré cela, je l'aimais beaucoup et j'en avais le plus grand soin.

Nous vivions ainsi, mon perroquet et moi, dans la plus austère solitude, lorsqu'un matin il m'arriva une chose vraiment extraordinaire. Ce jour-là, j'avais quitté ma cabane de bonne heure et je faisais, armé jusqu'aux dents, un voyage d'exploration à travers mon île... Tout à coup je vis venir de mon côté un groupe de trois ou quatre personnes, qui parlaient à voix très-haute et gesticulaient vivement. Juste Dieu ! des hommes dans mon île ! Je n'eus que le temps de me jeter derrière un bouquet de lauriers-roses, et à plat ventre, s'il vous plaît... Les hommes passèrent près de moi sans me voir... Je crus distinguer la voix du concierge Colombe, ce qui me rassura un peu ; mais c'est égal ! dès qu'ils furent loin, je sortis de ma cachette et je les suivis à distance pour voir ce que tout cela deviendrait...

Ces étrangers restèrent longtemps dans mon île. Ils la visitèrent d'un bout à l'autre dans tous ses détails. Je les vis entrer dans mes grottes et sonder avec leurs cannes la profondeur de mes océans. De temps en temps ils s'arrêtaient et remuaient la tête... Toute ma crainte était qu'ils ne vinssent à découvrir mes résidences... Que serais-je devenu, grand Dieu ! Heureusement il n'en fut rien, et au bout d'une demi-heure les hommes se retirèrent sans se douter seulement que l'île était habitée. Dès qu'ils furent partis, je courus m'enfermer dans une de mes cabanes, et je passai là le reste du jour à me demander quels étaient ces hommes et ce qu'ils étaient venus faire.

Ce qu'ils étaient venus faire, hélas !... J'allais le savoir bientôt.

Le soir, à souper, M. Eyssette nous annonça solennellement que la fabrique était vendue, et que dans un mois nous partirions tous pour Lyon, où nous allions demeurer désormais.

Ce fut un coup terrible. Il me sembla que le ciel croulait. La fabrique vendue !... Eh bien !... et mon île, mes grottes, mes cabanes !

Hélas ! l'île, les grottes, les cabanes, M. Eyssette avait tout vendu ; il fallut tout quitter. Dieu ! que je pleurai !...

Pendant un mois, tandis qu'à la maison on emballait les glaces et la vaisselle, je me promenais triste et seul dans ma chère fabrique. Je n'avais plus le cœur à jouer, vous pensez... oh ! non !... J'allais m'asseoir dans tous les coins, et regardant les objets autour de moi, je leur parlais comme à des personnes... je disais aux platanes : « Adieu, mes chers amis, » et aux bassins : « C'est fini, nous ne nous verrons plus. » Il y avait dans le fond du jardin un grenadier dont les belles fleurs rouges s'épanouissaient au soleil. Je lui dis en sanglotant : « Donne-moi une de tes fleurs. » Il me la donna. Je la mis dans ma poitrine, en souvenir de lui. J'étais très-malheureux.

Pourtant, au milieu de cette grande douleur, deux choses me faisaient sourire : d'abord, la pensée de monter sur un navire, puis la permission qu'on m'avait donnée d'emporter mon perroquet avec moi. Je me disais que Robinson avait quitté son île dans des conditions à peu près semblables... cela me donnait du courage.

Enfin, le jour du départ arriva. M. Eyssette était déjà à Lyon depuis une semaine. Il avait pris les devants avec les gros meubles. Je partis donc en compagnie de Jacques, de ma mère et de la vieille Annou. Mon grand frère l'abbé ne partait pas, mais il nous accompagna jusqu'à la diligence de Beaucaire, et aussi le concierge Colombe nous accompagna. C'est lui qui marchait devant en poussant une énorme brouette chargée de malles. Derrière venait mon frère l'abbé, donnant le bras à madame Eyssette.

Hélas! mon pauvre abbé, que je ne devais plus revoir!

La vieille Annou marchait ensuite, flanquée d'un gros parapluie bleu et de Jacques, qui était bien content d'aller à Lyon, mais qui sanglotait tout de même... Enfin, à la queue de la colonne venait Daniel Eyssette, portant gravement la cage du perroquet et se retournant à chaque pas du côté de sa chère fabrique.

Or, à mesure que la caravane s'éloignait, l'arbre aux grenades se haussait tant qu'il pouvait par-dessus les murs du jardin pour la voir encore une fois... Les platanes agitaient leurs branches en signe d'adieu... Daniel Eyssette, très-ému, leur envoyait des baisers à tous, furtivement et du bout des doigts...

Je quittai mon île le 30 septembre 18...

II

LES BABAROTTES (1)

O choses de mon enfance, quelle impression vous m'avez laissée! Il me semble que c'est hier, ce voyage sur le Rhône! Je vois encore le bateau, ses passagers, son équipage; j'entends le bruit des roues et le sifflet de la machine. Le capitaine s'appelait Géniès, le maître-coq Montélimart. On n'oublie pas ces choses-là.

La traversée dura trois jours. Je passai ces trois jours sur le pont, descendant au salon juste pour manger et dormir. Le reste du temps, j'allais me mettre à la pointe extrême du navire, près de l'ancre. Il y avait là une grosse cloche qu'on sonnait en entrant dans les villes : je m'asseyais à côté de cette cloche, parmi des tas de cordes; je posais la cage du perroquet entre mes jambes et je regardais. Le

---

(1) Nom donné dans le Midi à ces gros insectes noirs que l'Académie appelle des « blattes » et les gens du Nord des « cafards ».

Rhône était si large qu'on voyait à peine ses rives. Moi, je l'aurais voulu encore plus large, et qu'il se fût appelé : la mer! Le ciel riait, l'onde était verte. De grandes barques descendaient au fil de l'eau. Des mariniers, guéant le fleuve à dos de mules, passaient près de nous en chantant. Parfois, le bateau longeait quelque île bien touffue, couverte de joncs et de saules. « Oh! une île déserte! » me disais-je dans moi-même; et je la dévorais des yeux...

Vers la fin du troisième jour, je crus que nous allions avoir un grain. Le ciel s'était assombri subitement; un brouillard épais dansait sur le fleuve; à l'avant du navire on avait allumé une grosse lanterne, et, ma foi! en présence de tous ces symptômes, je commençais à être ému... A ce moment, quelqu'un dit près de moi : « Voilà Lyon! » En même temps la grosse cloche se mit à sonner. C'était Lyon.

Confusément, dans le brouillard, je vis des lumières briller sur l'une et l'autre rive; nous passâmes sous un pont, puis sous un autre. A chaque fois l'énorme tuyau de la machine se courbait en deux et crachait des torrents d'une fumée noire qui faisait tousser... sur le bateau, c'était un remue-ménage effroyable. Les passagers cherchaient leurs malles; les matelots juraient en roulant des tonneaux dans l'ombre. Il pleuvait...

Je me hâtai de rejoindre ma mère, Jacques et la vieille Annou qui étaient à l'autre bout du bateau, et nous voilà tous les quatre, serrés les uns contre les autres sous le grand parapluie d'Annou, tandis que le bateau se rangeait au long des quais et que le débarquement commençait.

En vérité, si M. Eyssette n'était pas venu nous tirer de là, je crois que nous n'en serions jamais sortis. Il arriva vers nous, à tâtons, en criant : « Qui vive! qui vive! » A ce « Qui vive! » bien connu, nous répondîmes : « Amis! » tous les quatre à la fois avec un bonheur, un soulagement inexprimable... M. Eyssette nous embrassa lestement, prit mon frère d'une main, moi de l'autre, dit aux femmes : « Suivez-moi! » et en route... Ah! c'était un homme!...

Nous avancions avec peine; il faisait nuit, le pont glissait. A chaque pas, on se heurtait contre des caisses... Tout à coup, du bout du navire, une voix stridente, éplorée, arriva jusqu'à nous : « Robinson! Robinson! » disait la voix.

« Ah! mon Dieu! » m'écriai-je; et j'essayai de dégager ma main de celle de mon père; lui, croyant que j'avais glissé, me serra plus fort.

La voix reprit, plus stridente encore et plus éplorée : « Robinson! mon pauvre Robinson! » Je fis un nouvel effort pour dégager ma main. « Mon perroquet, criai-je, mon perroquet! »

« Il parle donc maintenant? » dit Jacques.

S'il parlait, je crois bien; on l'entendait d'une lieue... Dans mon trouble, je l'avais oublié, là-bas, tout au bout du navire, près de l'ancre, et c'est de là qu'il m'appelait, en criant de toutes ses forces : « Robinson! Robinson! mon pauvre Robinson! »

Malheureusement nous étions loin; le capitaine Geniès criait : « Dépêchons-nous! »

« Nous viendrons le chercher demain, dit M. Eyssette; sur les bateaux, rien ne s'égare! » Et là-dessus, malgré mes larmes, il m'entraîna. Pécaïre! le lendemain on l'envoya chercher et on ne le trouva pas... Jugez de mon désespoir : plus de Vendredi! plus de perroquet! Robinson n'était plus possible! Le moyen, d'ailleurs, avec la meilleure volonté du monde, de se forger une île déserte à un quatrième étage, dans une maison sale et humide, rue Lanterne?

Oh! l'horrible maison! Je la verrai toute ma vie : l'escalier était gluant; la cour ressemblait à un puits; le concierge, un cordonnier, avait son échoppe contre la pompe... C'était hideux.

Le soir de notre arrivée, la vieille Annou, en s'installant dans sa cuisine, poussa un cri de détresse :

— Les babarottes! les babarottes!

Nous accourûmes. Quel spectacle!... La cuisine était pleine de ces vilaines bêtes; il y en avait sur la crédence, au long des murs, dans les tiroirs, sur la cheminée, dans le buffet, partout! sans vouloir, on en écrasait. Pouah! Annou en avait déjà tué beaucoup; mais plus elle en tuait, plus il en venait. Elles arrivaient par le trou de l'évier, on boucha le trou de l'évier; mais le lendemain soir elles revinrent par un autre endroit, on ne sait d'où. Il fallut avoir un chat exprès pour les tuer, et toutes les nuits c'était dans la cuisine une effroyable boucherie.

Les babarottes me firent haïr Lyon dès le premier soir. Le lendemain, ce fut bien pis. Il fallait prendre des habitudes nouvelles; les heures des repas étaient changées... Les pains n'avaient pas la même forme que chez nous. On les appelait des « couronnes ». En voilà un nom !

Chez les bouchers, quand la vieille Annou demandait une *carbonade*, l'étalier lui riait au nez; il ne savait pas ce que c'était une « carbonade, » ce sauvage... Ah! je me suis bien ennuyé !...

Le dimanche, pour nous égayer un peu, nous allions nous promener en famille sur les quais du Rhône, avec des parapluies. Instinctivement nous nous dirigions toujours vers le midi, du côté de Perrache. « Il me semble que cela nous rapproche du pays, » disait ma mère, qui languissait encore plus que moi... Ces promenades de famille étaient lugubres. M. Eyssette grondait, Jacques pleurait tout le temps, moi je me tenais toujours derrière; je ne sais pas pourquoi, j'avais honte d'être dans la rue, sans doute parce que nous étions pauvres.

Au bout d'un mois, la vieille Annou tomba malade. Les brouillards la tuaient; on dut la renvoyer dans le Midi. Cette pauvre fille, qui aimait ma mère à la passion, ne pouvait pas se décider à nous quitter. Elle suppliait qu'on la gardât, promettant de ne pas mourir. Il fallut l'embarquer de force. Arrivée dans le Midi, elle s'y maria de désespoir.

Annou partie, on ne prit pas de nouvelle bonne, ce qui me parut le comble de la misère... La femme du concierge montait faire le gros ouvrage; ma mère, au feu des fourneaux, calcinait ces belles mains blanches que j'aimais tant à embrasser; quant aux provisions, c'est Jacques qui les faisait. On lui mettait un grand panier sous le bras, en lui disant : « Tu achèteras ça et ça; » et il achetait ça et ça très-bien, toujours en pleurant, par exemple.

Pauvre Jacques ! Il n'était pas heureux, lui non plus. M. Eyssette, de le voir éternellement la larme à l'œil, avait fini par le prendre en grippe et l'abreuvait de taloches... On entendait tout le jour : « Jacques, tu es un butor! Jacques, tu es un âne! » Le fait est que, lorsque son père était là, le malheureux Jacques perdait tous ses moyens. Les efforts qu'il faisait pour retenir ses larmes le rendaient laid. La peur le rendait bête. M. Eyssette lui portait malheur. Écoutez la scène de la cruche :

Un soir, au moment de se mettre à table, on s'aperçoit qu'il n'y a plus une goutte d'eau dans la maison.

— Si vous voulez, j'irai en chercher, dit ce bon enfant de Jacques.

Et le voilà qui prend la cruche, une grosse cruche de grès.

M. Eyssette hausse les épaules :

— Si c'est Jacques qui y va, dit-il, la cruche est cassée, c'est sûr.

— Tu entends, Jacques, — c'est madame Eyssette qui parle avec sa voix tranquille, — tu entends, ne la casse pas, fais bien attention.

M. Eyssette reprend :

— Oh! tu as beau lui dire de ne pas la casser, il la cassera tout de même.

Ici, la voix éplorée de Jacques :

— Mais enfin, pourquoi voulez-vous que je la casse?

— Je ne veux pas que tu la casses, je te dis que tu la casseras, répond M. Eyssette, et d'un ton qui n'admet pas de réplique.

Jacques ne réplique pas; il prend la cruche d'une main fiévreuse et sort brusquement avec l'air de dire :

— Ah! je la casserai! Eh bien, nous allons voir!

Cinq minutes, dix minutes se passent; Jacques ne revient pas. Madame Eyssette commence à se tourmenter :

— Pourvu qu'il ne lui soit rien arrivé?

— Parbleu! que veux-tu qu'il lui soit arrivé? dit M. Eyssette d'un ton bourru. Il a cassé la cruche et n'ose plus rentrer.

Mais tout en disant cela — avec son air bourru, c'était le meilleur homme du monde, — il se lève et va ouvrir la porte pour voir un peu ce que Jacques est devenu. Il n'a pas loin à aller; Jacques est debout sur le palier, devant la porte, les mains vides, silencieux, pétrifié. En voyant M. Eyssette, il pâlit, et d'une voix navrante et faible, oh! si faible : « Je l'ai cassée! » dit-il... Il l'avait cassée...

Dans les archives de la maison Eyssette, nous appelons cela « la scène de la cruche ».

Il y avait environ deux mois que nous étions à

Lyon, lorsque nos parents songèrent à nos études. Mon père aurait bien voulu nous mettre au collége, mais c'était trop cher. « Si nous les envoyions dans une manécanterie ! dit madame Eyssette ; il paraît que les enfants y sont si bien. » Cette idée sourit à mon père, et comme Saint-Nizier était l'église la plus proche, on nous envoya à la manécanterie de Saint-Nizier.

C'était très-amusant, la manécanterie ! Au lieu de nous bourrer la tête de grec et de latin comme dans les autres institutions, on nous apprenait à servir la messe du grand et du petit côté, à chanter les antiennes, à faire des génuflexions, à encenser élégamment, ce qui est très-difficile. Il y avait bien par-ci, par-là, quelques heures dans le jour consacrées aux déclinaisons et à l'*Epitome*, mais ceci n'était qu'accessoire. Avant tout, nous étions là pour le service de l'église. Au moins une fois par semaine, l'abbé Micou nous disait entre deux prises et d'un air solennel : « Demain, messieurs, pas de classe du matin. Nous sommes d'enterrement. »

Nous étions d'enterrement ! Quel bonheur ! Puis c'étaient des baptêmes, des mariages, une visite de monseigneur, le viatique qu'on portait à un malade ! Oh ! le viatique ! comme on était fier quand on pouvait l'accompagner... Sous un petit dais de velours rouge marchait le prêtre, portant l'hostie et les saintes huiles. Deux enfants de chœur soutenaient le dais, deux autres l'escortaient avec de gros falots dorés. Un cinquième marchait devant, en agitant une crécelle. D'ordinaire, c'étaient mes fonctions... Sur le passage du viatique, les hommes se découvraient, les femmes se signaient. Quand on passait devant un poste, la sentinelle criait : « Aux armes ! » les soldats accouraient et se mettaient en rang. — « Présentez armes ! genou terre ! » disait l'officier... Les fusils sonnaient, le tambour battait aux champs. J'agitais ma crécelle par trois fois, comme au *Sanctus*, et nous passions.

C'était très-amusant, la manécanterie. Chacun de nous avait dans une petite armoire un fourniment complet d'ecclésiastique : une soutane noire avec une longue queue, une aube, un surplis à grandes manches roides d'empois, des bas de soie noire, deux calottes, l'une en drap, l'autre en velours ; des rabats bordés de petites perles blanches, tout ce qu'il fallait.

Il paraît que ce costume m'allait très-bien : « Il est à croquer là-dessous, » disait madame Eyssette. Malheureusement j'étais très-petit et cela me désespérait. Figurez-vous que, même en me haussant, je ne montais guère plus haut que les bas blancs de M. Caduffe, notre suisse, et puis si frêle !... Une fois, à la messe, en changeant les Évangiles de place, le gros livre était si lourd qu'il m'entraîna. Je tombai de tout mon long sur les marches de l'autel. Le pupitre fut brisé, le service interrompu. C'était un jour de Pentecôte. Quel scandale !... A part ces légers inconvénients de ma petite taille, j'étais très-content de mon sort, et souvent le soir, en nous couchant, Jacques et moi nous nous disions : « En somme, c'est très-amusant la manécanterie. » Par malheur, nous n'y restâmes pas longtemps. Un ami de la famille, recteur d'Université dans le Midi, écrivit un jour à notre père que s'il voulait une bourse d'externe au collége de Lyon pour un de ses fils, on pourrait lui en avoir une.

— Ce sera pour Daniel, dit M. Eyssette.

— Et Jacques? dit ma mère.

— Oh! Jacques! je le garde avec moi. Il me sera très-utile. D'ailleurs, je m'aperçois qu'il a du goût pour le commerce. Nous en ferons un négociant.

De bonne foi, je ne sais comment M. Eyssette avait pu s'apercevoir que Jacques avait du goût pour le commerce. En ce temps-là, le pauvre garçon n'avait du goût que pour les larmes, et si on l'avait consulté... Mais on ne le consulta pas, ni moi non plus.

Ce qui me frappa d'abord, à mon arrivée au collége, c'est que j'étais le seul avec une blouse. A Lyon les fils de riches ne portent pas de blouses; il n'y a que les enfants de la rue, les *gones* comme on dit. Moi, j'en avais une, une petite blouse à carreaux qui datait de la fabrique; j'avais une blouse, j'avais l'air d'un gone... Quand j'entrai dans la classe, les élèves ricanèrent. On disait : « Tiens! il a une blouse! » Le professeur fit la grimace et tout de suite me prit en aversion. Depuis lors, quand il me parla, ce fut toujours du bout des lèvres, d'un air méprisant. Jamais il ne m'appela par mon nom; il disait toujours : « Eh! vous, là-bas, le petit

Chose ! » Je lui avais dit pourtant plus de vingt fois que je m'appelais Daniel Ey-sset-te... A la fin, mes camarades me surnommèrent « le petit Chose », et le surnom me resta... Maudite blouse !...

Ce n'était pas seulement ma blouse qui me distinguait des autres enfants. Les autres avaient de beaux cartables en cuir jaune, des encriers de buis qui sentaient bon, des cahiers cartonnés, des livres neufs avec beaucoup de notes dans le bas ; moi, mes livres étaient de vieux bouquins achetés sur les quais, moisis, fanés, sentant le rance ; les couvertures étaient toujours en lambeaux, quelquefois il manquait des pages. Jacques faisait bien de son mieux pour me les relier avec du gros carton et de la colle forte ; mais il mettait toujours trop de colle, et cela puait. Il m'avait fait aussi un cartable avec une infinité de poches ; très-commode, mais toujours trop de colle. Le besoin de coller et de cartonner était devenu chez Jacques une manie comme le besoin de pleurer. Il avait constamment devant le feu un tas de petits pots de colle, et, dès qu'il pouvait s'échapper du magasin un moment, il collait, reliait, cartonnait. Le reste du temps, il portait des paquets en ville, écrivait sous la dictée, allait aux provisions, — le commerce enfin.

Quant à moi, j'avais compris que, lorsqu'on est boursier, qu'on porte une blouse, qu'on s'appelle « le petit Chose », il faut travailler deux fois plus que les autres pour être leur égal, et, ma foi ! le petit Chose se mit à travailler de tout son courage.

Brave petit Chose ! Je le vois encore, en hiver,

dans sa chambre, sans feu, assis à sa table de travail, les jambes enveloppées d'une couverture. Au dehors, le givre fouettait les vitres. Dans le magasin, on entendait M. Eyssette qui dictait :

« J'ai reçu votre honorée du 8 courant. »

Et la voix pleurarde de Jacques qui reprenait :

« J'ai reçu votre honorée du 8 courant. »

De temps en temps, la porte de la chambre s'ouvrait doucement : c'était madame Eyssette qui entrait. Elle s'approchait du petit Chose sur la pointe des pieds. Chut !...

— Tu travailles ? lui disait-elle tout bas.

— Oui, mère.

— Tu n'as pas froid ?

— Oh ! non !

Le petit Chose mentait, il avait bien froid, au contraire.

Alors madame Eyssette s'asseyait auprès de lui, avec son tricot, et restait là de longues heures, comptant ses mailles à voix basse, avec un gros soupir de temps en temps.

Pauvre madame Eyssette ! Elle y pensait toujours à ce cher pays qu'elle n'espérait plus revoir... Hélas ! pour son malheur, pour notre malheur à tous, elle allait le revoir bientôt...

III

IL EST MORT! PRIEZ POUR LUI!

C'était un lundi du mois de juillet.
Ce jour-là, en sortant du collége, je m'étais laissé entraîner à faire une partie de barres, et lorsque je me décidai à rentrer à la maison, il était beaucoup plus tard que je n'aurais voulu. De la place des Terreaux à la rue Lanterne, je courus sans m'arrêter, mes livres à la ceinture, ma casquette entre les dents. Toutefois, comme j'avais une peur effroyable de mon père, je repris haleine une minute dans l'escalier, juste le temps d'inventer une histoire pour expliquer mon retard. Sur quoi, je sonnai bravement.

Ce fut M. Eyssette lui-même qui vint m'ouvrir. « Comme tu viens tard! » me dit-il. Je commençais à débiter mon mensonge en tremblant; mais le cher homme ne me laissa pas achever, et m'attirant sur sa poitrine, il m'embrassa longuement et silencieusement.

Moi qui m'attendais pour le moins à une verte semonce, cet accueil me surprit. Ma première idée fut que nous avions le curé de Saint-Nizier à dîner; je savais par expérience qu'on ne nous grondait jamais ces jours-là. Mais en entrant dans la salle à manger, je vis tout de suite que je m'étais trompé. Il n'y avait que deux couverts sur la table, celui de mon père et le mien.

— Et ma mère? Et Jacques? demandai-je étonné.

M. Eyssette me répondit d'une voix douce qui ne lui était pas habituelle :

— Ta mère et Jacques sont partis, Daniel; ton frère l'abbé est bien malade.

Puis, voyant que j'étais devenu tout pâle, il ajouta presque gaiement pour me rassurer :

— Quand je dis bien malade, c'est une façon de parler : on nous a écrit que l'abbé était au lit; tu connais ta mère, elle a voulu partir, et je lui ai donné Jacques pour l'accompagner... En somme, ce ne sera rien!... Et maintenant, mets-toi là et mangeons; je meurs de faim.

Je m'attablai sans rien dire, mais j'avais le cœur serré et toutes les peines du monde à retenir mes larmes, en pensant que mon grand frère l'abbé était bien malade. Nous dînâmes tristement en face l'un de l'autre sans parler. M. Eyssette mangeait vite, buvait à grands coups, puis s'arrêtait subitement et songeait... Pour moi, immobile au bout de la table et comme frappé de stupeur, je me rappelais les belles histoires que l'abbé me contait lorsqu'il venait à la fabrique. Je le voyais retroussant bravement sa soutane pour franchir les bassins. Je me souvenais aussi du jour de sa première messe, où toute la famille assistait; comme il était beau lorsqu'il se retournait vers nous, les bras ouverts, disant *Dominus vobiscum* d'une voix si douce que madame Eyssette en pleurait de joie!... Maintenant je me le figurais là-bas, couché, malade (oh! bien malade, quelque chose me le disait), et ce qui redoublait mon chagrin de le savoir ainsi, c'est une voix que j'entendais me crier au fond de mon cœur : « Dieu te punit, c'est ta faute! Il fallait rentrer tout droit! Il fallait ne pas mentir! » Et plein de cette effroyable pensée que Dieu, pour le punir, allait faire mourir son frère, le petit Chose se désespérait en lui-même, disant : « Jamais, non! jamais, je ne jouerai plus aux barres en sortant du collége. »

Le repas terminé, on alluma la lampe, et la veillée commença. Sur la nappe, au milieu des débris du dessert, M. Eyssette avait posé ses gros livres de commerce et faisait ses comptes à haute voix. Finet, le chat des babarottes, miaulait tristement en rôdant autour de la table... moi j'avais ouvert la fenêtre et je m'y étais accoudé...

Il faisait nuit, l'air était lourd... On entendait les gens d'en bas rire et causer devant leurs portes, et les tambours du fort Loyasse battre dans le lointain... J'étais là depuis quelques instants, pensant à des choses tristes et regardant vaguement dans la nuit, quand un violent coup de sonnette m'arracha de ma croisée brusquement. Je regardai mon père avec effroi, et je crus voir passer sur son visage le frisson d'angoisse et de terreur qui venait de m'envahir. Ce coup de sonnette lui avait fait peur, à lui aussi.

— On sonne ! me dit-il presque à voix basse.

— Restez, père, j'y vais. Et je m'élançai vers la porte.

Un homme était debout sur le seuil. Je l'entrevis dans l'ombre, me tendant quelque chose que j'hésitais à prendre.

— C'est une dépêche, dit-il.

— Une dépêche ! grand Dieu ! Pourquoi faire ?

Je la pris en frissonnant, et déjà je repoussais la porte ; mais l'homme la retint avec son pied et me dit froidement :

— Il faut signer.

Il fallait signer ! Je ne savais pas : c'était la première dépêche que je recevais.

— Qui est là, Daniel ? me cria M. Eyssette ; sa voix tremblait.

Je répondis :

— Rien ! c'est un pauvre !... Et faisant signe à l'homme de m'attendre, je courus à ma chambre, je trempai ma plume dans l'encre à tâtons, puis je revins.

L'homme dit :

— Signez là.

Le petit Chose signa d'une main tremblante, à la lueur des lampes de l'escalier ; ensuite il ferma la porte et rentra, tenant la dépêche cachée sous sa blouse.

Oh! oui, je te tenais cachée sous ma blouse, dépêche de malheur! Je ne voulais pas que M. Eyssette te vît; car d'avance je savais que tu venais nous annoncer quelque chose de terrible, et lorsque je t'ouvris, tu ne m'appris rien de nouveau, entends-tu, dépêche! Tu ne m'appris rien que mon cœur n'eût déjà deviné.

— C'était un pauvre? me dit mon père en me regardant.

Je répondis, sans rougir : « C'était un pauvre; » et pour détourner ses soupçons, je repris ma place à la croisée.

J'y restai encore quelque temps, ne bougeant pas, ne parlant pas, serrant contre ma poitrine ce papier qui me brûlait.

Par moments, j'essayais de me raisonner, de me donner du courage, je me disais : « Qu'en sais-tu? c'est peut-être une bonne nouvelle. Peut-être on écrit qu'il est guéri... » Mais, au fond, je sentais bien que ce n'était pas vrai, que je me mentais à moi-même, que la dépêche ne dirait pas qu'il était guéri.

Enfin, je me décidai à passer dans ma chambre pour savoir une bonne fois à quoi m'en tenir. Je sortis de la salle à manger, lentement, sans avoir l'air; mais quand je fus dans ma chambre, avec quelle rapidité fiévreuse j'allumai ma lampe! Et comme mes mains tremblaient en ouvrant cette dépêche de mort! Et de quelles larmes brûlantes je l'arrosai, lorsque je l'eus ouverte... je la relus vingt fois, espérant toujours m'être trompé; mais hélas ! pauvre de moi ! j'eus beau la lire et la relire, et la tourner dans tous les sens : je ne pus lui faire dire autre chose que ce qu'elle avait dit d'abord, ce que je savais bien qu'elle dirait :

« Il est mort ! priez pour lui ! »

Combien de temps je restai là, debout, pleurant devant cette dépêche ouverte, je l'ignore. Je me souviens seulement que les yeux me cuisaient beaucoup, et qu'avant de sortir de ma chambre je baignai mon visage longuement. Puis, je rentrai dans la salle à manger, tenant dans ma petite main crispée la dépêche trois fois maudite.

Et maintenant, qu'allais-je faire ? Comment m'y prendre pour annoncer l'horrible nouvelle à mon père, et quel ridicule enfantillage m'avait poussé à la garder pour moi seul ? Un peu plus tôt, un peu plus tard, est-ce qu'il ne l'aurait pas su ? Quelle folie ! Au moins, si j'étais allé droit à lui lorsque la dépêche était arrivée, nous l'aurions ouverte ensemble ; à présent tout serait dit.

Or, tandis que je me parlais à moi-même, je m'approchai de la table et je vins m'asseoir à côté de M. Eyssette, juste à côté de lui. Le pauvre homme avait fermé ses livres, et, de la barbe de sa plume, s'amusait à chatouiller le museau blanc de Finet. Cela me serrait le cœur, qu'il s'amusât ainsi. Je voyais sa bonne figure, que la lampe éclairait à demi, s'animer et rire par moments, et j'avais envie de lui dire : « Oh ! non, ne riez pas ; ne riez pas, je vous en prie. »

Alors, comme je le regardais ainsi tristement, avec ma dépêche à la main, M. Eyssette leva la tête. Nos regards se rencontrèrent, et je ne sais pas ce qu'il vit dans le mien, mais je sais que sa figure se décomposa tout à coup, qu'un grand cri jaillit de sa poitrine, qu'il me dit d'une voix à fendre l'âme : « Il est mort, n'est-ce pas ? » que la dépêche glissa de mes doigts, que je tombai dans ses bras en sanglotant et que nous pleurâmes longuement, éperdus dans les bras l'un de l'autre, tandis qu'à nos pieds Finet jouait avec la dépêche, l'horrible dépêche de mort, cause de toutes nos larmes.

Écoutez, je ne mens pas : voilà longtemps que ces choses se sont passées ; voilà longtemps qu'il dort dans la terre, mon cher abbé que j'aimais tant. Eh bien, encore aujourd'hui, quand je reçois une dépêche, je ne peux pas l'ouvrir sans un frisson de terreur. Il me semble toujours que je vais lire qu'*il est mort*, et qu'il faut *prier pour lui.*

IV

LE CAHIER ROUGE

On trouve dans les vieux missels de naïves enluminures, où la Dame des sept douleurs est représentée ayant sur chacune de ses joues une grande ride profonde, cicatrice divine que l'artiste a mise là pour nous dire : « Regardez comme elle a pleuré !... » Cette ride — la ride des larmes — je jure que je l'ai vue sur le visage amaigri de madame Eyssette, lorsqu'elle revint à Lyon, après avoir enterré son fils.

Pauvre mère, depuis ce jour elle ne voulut plus sourire. Ses robes furent toujours noires, son visage toujours désolé. Dans ses vêtements comme dans son cœur, elle prit le grand deuil et ne le quitta jamais... Du reste, rien de changé dans la maison Eyssette ; ce fut un peu plus lugubre, voilà tout. Le curé de Saint-Nizier dit quelques messes pour le repos de l'âme de l'abbé. On tailla deux vêtements noirs pour les enfants dans une vieille roulière de leur père, et la vie, la triste vie recommença.

Il y avait déjà quelque temps que notre cher abbé était mort, lorsqu'un soir, à l'heure de nous coucher, je fus très-étonné de voir Jacques fermer notre chambre à double tour, boucher soigneusement les rainures de la porte, et cela fait, venir vers moi, le doigt sur les lèvres, d'un grand air de solennité et de mystère.

Il faut vous dire que, depuis son retour du Midi, un singulier changement s'était opéré dans les habitudes de l'ami Jacques. D'abord, ce que peu de personnes voudront croire, Jacques ne pleurait plus, ou presque plus ; puis son fol amour du cartonnage lui avait à peu près passé. Les petits pots de colle allaient encore au feu de temps en temps, mais ce n'était plus avec le même entrain; maintenant si vous aviez besoin d'un cartable, il fallait vous mettre à genoux pour l'obtenir... Des choses incroyables! un carton à chapeaux que madame Eyssette avait commandé était sur le chantier depuis huit jours... A la maison, on ne s'apercevait de rien; mais moi, je voyais bien que Jacques avait quelque chose. Plusieurs fois je l'avais surpris dans le magasin, parlant seul et faisant des gestes. La nuit, il ne dormait pas; je l'entendais marmotter entre ses dents, puis subitement sauter à bas du lit et marcher à grands pas dans la chambre... tout cela n'était pas naturel et me faisait peur quand j'y songeais. Il me semblait que Jacques allait devenir fou.

Or, ce soir-là, quand je le vis fermer à double tour la porte de notre chambre, cette idée de folie me revint dans la tête et j'eus un mouvement d'effroi; mon pauvre Jacques! Lui, ne s'en aperçut pas et prenant gravement une de mes mains dans les siennes :

— Daniel, me dit-il, je vais te confier quelque chose, mais il faut me jurer que tu n'en parleras jamais.

Je compris tout de suite que Jacques n'était pas fou. Je répondis sans hésiter :

— Je te le jure, Jacques.

— Eh bien! tu ne sais pas?... chut!... Je fais un poëme, un grand poëme.

— Un poëme, Jacques! tu fais un poëme, toi!

Pour toute réponse, Jacques tira de dessous sa veste un énorme cahier rouge qu'il avait cartonné lui-même, et en tête duquel il avait écrit de sa plus belle main :

RELIGION! RELIGION!
Poëme en douze chants

Par EYSSETTE (Jacques)

C'était si grand que j'en eus comme un vertige.

Comprenez-vous cela?... Jacques, mon frère Jacques, un enfant de treize ans, le Jacques des sanglots et des petits pots de colle, faisait : *Religion! Religion!* poëme en douze chants!

Et personne ne s'en doutait! Et on continuait à l'envoyer chez les marchands d'herbes avec un panier sous le bras ! Et son père lui criait plus que jamais : « Jacques, tu es un âne !... »

Ah ! pauvre cher Eyssette (Jacques) ! comme je vous aurais sauté au cou de bon cœur, si j'avais osé. Mais je n'osai pas... Songez donc ! *Religion ! Religion !* poëme en douze chants !... Pourtant la vérité m'oblige à dire que ce poëme en douze chants était loin d'être terminé. Je crois même qu'il n'y avait encore de fait que les quatre premiers vers du premier chant ; mais vous savez, en ces sortes d'ouvrages la mise en train est toujours ce qu'il y a de plus difficile, et comme disait Eyssette (Jacques) avec beaucoup de raison : « Maintenant que j'ai mes quatre premiers vers, le reste n'est rien ; ce n'est plus qu'une affaire de temps (1). »

Hélas ! ce reste qui n'était rien qu'une affaire de temps, jamais Eyssette (Jacques) n'en put venir à bout... Que voulez-vous ? Les poëmes ont leurs destinées ; il paraît que la destinée de *Religion ! Religion !* poëme en douze chants, était de ne pas être en douze chants du tout. Le poëte eut beau faire, il n'alla jamais plus loin que les quatre premiers vers. C'était fatal... A la fin, le malheureux

---

(1) Les voici, ces quatre vers. Les voici tels que je les ai vus, ce soir-là, moulés en belle ronde, à la première page du cahier rouge :

Religion ! Religion !
Mot sublime ! mystère !
Voix touchante et solitaire !
Compassion ! compassion !

Ne riez pas. Cela lui avait coûté beaucoup de mal.

garçon, impatienté, envoya son poëme au diable et congédia la Muse (on disait encore la Muse dans ce temps-là). Le jour même ses sanglots le reprirent et les petits pots de colle reparurent devant le feu... Et le cahier rouge?... Oh! le cahier rouge, il avait sa destinée aussi, celui-là.

Jacques me dit : « Je te le donne, mets-y ce que tu voudras. » Savez-vous ce que j'y mis, moi?... Mes poésies, parbleu! les poésies du petit Chose. Jacques m'avait donné son mal.

Et maintenant, si le lecteur le veut bien, pendant que le petit Chose est en train de cueillir des rimes, nous allons d'une enjambée franchir quatre ou cinq années de sa vie. J'ai hâte d'arriver à un certain printemps de 18.., dont la maison Eyssette n'a pas encore aujourd'hui perdu le souvenir; on a comme cela des dates dans les familles!

Du reste, ce fragment de ma vie que je passe sous silence, le lecteur ne perdra rien à ne pas le connaître. C'est toujours la même chanson, des larmes et de la misère! les affaires qui ne vont pas, des loyers en retard, des créanciers qui font des scènes, les diamants de la mère vendus, l'argenterie au mont-de-piété, les draps de lit qui ont des trous, les pantalons qui ont des pièces, des privations de toutes sortes, des humiliations de tous les jours, l'éternel « comment ferons-nous demain? » le coup de sonnette insolent des huissiers, le concierge qui sourit quand on passe, et puis les emprunts, et puis les protêts, et puis... et puis...

Nous voilà donc en 18...

Cette année-là, le petit Chose achevait sa philosophie.

C'était, si j'ai bonne mémoire, un jeune garçon très-prétentieux, se prenant tout à fait au sérieux comme philosophe et aussi comme poëte ; du reste, pas plus haut qu'une botte de cent-garde et sans un poil de barbe au menton.

Or, un matin que ce grand philosophe de petit Chose se disposait à aller en classe, M. Eyssette père l'appela dans le magasin, et sitôt le voir entrer, lui fit de sa voix brutale :

— Daniel, jette tes livres au feu, tu ne vas plus au collége.

Ayant dit cela, M Eyssette père se mit à marcher à grands pas dans le magasin sans parler. Il paraissait très-ému, et le petit Chose aussi, je vous assure... Après un long moment de silence, M. Eyssette père reprit la parole :

— Daniel, mon garçon, dit-il, j'ai une mauvaise nouvelle à t'apprendre... oh! bien mauvaise... Nous allons être obligés de nous séparer tous, voici pourquoi.

Ici un grand sanglot, un sanglot déchirant retentit derrière la porte du magasin entre-bâillée.

—Jacques, tu es un âne ! cria M. Eyssette sans se retourner, puis il continua :

— Quand nous sommes venus à Lyon, il y a huit ans, ruinés par les révolutionnaires, j'espérais, à force de travail, arriver à reconstruire notre fortune ; mais le démon s'en mêle ! Je n'ai réussi qu'à nous enfoncer jusqu'au cou dans les dettes et dans la misère... A présent, c'est fini, nous sommes embourbés... Pour sortir de là, nous n'avons qu'un parti à prendre, maintenant que vous voilà grandis, vendre le peu qui nous reste et chercher notre vie chacun de son côté.

Un nouveau sanglot de l'invisible Jacques vint interrompre M. Eyssette; mais il était tellement ému lui-même qu'il ne se fâcha pas. Il fit seulement signe à Daniel de fermer la porte, et, la porte fermée, il reprit :

— Voici donc ce que j'ai décidé. Jusqu'à nouvel ordre, ta mère va s'en aller vivre dans le Midi, chez son frère, l'oncle Baptiste. Jacques restera à Lyon; il a trouvé un petit emploi au mont-de-piété. Moi, j'entre comme commis-voyageur à la Société vinicole... Quant à toi, mon pauvre enfant, il va falloir aussi que tu gagnes ta vie... Justement je reçois une lettre du recteur qui te propose une place de maître d'étude; tiens! lis!

Le petit Chose prit la lettre.

— D'après ce que je vois, dit-il tout en lisant, je n'ai pas de temps à perdre.

— Il faudrait partir demain.

— C'est bien, je partirai...

Là-dessus, le petit Chose replia la lettre et la rendit à son père d'une main qui ne tremblait pas. C'était un grand philosophe, comme vous voyez.

A ce moment, madame Eyssette entra dans le magasin, puis Jacques timidement derrière elle... Tous deux s'approchèrent du petit Chose et l'embrassèrent en silence; depuis la veille, ils étaient au courant de ce qui se passait.

— Qu'on s'occupe de sa malle! fit brusquement M. Eyssette, il part demain matin par le bateau.

Madame Eyssette poussa un gros soupir, Jacques esquissa un sanglot et tout fut dit. — On commençait à être fait au malheur dans cette maison-là!

Le lendemain de ce jour mémorable, toute la famille accompagna le petit Chose au bateau. Par une coïncidence singulière, c'était le même bateau qui avait amené les Eyssette à Lyon six ans auparavant. Capitaine Géniès, maître-coq Montélimart! Naturellement on se rappela le parapluie d'Annou, le perroquet de Robinson et quelques autres épisodes du débarquement... Ces souvenirs égayèrent un peu ce triste départ, et amenèrent l'ombre d'un sourire sur les lèvres désolées de madame Eyssette.

Tout à coup la cloche sonna. Il fallait partir.

Le petit Chose, s'arrachant aux étreintes de ses amis, franchit bravement la passerelle...

— Sois sérieux! lui cria son père.

— Ne sois pas malade! dit madame Eyssette.

Jacques voulait parler, mais il ne put pas; il pleurait trop.

Le petit Chose ne pleurait pas, lui. Comme j'ai eu l'honneur de vous le dire, c'était un grand philosophe, et positivement les philosophes ne doivent pas s'attendrir...

Et pourtant, Dieu sait s'il les aimait, ces chères créatures qu'il laissait derrière lui, dans le brouillard. Dieu sait s'il aurait donné volontiers pour elles tout son sang et toute sa chair... Mais que voulez-vous? La joie de quitter Lyon, le mouvement du bateau, l'ivresse du voyage, l'orgueil de se sentir homme, — homme libre, homme fait, voyageant seul et gagnant sa vie, — tout cela grisait le petit Chose et l'empêchait de songer, comme il aurait dû, aux trois êtres chéris qui sanglotaient là-bas, debout sur les quais du Rhône...

Ah! ce n'étaient pas des philosophes, ces trois-là! D'un œil anxieux et plein de tendresse, ils suivaient la marche asthmatique du navire, et son panache de fumée n'était pas plus gros qu'une hirondelle à l'horizon, qu'ils criaient encore : « Adieu! adieu! » en faisant des signes.

Pendant ce temps, monsieur le philosophe se promenait de long en large sur le pont, les mains dans les poches, la tête au vent. Il sifflotait, crachait très-loin, regardait les dames sous le nez, inspectait la manœuvre, marchait des épaules comme un gros homme, se trouvait charmant. Avant qu'on fût seulement à Vienne, il avait appris au maître-coq Montélimart et à ses deux marmitons qu'il était dans l'Université et qu'il y gagnait fort bien sa vie... Ces messieurs lui en firent compliment. Cela le rendit très-fier.

Une fois, en se promenant d'un bout à l'autre du navire, notre philosophe heurta du pied, à l'avant, près de la grosse cloche, un paquet de cordes sur lequel, à six ans de là, Robinson Crusoé était venu s'asseoir pendant de longues heures, son perroquet entre les jambes. Ce paquet de cordes le fit beaucoup rire et un peu rougir.

— Que je devais être ridicule, pensait-il, de traîner partout avec moi cette grande cage peinte en bleu et ce perroquet fantastique !...

Pauvre philosophe ! Il ne se doutait pas que pendant toute sa vie il était condamné à traîner ainsi ridiculement cette cage peinte en bleu, couleur d'illusions, et ce perroquet vert, couleur d'espérance.

Hélas ! à l'heure où j'écris ces lignes, le malheureux garçon la porte encore sa grande cage peinte en bleu. Seulement de jour en jour l'azur des barreaux s'écaille et le perroquet vert est aux trois quarts déplumé, pécaïre !

... Le premier soin du petit Chose, en arrivant dans sa ville natale, fut de se rendre à l'académie, où logeait M. le recteur.

Ce recteur, ami d'Eyssette père, était un grand beau Vieux, alerte et sec, n'ayant rien qui sentît le pédant, ni quoi que ce fût de semblable. Il accueillit Eyssette fils avec une grande bienveillance. Toutefois, quand on l'introduisit dans son cabinet, le brave homme ne put retenir un geste de surprise.

— Ah ! mon Dieu ! dit-il, comme il est petit !

Le fait est que le petit Chose était ridiculement petit ; et puis l'air si jeune, si mauviette !....

L'exclamation du recteur lui porta un coup terrible : « Ils ne vont pas vouloir de moi ! » pensa-t-il. Et tout son corps se mit à trembler.

Heureusement, comme s'il eût deviné ce qui se passait dans cette pauvre petite cervelle, le recteur reprit : « Approche ici, mon garçon... Nous allons donc faire de toi un maître d'étude... A ton âge, avec cette taille et cette figure-là, le métier te sera plus dur qu'à un autre... Mais enfin, puisqu'il le faut, puisqu'il faut que tu gagnes ta vie, mon cher enfant, nous arrangerons cela pour le mieux... En commençant, on ne te mettra pas dans une grande baraque... Je vais t'envoyer dans un collége communal, à quelques lieues d'ici, à Sarlande, en pleine montagne... Là tu feras ton apprentissage d'homme, tu t'aguerriras au métier, tu grandiras, tu prendras de la barbe, puis, le poil venu, nous verrons ! »

Tout en parlant, M. le recteur écrivait au principal du collége de Sarlande pour lui présenter son protégé. La lettre terminée, il la remit au petit Chose et l'engagea à partir le jour même ; là-dessus, il lui donna encore quelques sages conseils et le congédia d'une tape amicale sur la joue en lui promettant de ne pas le perdre de vue.

Voilà mon petit Chose bien content. Quatre à quatre, il dégringole l'escalier séculaire de l'académie et s'en va d'une haleine retenir sa place pour Sarlande.

La diligence ne part que dans l'après-midi ; encore quatre heures à attendre !... Le petit Chose en profite pour aller parader au soleil sur l'esplanade et se montrer à ses compatriotes. Ce premier devoir accompli, il songe à prendre quelque nourriture et se met en quête d'un cabaret à portée de son escarcelle... Juste en face les casernes, il en avise un propret, reluisant, avec une belle enseigne toute neuve :

Au Compagnon du tour de France.

— Voici mon affaire, se dit-il. Et, après quelques minutes d'hésitation, — c'est la première fois que le petit Chose entre dans un restaurant, — il pousse résolûment la porte.

Le cabaret est désert pour le moment. Des murs peints à la chaux... quelques tables de chêne... Dans un coin, de longues cannes de compagnons, à bouts de cuivre, ornées de rubans multicolores... Au comptoir, un gros homme qui ronfle, le nez dans un journal.

— Holà ! quelqu'un ! dit le petit Chose, en frappant de son poing fermé sur les tables, comme un vieux coureur de tavernes.

Le gros homme du comptoir ne se réveille pas pour si peu ; mais, du fond de l'arrière-boutique, la cabaretière accourt... En voyant le nouveau client que l'ange Hasard lui amène, elle pousse un grand cri :

— Miséricorde ! M. Daniel !

— Annou ! ma vieille Annou ! répond le petit Chose. Et les voilà dans les bras l'un de l'autre...

Eh ! mon Dieu, oui ! c'est Annou, la vieille Annou, anciennement bonne des Eyssette, maintenant cabaretière, mère des compagnons, mariée à Jean Peyrol, ce gros qui ronfle là-bas dans le comptoir... Et comme elle est heureuse, si vous saviez, cette brave Annou! comme elle est heureuse de revoir M. Daniel! comme elle l'embrasse! comme elle l'étreint! comme elle l'étouffe!...

Au milieu de ces effusions, l'homme du comptoir se réveille.

Il s'étonne d'abord un peu du chaleureux accueil que sa femme est en train de faire à ce jeune inconnu; mais quand on lui apprend que ce jeune inconnu est M. Daniel Eyssette en personne, Jean Peyrol devient rouge de plaisir et s'empresse autour de son illustre visiteur.

— Avez-vous déjeuné, monsieur Daniel?

— Ma foi non, mon bon Peyrol... c'est précisément ce qui m'a fait entrer ici.

Justice divine!... M. Daniel n'a pas déjeuné!... Vite, vite. La vieille Annou court à sa cuisine; Jean Peyrol se précipite à la cave, — une fière cave, au dire des compagnons.

En un tour de main le couvert est mis, la table parée. Le petit Chose n'a qu'à s'asseoir et à fonctionner... A sa gauche, Annou lui taille des mouillettes pour ses œufs, des œufs du matin, blancs, crémeux, duvetés... A sa droite, Jean Peyrol lui verse un vieux Château-Neuf-des-Papes, qui semble une poignée de rubis jetée au fond de son verre... Le petit Chose est très-heureux. Il boit comme un Templier, mange comme un Hospitalier, et trouve encore moyen de raconter, entre deux coups de dent, qu'il vient d'entrer dans l'Université, ce qui le met à même de gagner honorablement sa vie. Il faut voir de quel air il dit cela: *gagner hono-*

rablement sa vie! — La vieille Annou s'en pâme d'admiration.

L'enthousiasme de Jean Peyrol est moins vif. Il trouve tout simple que M. Daniel gagne sa vie, puisqu'il est en état de la gagner. A l'âge de M. Daniel, lui, Jean Peyrol, courait le monde depuis déjà quatre ou cinq ans et ne coûtait plus un liard à la maison, au contraire... Oui-dà! à l'âge de M. Daniel, il y avait belle heure que Jean Peyrol était un homme!...

Bien entendu, le digne cabaretier garde ces réflexions pour lui seul. Oser comparer Jean Peyrol à Daniel Eyssette!... Annou ne le souffrirait pas.

En attendant, le petit Chose va son train. Il parle, il boit, il mange, il s'anime; ses yeux brillent, sa joue s'allume... Holà! maître Peyrol, qu'on aille chercher des verres; le petit Chose veut trinquer... Jean Peyrol apporte les verres, et on trinque... d'abord à madame Eyssette, ensuite à M. Eyssette, puis à Jacques, à Daniel, à la vieille Annou, au mari d'Annou, à l'Université... à quoi encore?...

Deux heures se passent ainsi en libations et en bavardages. On cause du passé couleur de deuil, de l'avenir couleur de rose. On se rappelle la fabrique, Lyon, la rue Lanterne, ce pauvre abbé qu'on aimait tant...

Tout à coup le petit Chose se lève pour partir...

— Déjà! dit tristement la vieille Annou.

Le petit Chose s'excuse; il a quelqu'un de la ville à voir avant de s'en aller, une visite très-importante... Quel dommage ! on était si bien !... On avait tant de choses à se raconter encore !... Enfin, puisqu'il le faut, puisque M. Daniel a quelqu'un de la ville à voir, ses amis du *Tour de France* ne veulent pas le retenir plus longtemps... « Bon voyage, monsieur Daniel ! Dieu vous conduise, notre cher maître ! » Et jusqu'au milieu de la rue, Jean Peyrol et sa femme l'accompagnent de leurs bénédictions.

Or savez-vous quel est ce quelqu'un de la ville que le petit Chose veut voir avant de partir ?...

C'est la fabrique, cette fabrique qu'il aimait tant et qu'il a tant pleurée !... c'est le jardin, les ateliers, les grands platanes, tous les amis de son enfance, toutes ses joies du premier jour... Que voulez-vous ? Le cœur de l'homme a de ces faiblesses ; il aime ce qu'il peut, même du bois, même des pierres, même une fabrique... D'ailleurs l'histoire est là pour vous dire que le vieux Robinson, de retour en Angleterre, reprit la mer, et fit je ne sais combien de mille lieues pour revoir son île déserte.

Il n'est donc pas étonnant que, pour revoir la sienne, le petit Chose fasse quelques pas.

Déjà les grands platanes, dont la tête empanachée regarde par-dessus les maisons, ont reconnu leur ancien ami qui vient vers eux à toutes jambes. De loin ils lui font signe et se penchent les uns vers les autres, comme pour se dire : Voilà Daniel Eyssette ! Daniel Eyssette est de retour !

Et lui se dépêche, se dépêche ; mais, arrivé devant la fabrique, il s'arrête stupéfait...

De grandes murailles grises sans un bout de laurier rose ou de grenadier qui dépasse... Plus de fenêtres, des lucarnes; plus d'ateliers, une chapelle. Au-dessus de la porte, une grosse croix de grès rouge avec un peu de latin autour!...

O douleur! la fabrique n'est plus la fabrique; c'est un couvent de Carmélites où les hommes n'entrent jamais.

V

GAGNE TA VIE

Sarlande est une petite ville des Cévennes, bâtie au fond d'une étroite vallée que la montàgne enserre de partout comme un grand mur. Quand le soleil y donne, c'est une fournaise; quand la tramontane souffle, une glacière...

Le soir de mon arrivée, la tramontane faisait rage depuis le matin; et quoiqu'on fût au printemps, le petit Chose, perché sur le haut de la diligence, sentit, en entrant dans la ville, le froid le saisir jusqu'au cœur.

Les rues étaient noires et désertes... Sur la place d'armes, quelques personnes attendaient la voiture, en se promenant de long en large devant le bureau mal éclairé.

A peine descendu de mon impériale, je me fis conduire au collége, sans perdre une minute. J'avais hâte d'entrer en fonctions.

Le collége n'était pas loin de la place; après

m'avoir fait traverser deux ou trois larges rues silencieuses, l'homme qui portait ma malle s'arrêta devant une grande maison, où tout semblait mort depuis des années.

— C'est ici, dit-il, en soulevant l'énorme marteau de la porte...

Le marteau retomba lourdement, lourdement... La porte s'ouvrit d'elle-même... Nous entrâmes.

J'attendis un moment sous le porche, dans l'ombre. L'homme posa ma malle par terre, je le payai, et il s'en alla bien vite... Derrière lui, l'énorme porte se referma lourdement, lourdement... Bientôt après, un portier somnolent, tenant à la main une grosse lanterne, s'approcha de moi.

— Vous êtes sans doute un nouveau? me dit-il d'un air endormi.

Il me prenait pour un élève... Je répondis en me redressant :

— Je ne suis pas un élève du tout, je viens ici comme maître d'étude; conduisez-moi chez le principal...

Le portier parut surpris; il souleva un peu sa casquette et m'engagea à entrer une minute dans sa loge. Pour le quart d'heure, M. le principal était à l'église avec les enfants. On me mènerait chez lui dès que la prière du soir serait terminée.

Dans la loge, on achevait de souper. Un grand beau gaillard à moustaches blondes dégustait un verre d'eau-de-vie aux côtés d'une petite femme maigre, souffreteuse, jaune comme un coing et emmitouflée jusqu'aux oreilles dans un châle fané.

— Qu'est-ce donc, monsieur Cassagne? demanda l'homme aux moustaches.

— C'est le nouveau maître d'étude, répondit le concierge en me désignant... Monsieur est si petit que je l'avais d'abord pris pour un élève.

— Le fait est, dit l'homme aux moustaches en me regardant par-dessus son verre, que nous avons ici des élèves beaucoup plus grands et même plus âgés que monsieur... Veillon l'aîné, par exemple.

— Et Crouzat, ajouta le concierge.

— Et Soubeyrol... fit la femme.

Là-dessus ils se mirent à parler entre eux à voix basse, le nez dans leur vilaine eau-de-vie et me dévisageant du coin de l'œil... Au dehors on entendait la tramontane qui ronflait et les voix criardes des élèves récitant les litanies à la chapelle.

Tout à coup une cloche sonna; un grand bruit de pas se fit dans les vestibules.

— La prière est finie, me dit M. Cassagne en se levant; montons chez le principal.

Il prit sa lanterne, et je le suivis.

Le collége me sembla immense... D'interminables corridors, de grands porches, de larges escaliers avec des rampes en fer ouvragé... tout cela vieux, noir, enfumé... Le portier m'apprit qu'avant 89 la maison était une école de marine, et qu'elle avait compté jusqu'à huit cents élèves, tous de la plus grande noblesse.

Comme il achevait de me donner ces précieux renseignements, nous arrivions devant le cabinet du principal... M. Cassagne poussa doucement une double porte matelassée et frappa deux fois contre la boiserie.

Une voix répondit : « Entrez! » Nous entrâmes.

C'était un cabinet de travail très-vaste, à tapisserie verte. Tout au fond, devant une longue table, le principal écrivait à la lueur pâle d'une lampe dont l'abat-jour était complétement baissé.

— Monsieur le principal, dit le portier en me poussant devant lui, voici le nouveau maître qui vient pour remplacer M. Serrières.

— C'est bien, fit le principal sans se déranger.

Le portier s'inclina et sortit. Je restai debout au milieu de la pièce, tortillant mon chapeau entre mes doigts.

Quand il eut fini d'écrire, le principal se tourna vers moi, et je pus examiner à mon aise sa petite face pâlotte et sèche, éclairée par deux yeux froids, sans couleur. Lui, de son côté, releva, pour mieux me voir, l'abat-jour de la lampe et accrocha un lorgnon à son nez.

— Mais c'est un enfant! s'écria-t-il en bondissant sur son fauteuil. Que veut-on que je fasse d'un enfant?

Pour le coup, le petit Chose eut une peur terrible; il se voyait déjà dans la rue, sans ressources... Il eut à peine la force de balbutier deux ou trois mots et de remettre au principal la lettre d'introduction qu'il avait pour lui.

Le principal prit la lettre, la lut, la relut, la plia, la déplia, la relut encore, puis il finit par me dire que, grâce à la recommandation toute particulière du recteur et à l'honorabilité de ma famille, il consentait à me prendre chez lui, bien que ma grande jeunesse lui fît peur. Il entama ensuite de longues déclamations sur la gravité de mes nouveaux devoirs; mais je ne l'écoutais plus. Pour moi l'essentiel était qu'on ne me renvoyât pas... On ne me renvoyait pas; j'étais heureux, follement heureux. J'aurais voulu que M. le principal eût mille mains et les lui embrasser toutes.

Un formidable bruit de ferraille m'arrêta dans mes effusions. Je me retournai vivement et me trouvai en face d'un long personnage, à favoris rouges, qui venait d'entrer dans le cabinet sans qu'on l'eût entendu ; c'était le surveillant général.

La tête penchée sur l'épaule à l'*Ecce homo*, il me regardait avec le plus doux des sourires, en secouant un trousseau de clefs de toutes dimensions, suspendu à son index. Le sourire m'aurait prévenu en sa faveur, mais les clefs grinçaient avec un bruit terrible — frinc! frinc! frinc! — qui me fit peur.

— Monsieur Viot, dit le principal, voici le remplaçant de M. Serrières qui nous arrive.

M. Viot s'inclina et me sourit le plus doucement du monde. Ses clefs au contraire s'agitèrent d'un air ironique et méchant, comme pour dire : « Ce petit homme-là remplacer M. Serrières, allons donc! allons donc! »

Le principal comprit aussi bien que moi ce que les clefs venaient de dire, et il ajouta avec un soupir:
— Je sais qu'en perdant M. Serrières, nous faisons une perte presque irréparable (ici les clefs poussèrent

un véritable sanglot...); mais je suis sûr que si M. Viot veut bien prendre le nouveau maître sous sa tutelle spéciale et lui inculquer ses précieuses idées sur l'enseignement, — l'ordre et la discipline de la maison n'auront pas trop à souffrir du départ de M. Serrières.

Toujours souriant et doux, M. Viot répondit que sa bienveillance m'était acquise et qu'il m'aiderait volontiers de ses conseils; mais les clefs n'étaient pas bienveillantes, elles. Il fallait les entendre s'agiter et grincer avec frénésie : « Si tu bouges, petit drôle, gare à toi. »

— Monsieur Eyssette, conclut le principal, vous pouvez vous retirer. Pour ce soir encore, il faudra que vous couchiez à l'hôtel... Soyez ici demain à huit heures... Allez...

Et il me congédia d'un geste digne.

M. Viot, plus souriant et plus doux que jamais, m'accompagna jusqu'à la porte; mais, avant de me quitter, il me glissa dans la main un petit cahier.

— C'est le règlement de la maison, me dit-il. Lisez et méditez...

Puis il ouvrit la porte et la referma sur moi, en agitant ses clefs d'une façon... frinc! frinc! frinc!

Ces messieurs avaient oublié de m'éclairer... J'errai un moment parmi les grands corridors tout noirs, tâtant les murs pour essayer de retrouver mon chemin. De loin en loin, un peu de lune entrait par le grillage d'une fenêtre haute et m'aidait à m'orienter. Tout à coup, dans la nuit des galeries, un point lumineux brilla, venant à ma rencontre... Je fis encore quelques pas; la lumière grandit, s'approcha de moi, passa à mes côtés, s'éloigna, disparut. Ce fut comme une vision, mais, si rapide qu'elle eût été, je pus en saisir les moindres détails.

Figurez-vous deux femmes, non! deux ombres... L'une vieille, ridée, ratatinée, pliée en deux, avec d'énormes lunettes qui lui cachaient la moitié du visage; l'autre, jeune, svelte, un peu grêle comme tous les fantômes, mais ayant — ce que les fantômes n'ont pas en général — une paire d'yeux noirs, très grands, et si noirs, si noirs... La vieille tenait à la main une petite lampe de cuivre; les yeux noirs, eux, ne portaient rien... Les deux ombres passèrent près de moi, rapides, silencieuses, sans me voir, et depuis longtemps elles avaient disparu que j'étais encore debout, à la même place, sous une double impression de charme et de terreur.

Je repris ma route à tâtons, mais le cœur me battait bien fort, et j'avais toujours devant moi, dans l'ombre, l'horrible fée aux lunettes marchant à côté des yeux noirs...

Il s'agissait cependant de découvrir un gîte pour la nuit; ce n'était pas une mince affaire. Heureusement, l'homme aux moustaches, que je trouvai fumant sa pipe devant la loge du portier, se mit tout de suite à ma disposition et me proposa de me conduire dans un bon petit hôtel point trop cher, où je serais servi comme un prince. Vous pensez si j'acceptai de bon cœur...

Cet homme à moustaches avait l'air très-bon enfant; chemin faisant, j'appris qu'il s'appelait Roger, qu'il était professeur de danse, d'équitation, d'escrime et de gymnase au collége de Sarlande, et qu'il avait servi longtemps dans les chasseurs d'Afrique. Ceci acheva de me le rendre sympathique. Les enfants sont toujours portés à aimer les soldats. Nous nous séparâmes à la porte de l'hôtel avec force poignées de mains, et la promesse formelle de devenir une paire d'amis.

Et maintenant, lecteur, un aveu me reste à te faire.

Quand le petit Chose se trouva seul dans cette chambre froide, devant ce lit d'auberge inconnu et banal, loin de ceux qu'il aimait, son cœur éclata, et ce grand philosophe pleura comme un enfant. La vie l'épouvantait à présent; il se sentait faible et désarmé devant elle, et il pleurait, il pleurait... Tout à coup, au milieu de ses larmes, l'image des siens passa devant ses yeux; il vit la maison déserte, la famille dispersée, la mère ici, le père là-bas... Plus de toit! plus de foyer! et alors, oubliant sa propre détresse pour ne songer qu'à la misère commune, le petit Chose prit une grande et belle résolution : celle de reconstituer la maison Eyssette et de reconstruire le foyer à lui tout seul. Puis, fier d'avoir trouvé ce noble but à sa vie, il essuya ces larmes indignes d'un homme, d'un reconstructeur de foyer, et sans perdre une minute, entama la lecture du règlement de M. Viot, pour se mettre au courant de ses nouveaux devoirs.

Ce règlement, recopié avec amour de la propre main de M. Viot, son auteur, était un véritable traité, divisé méthodiquement en trois parties :

1° Devoirs du maître d'étude envers ses supérieurs ;

2° Devoirs du maître d'étude envers ses collègues ;

3° Devoirs du maître d'étude envers les élèves.

Tous les cas y étaient prévus, depuis le carreau brisé jusqu'aux deux mains qui se lèvent en même temps à l'étude ; tous les détails de la vie des maîtres y étaient consignés, depuis le chiffre de leurs appointements, jusqu'à la demi-bouteille de vin à laquelle ils avaient droit à chaque repas.

Le règlement se terminait par une belle pièce d'éloquence, un discours sur l'utilité du règlement lui-même ; mais, malgré son respect pour l'œuvre de M. Viot, le petit Chose n'eut pas la force d'aller jusqu'au bout, et — juste au plus beau passage du discours — il s'endormit...

Cette nuit-là, je dormis mal. Mille rêves fantastiques troublèrent mon sommeil... Tantôt c'étaient les terribles clefs de M. Viot que je croyais entendre, frinc ! frinc ! frinc ! ou bien la fée aux lunettes qui venait s'asseoir à mon chevet et me réveillait en sursaut ; d'autres fois aussi les yeux noirs — oh ! comme ils étaient noirs ! — s'installaient au pied de mon lit, me regardant avec une étrange obstination...

Le lendemain, à huit heures, j'arrivai au collége. M. Viot, debout sur la porte, son trousseau de clefs à la main, surveillait l'entrée des externes. Il m'accueillit avec son plus doux sourire.

— Attendez sous le porche, me dit-il ; quand les élèves seront rentrés, je vous présenterai à vos collègues.

J'attendis sous le porche, me promenant de long en large, saluant jusqu'à terre MM. les professeurs qui accouraient essoufflés. Un seul de ces messieurs me rendit mon salut ; c'était un prêtre, le professeur de philosophie, « un original, » me dit M. Viot... Je l'aimai tout de suite, cet original-là.

La cloche sonna. Les classes se remplirent... Quatre ou cinq grands garçons de vingt-cinq à trente ans, mal vêtus, figures communes, arrivèrent sous le porche en gambadant et s'arrêtèrent interdits à l'aspect de M. Viot.

— Messieurs, leur dit le surveillant général en me désignant, voici M. Daniel Eyssette, votre nouveau collègue.

Ayant dit, il fit une longue révérence et se retira, toujours souriant, toujours la tête sur l'épaule, et toujours agitant les horribles clefs.

Mes collègues et moi nous nous regardâmes un moment en silence.

Le plus grand et le plus gros d'entre eux prit le premier la parole ; c'était M. Serrières, le fameux M. Serrières, que j'allais remplacer.

— Parbleu ! s'écria-t-il d'un ton joyeux, c'est bien le cas de dire que les maîtres se suivent, mais ne se ressemblent pas.

Ceci était une allusion à la prodigieuse différence

de taille qui existait entre nous. On en rit beaucoup, beaucoup, moi le premier ; mais je vous assure qu'à ce moment-là le petit Chose aurait volontiers vendu son âme au diable pour avoir seulement quelques pouces de plus.

— Ça ne fait rien, ajouta le gros Serrières en me tendant la main ; quoiqu'on ne soit pas bâti pour passer sous la même toise, on peut tout de même vider quelques flacons ensemble... Venez avec nous, collègue... je paye un punch d'adieu au café Barbette ; je veux que vous en soyez... on fera connaissance en trinquant.

Sans me laisser le temps de répondre, il prit mon bras sous le sien et m'entraîna dehors.

Le café Barbette, où mes nouveaux collègues me menèrent, était situé sur la place d'armes. Les sous-officiers de la garnison le fréquentaient, et ce qui frappait en y entrant, c'était la quantité de shakos et de ceinturons pendus aux patères...

Ce jour-là le départ de Serrières et son punch d'adieu avaient attiré le ban et l'arrière-ban des habitués... Les sous-officiers auxquels Serrières me présenta en arrivant, m'accueillirent avec beaucoup de cordialité. A dire vrai pourtant, l'arrivée du petit Chose ne fit pas grande sensation, et je fus bien vite oublié, dans le coin de la salle où je m'étais réfugié timidement... Pendant que les verres se remplissaient, le gros Serrières vint s'asseoir à côté de moi ; il avait quitté sa redingote et tenait aux dents une longue pipe de terre sur laquelle son nom était écrit en lettres de porcelaine. Tous les maîtres d'étude avaient au café Barbette une pipe comme cela.

— Eh bien ! collègue, me dit le gros Serrières, vous voyez qu'il y a encore de bons moments dans le métier... En somme, vous êtes bien tombé en venant à Sarlande pour votre début. D'abord l'absinthe du café Barbette est excellente et puis, là-bas, à la boîte, vous ne serez pas trop mal.

La boîte, c'était le collège.

— Vous allez avoir l'étude des petits, des gamins qu'on mène à la baguette. Il faut voir comme je les ai dressés ! Le principal n'est pas méchant ; les collègues sont de bons garçons : il n'y a que la vieille et le père Viot...

— Quelle vieille ? demandai-je en tressaillant.

— Oh ! vous la connaîtrez bientôt ! A toute heure du jour et de la nuit on la rencontre rôdant par le collége, avec une énorme paire de lunettes... C'est une tante du principal, et elle remplit ici les fonctions d'économe. Ah ! la coquine ! si nous ne mourons pas tous de faim, ce n'est pas sa faute.

Au signalement que me donnait Serrières, j'avais reconnu la fée aux lunettes, et malgré moi je me sentais rougir. Dix fois je fus sur le point d'interrompre mon collègue et de lui demander : « Et les yeux noirs ? » Mais je n'osai pas. Parler des yeux noirs au café Barbette !... fi donc !...

En attendant, le punch circulait, les verres vides s'emplissaient, les verres remplis se vidaient ; c'étaient des toasts, des oh ! oh ! des ah ! ah ! des queues de billard en l'air, des bousculades, de gros rires, des calembours, des confidences...

Peu à peu, le petit Chose se sentit moins timide. Il avait quitté son encoignure et se promenait par le café, parlant haut, le verre à la main.

A cette heure, les sous-officiers étaient ses amis; il raconta effrontément à l'un d'eux qu'il appartenait à une famille très-riche et qu'à la suite de quelques folies de jeune homme on l'avait chassé de la maison paternelle; il s'était fait maître d'étude pour vivre, mais il ne pensait pas rester au collége longtemps... Vous comprenez, avec une famille tellement riche !...

Ah ! si ceux de Lyon avaient pu l'entendre à ce moment-là !

Ce que c'est que de nous, pourtant ! Quand on sut au café Barbette que j'étais un fils de famille en rupture de ban, un polisson, un mauvais drôle, et non point, comme on aurait pu le croire, un pauvre garçon condamné par la misère à la pédagogie, tout le monde me regarda d'un meilleur œil. Les plus anciens sous-officiers ne dédaignèrent pas de m'adresser la parole; on alla même plus loin : au moment de partir, Roger, le maître d'armes, mon ami de la veille, se leva et porta un toast à Daniel Eyssette. Vous pensez si le petit Chose fut fier !

Le toast à Daniel Eyssette donna le signal du départ. Il était dix heures moins le quart, c'est-à-dire l'heure de retourner au collége.

L'homme aux clefs nous attendait sur la porte.

— Monsieur Serrières, dit-il à mon gros collègue que le punch d'adieu faisait trébucher, vous allez pour la dernière fois, conduire vos élèves à l'étude; dès qu'ils seront entrés, M. le principal et moi nous viendrons installer le nouveau maître.

En effet, quelques minutes après, le principal, M. Viot et le nouveau maître faisaient leur entrée solennelle à l'étude.

Tout le monde se leva.

Le principal me présenta aux élèves en un discours un peu long, mais plein de dignité ; puis il se retira, suivi du gros Serrières que le punch d'adieu tourmentait de plus en plus. M. Viot resta le dernier. Il ne prononça pas de discours, mais ses clefs, frinc! frinc! frinc! parlèrent pour lui, d'une façon si terrible, frinc! frinc! frinc! si menaçante, que toutes les têtes se cachèrent sous les couvercles des pupitres et que le nouveau maître lui-même n'était pas rassuré.

Aussitôt que les terribles clefs furent dehors, un tas de figures malicieuses sortirent de derrière les pupitres ; toutes les barbes de plumes se portèrent aux lèvres, tous ces petits yeux, brillants, moqueurs, effarés se fixèrent sur moi, tandis qu'un long chuchotement courait de table en table.

Un peu troublé, je gravis lentement les degrés de ma chaire ; j'essayai de promener un regard féroce autour de moi, puis, enflant ma voix, je criai entre deux grands coups secs frappés sur la table :

— Travaillons, messieurs, travaillons !

C'est ainsi que le petit Chose commença sa première étude.

VI

LES PETITS

Ceux-là n'étaient pas méchants; c'étaient les autres. Ceux-là ne me firent jamais de mal, et moi je les aimais bien, parce qu'ils ne sentaient pas encore le collége et qu'on lisait toute leur âme dans leurs yeux.

Je ne les punissais jamais. A quoi bon ? Est-ce qu'on punit les oiseaux ?... Quand ils pépiaient trop haut, je n'avais qu'à crier : « Silence ! » Aussitôt ma volière se taisait, — au moins pour cinq minutes.

Le plus âgé de l'étude avait onze ans. Onze ans, je vous demande ! Et le gros Serrières qui se vantait de les mener à la baguette !...

Moi, je ne les menai pas à la baguette. J'essayai d'être toujours bon, voilà tout.

Quelquefois, quand ils avaient été bien sages, je leur racontais une histoire... Une histoire !... Quel bonheur ! Vite, vite, on pliait les cahiers, on fermait les livres; encriers, règles, porte-plumes, on jetait tout pêle-mêle au fond des pupitres, puis, les bras croisés sur la table, on ouvrait de grands yeux et on écoutait. J'avais composé à leur intention cinq ou six petits contes fantastiques : *les Débuts d'une cigale*, *les Infortunes de Jean Lapin*, etc. Alors, comme aujourd'hui, le bonhomme La Fontaine était mon saint de prédilection dans le calendrier littéraire, et mes romans ne faisaient que commenter ses fables; seulement j'y mêlais un peu de ma propre histoire. Il y avait toujours un pauvre grillon obligé de gagner sa vie comme le petit Chose, des bêtes à bon Dieu qui cartonnaient en sanglotant, comme Eyssette (Jacques). Cela amusait beaucoup mes petits, et moi aussi cela m'amusait beaucoup. Malheureusement M. Viot n'entendait pas que l'on s'amusât de la sorte.

Trois ou quatre fois par semaine, le terrible homme aux clefs faisait une tournée d'inspection dans le collége, pour voir si tout s'y passait selon le règlement... Or, un de ces jours-là, il arriva, dans notre étude, juste au moment le plus pathétique de l'histoire de Jean Lapin. En voyant entrer M. Viot, toute l'étude tressauta. Les petits, effarés, se regardèrent. Le narrateur s'arrêta court. Jean Lapin, interdit, resta une patte en l'air, en dressant de frayeur ses grandes oreilles.

Debout devant ma chaire, le souriant M. Viot promenait un long regard d'étonnement sur les pupitres dégarnis. Il ne parlait pas; mais ses clefs s'agitaient d'un air féroce : « Frinc ! frinc ! frinc ! tas de drôles, on ne travaille donc plus ici ! »

J'essayai, tout tremblant, d'apaiser les terribles clefs.

— Ces messieurs ont beaucoup travaillé ces jours-ci, balbutiai-je... J'ai voulu les récompenser en leur racontant une petite histoire.

M. Viot ne me répondit pas. Il s'inclina en souriant, fit gronder ses clefs une dernière fois et sortit.

Le soir, à la récréation de quatre heures, il vint vers moi, et me remit, toujours souriant, toujours muet, le cahier du règlement ouvert à la page 12 : *Devoirs du maître envers les élèves.*

Je compris qu'il ne fallait plus raconter d'histoires et je n'en racontai plus jamais.

Pendant quelques jours mes petits furent inconsolables. Jean Lapin leur manquait et cela me crevait le cœur de ne pouvoir le leur rendre. Je les aimais tant, si vous saviez, ces gamins-là ! Jamais nous ne nous quittions... Le collége était divisé en trois quartiers très-distincts : les grands, les moyens, les petits ; chaque quartier avait sa cour, son dortoir, son étude. Mes petits étaient donc à moi, bien à moi. Il me semblait que j'avais trente-cinq enfants.

A part ceux-là, pas un ami. M. Viot avait beau me sourire, me prendre par le bras aux récréations, me donner des conseils au sujet du règlement, je ne l'aimais pas, je ne pouvais pas l'aimer ; ses clefs me faisaient trop peur. Le principal, je ne le voyais jamais. Les professeurs méprisaient le petit Chose et le regardaient du haut de leur toque. Quant à mes collègues, la sympathie que l'homme aux clefs paraissait me témoigner me les avait aliénés; d'ailleurs, depuis ma présentation aux sous-officiers, je n'étais plus retourné au café Barbette, et ces braves gens ne me le pardonnaient pas.

Il n'y avait pas jusqu'au portier Cassagne et au maître d'armes Roger qui ne fussent contre moi. Le maître d'armes surtout semblait m'en vouloir terriblement. Quand je passais à côté de lui, il frisait sa moustache d'un air féroce et roulait de gros yeux, comme s'il eût voulu sabrer un cent d'Arabes. Une fois, il dit très-haut à Cassagne, en me regardant, qu'il n'aimait pas les espions. Cassagne ne répondit pas; mais je vis bien à son air qu'il ne les aimait pas non plus... De quels espions s'agissait-il ?... Cela me fit beaucoup penser.

Devant cette antipathie universelle, j'avais pris bravement mon parti. Le maître des moyens partageait avec moi une petite chambre, au troisième étage, sous les combles; c'est là que je me réfugiais pendant les heures de classe. Comme mon collègue passait tout son temps au café Barbette, la chambre m'appartenait; c'était ma chambre, mon chez moi.

A peine rentré, je m'enfermais à double tour, je traînais ma malle — il n'y avait pas de chaises dans ma chambre — devant un vieux bureau criblé de taches d'encre et d'inscriptions au canif, j'étalais dessus tous mes livres, et à l'ouvrage !...

Alors on était au printemps... Quand je levais la tête, je voyais le ciel tout bleu et les grands arbres de la cour déjà couverts de feuilles. Au dehors, pas de bruit. De temps en temps la voix monotone d'un élève récitant sa leçon, une exclamation de professeur en colère, une querelle sous le feuillage entre moineaux... puis tout rentrait dans le silence, le collége avait l'air de dormir.

Le petit Chose, lui, ne dormait pas. Il ne rêvait pas même, ce qui est une adorable façon de dormir. Il travaillait, travaillait sans relâche, se bourrant de grec et de latin à faire éclater sa cervelle.

Quelquefois, au plein cœur de son aride besogne, un doigt mystérieux frappait à la porte.

— Qui est là ?

— C'est moi, la Muse, ton ancienne amie, la dame du cahier rouge, ouvre-moi vite, petit Chose.

Mais le petit Chose se gardait d'ouvrir. Il s'agissait bien de la Muse, ma foi !

Au diable le cahier rouge ! L'important pour le quart d'heure était de faire beaucoup de thèmes grecs, de passer licencié, d'être nommé professeur, et de reconstruire au plus vite un beau foyer tout neuf pour la famille Eyssette.

Cette pensée que je travaillais pour la famille me donnait un grand courage et me rendait la vie plus douce. Ma chambre elle-même en était embellie... Oh ! mansarde, chère mansarde, quelles belles heures j'ai passées entre tes quatre murs ! Comme j'y travaillais bien ! Comme je m'y sentais brave !...

Misère de ma vie! pourquoi ne puis-je plus l'être ce petit Chose que j'étais alors !...

En somme, on le voit, j'avais quelques bonnes heures.

J'en avais de mauvaises aussi. Deux fois par semaine, le dimanche et le jeudi, il fallait mener les enfants en promenade. Cette promenade était un supplice pour moi.

D'habitude nous allions à la *Prairie*, une grande pelouse qui s'étend comme un tapis au pied de la montagne, à une demi-lieue de la ville... Quelques gros châtaigniers, trois ou quatre guinguettes peintes en jaune, une source vive courant dans le vert, faisaient l'endroit charmant et gai pour l'œil... Les trois études s'y rendaient séparément; une fois là, on les réunissait sous la surveillance d'un seul maître qui était toujours moi. Mes deux collègues allaient se faire régaler par des grands dans les guinguettes voisines, et comme on ne m'invitait jamais, je restais pour garder les élèves... Un dur métier dans ce bel endroit!

Il aurait fait si bon s'étendre sur cette herbe verte, dans l'ombre des châtaigniers, et se griser de serpolet, en écoutant chanter la petite source!... Au lieu de cela, il fallait surveiller, crier, punir... J'avais tout le collége sur les bras. C'était terrible...

Mais le plus terrible encore, ce n'était pas de surveiller les élèves à la Prairie, c'était de traverser la ville avec ma division, la division des petits. Les autres divisions emboîtaient le pas à merveille et sonnaient des talons comme de vieux grognards; cela sentait la discipline et le tambour. Mes petits, eux, n'entendaient rien à toutes ces belles choses. Ils n'allaient pas en rang, se tenaient par la main et jacassaient le long de la route. J'avais beau leur crier : « Gardez vos distances! » ils ne me comprenaient pas et marchaient tout de travers.

J'étais assez content de ma tête de colonne. J'y mettais les plus grands, les plus sérieux, ceux qui portaient la tunique; mais à la queue, quel gâchis! quel désordre! Une marmaille folle, des cheveux ébouriffés, des mains sales, des culottes en lambeaux!... Je n'osais pas les regarder.

Desinit in piscem, me disait à ce sujet le souriant M. Viot, homme d'esprit à ses heures. Le fait est que ma queue de colonne avait une triste mine.

Comprenez-vous mon désespoir de me montrer dans les rues de Sarlande en pareil équipage, et le dimanche surtout?... Les cloches carillonnaient, les rues étaient pleines de monde. On rencontrait des pensionnats de demoiselles qui allaient à vêpres, des modistes en bonnets roses, des élégants en pantalons gris-perle. Il fallait traverser tout cela avec un habit râpé et une division ridicule. Quelle honte!...

Parmi tous ces diablotins ébouriffés que je promenais deux fois par semaine dans la ville, il y en avait un surtout, un demi-pensionnaire, qui me désespérait par sa laideur et sa mauvaise tenue.

Imaginez un horrible petit avorton, si petit, si petit que c'en était ridicule ; avec cela disgracieux, sale, mal peigné, mal vêtu, sentant le ruisseau, et, pour que rien ne lui manquât, affreusement bancal.

Jamais pareil élève, s'il est permis toutefois de donner à ça le nom d'élève, ne figura sur les feuilles d'inscription de l'Université. C'était à déshonorer un collége.

Pour ma part, je l'avais pris en aversion ; et quand je le voyais, les jours de promenade, se dandiner à la queue de la colonne avec la grâce d'un jeune canard, il me venait des envies furieuses de le chasser à grands coups de botte pour l'honneur de ma division.

Bamban, nous l'avions surnommé Bamban à cause de sa démarche plus qu'irrégulière, — Bamban était loin d'appartenir à une famille aristocratique. Cela se voyait sans peine à ses manières, à ses façons de dire et surtout aux belles relations qu'il avait dans le pays.

Tous les gamins de Sarlande étaient ses amis.

Grâce à lui, quand nous sortions, nous avions toujours à nos trousses une nuée de polissons qui faisaient la roue sur nos derrières, appelaient Bamban par son nom, le montraient au doigt, lui jetaient des peaux de châtaignes, et mille autres bonnes singeries. Mes petits s'en amusaient beaucoup, mais moi je ne riais pas et j'adressais chaque semaine au principal un rapport circonstancié sur l'élève Bamban et les nombreux désordres que sa présence entraînait.

Malheureusement mes rapports restaient sans réponse et j'étais toujours obligé de me montrer dans les rues, en compagnie de M. Bamban, plus sale et plus bancal que jamais.

Un dimanche entre autres, un beau dimanche de fête et de grand soleil, il m'arriva pour la promenade dans un état de toilette tel que nous en fûmes tous épouvantés. Vous n'avez jamais rien rêvé de semblable. Des mains noires, des souliers sans cordons, de la boue jusque dans les cheveux, presque plus de culottes... un monstre.

Le plus risible, c'est qu'évidemment on l'avait fait très-beau, ce jour-là, avant de me l'envoyer. Sa tête, mieux peignée qu'à l'ordinaire, était encore roide de pommade, et le nœud de cravate avait je ne sais quoi qui sentait les doigts maternels. Mais il y a tant de ruisseaux avant d'arriver au collége!...

Bamban s'était roulé dans tous.

Quand je le vis prendre son rang parmi les autres, paisible et souriant comme si de rien n'était, j'eus un mouvement d'horreur et d'indignation.

Je lui criai : « Va-t'en! »

Bamban pensa que je plaisantais et continua de sourire. Il se croyait très-beau, ce jour-là!

Je lui criai de nouveau : « Va-t'en! va-t'en! »

Il me regarda d'un air triste et soumis, son œil suppliait; mais je fus inexorable et la division s'ébranla, le laissant seul, immobile au milieu de la rue.

Je me croyais délivré de lui pour toute la journée, lorsqu'au sortir de la ville des rires et des chuchotements à mon arrière-garde me firent retourner la tête.

A quatre ou cinq pas derrière nous, Bamban suivait la promenade gravement.

— Doublez le pas, dis-je aux deux premiers.

Les élèves comprirent qu'il s'agissait de faire une niche au bancal, et la division se mit à filer d'un train d'enfer.

De temps en temps on se retournait pour voir si Bamban pouvait suivre, et on riait de l'apercevoir là-bas, bien loin, gros comme le poing, trottant dans la poussière de la route, au milieu des marchands de gâteaux et de limonade.

Cet enragé-là arriva à la Prairie presque en même temps que nous. Seulement, il était pâle de fatigue et tirait la jambe à faire pitié.

J'en eus le cœur touché, et, un peu honteux de ma cruauté, je l'appelai près de moi doucement.

Il avait une petite blouse fanée, à carreaux rouges, la blouse du petit Chose au collége de Lyon.

Je la reconnus tout de suite, cette blouse, et dans moi-même je me disais : « Misérable, tu n'as pas honte. Mais c'est toi, c'est le petit Chose que tu t'amuses à martyriser ainsi. » Et, plein de larmes intérieures, je me mis à aimer de tout mon cœur ce pauvre déshérité.

Bamban s'était assis par terre, à cause de ses jambes qui lui faisaient mal. Je m'assis près de lui. Je lui parlai... Je lui achetai une orange... J'aurais voulu lui laver les pieds...

A partir de ce jour, Bamban devint mon ami. J'appris sur son compte des choses attendrissantes...

C'était le fils d'un maréchal-ferrant qui, entendant vanter partout les bienfaits de l'éducation, se saignait aux quatre membres, le pauvre homme! pour envoyer son enfant demi-pensionnaire au collége. Mais, hélas! Bamban n'était pas fait pour le collége, et il n'y profitait guère.

Le jour de son arrivée, on lui avait donné un modèle de bâtons en lui disant : « Fais des bâtons! » Et depuis un an, Bamban faisait des bâtons. Et quels bâtons, grand Dieu!... tortus, sales, boiteux, clopinants, des bâtons de Bamban!...

Personne ne s'occupait de lui. Il ne faisait spécialement partie d'aucune classe; en général, il entrait dans celle qu'il voyait ouverte. Un jour, on le trouva en train de faire ses bâtons dans la classe de philosophie... Un drôle d'élève, ce Bamban.

Je le regardais quelquefois à l'étude, courbé en deux sur son papier, suant, soufflant, tirant la langue, tenant sa plume à pleines mains et appuyant de toutes ses forces, comme s'il eût voulu traverser la table... A chaque bâton il reprenait de l'encre, et à la fin de chaque ligne, il rentrait sa langue et se reposait en se frottant les mains.

Bamban travaillait de meilleur cœur, maintenant que nous étions amis...

Quand il avait terminé une page, il s'empressait

de gravir ma chaire à quatre pattes et posait son chef-d'œuvre devant moi, sans parler.

Je lui donnais une petite tape affectueuse en lui disant : « C'est très-bien! » C'était hideux, mais je ne voulais pas le décourager.

De fait, peu à peu les bâtons commençaient à marcher plus droit; la plume crachait moins et il y avait moins d'encre sur les cahiers... Je crois que je serais venu à bout de lui apprendre quelque chose; malheureusement, la destinée nous sépara. Le maître des moyens quittait le collége.

Comme la fin de l'année était proche, le principal ne voulut pas prendre un nouveau maître. On installa un rhétoricien à barbe dans la chaire des petits, et c'est moi qui fus chargé de l'étude des moyens.

Je considérai cela comme une catastrophe.

D'abord les moyens m'épouvantaient. Je les avais vus à l'œuvre les jours de *Prairie,* et la pensée que j'allais vivre sans cesse avec eux me serrait le cœur.

Puis il fallait quitter mes petits, mes chers petits que j'aimais tant... Comment serait pour eux le rhétoricien à barbe?... Qu'allait devenir Bamban? J'étais réellement malheureux.

Et mes petits aussi se désolaient de me voir partir. Le jour où je leur fis ma dernière étude, il y eut un moment d'émotion quand la cloche sonna... Ils voulurent tous m'embrasser... Quelques-uns même, je vous assure, trouvèrent des choses charmantes à me dire.

Et Bamban?...

Bamban ne parla pas. Seulement, au moment où je sortais, il s'approcha de moi, tout rouge, et me mit dans la main, avec solennité, un superbe cahier de bâtons qu'il avait dessinés à mon intention.

Pauvre Bamban!

VII

LE PION

Je pris donc possession de l'étude des moyens.

Je trouvai là une cinquantaine de méchants drôles, montagnards joufflus de douze à quatorze ans, fils de métayers enrichis, que leurs parents envoyaient au collége pour en faire de petits bourgeois, à raison de cent vingt francs par trimestre.

Grossiers, insolents, orgueilleux, parlant entre eux un rude patois cévenol auquel je n'entendais rien, ils avaient presque tous cette laideur spéciale à l'enfance qui mue, de grosses mains rouges avec des engelures, des voix de jeunes coqs enrhumés, le regard abruti, et par là-dessus l'odeur du collége... Ils me haïrent tout de suite, sans me connaître. J'étais pour eux l'ennemi, le Pion; et du jour où je m'assis dans ma chaire, ce fut la guerre entre nous, une guerre acharnée, sans trêve, de tous les instants.

Ah! les cruels enfants, comme ils me firent souffrir!...

Je voudrais en parler sans rancune, ces tristesses sont si loin de nous!... Eh bien, non, je ne puis pas; et tenez, à l'heure même où j'écris ces lignes, je sens ma main qui tremble de fièvre et d'émotion. Il me semble que j'y suis encore.

Eux ne pensent plus à moi, j'imagine. Ils ne se souviennent plus du petit Chose, ni de ce beau lorgnon qu'il avait acheté pour se donner l'air plus grave...

Mes anciens élèves sont des hommes maintenant, des hommes sérieux. Soubeyrol doit être notaire quelque part, là-haut, dans les Cévennes; Veillon (cadet), greffier au tribunal; Loupi, pharmacien, et Bouzanquet, vétérinaire. Ils ont des positions, du ventre, tout ce qu'il faut.

Quelquefois pourtant, quand ils se rencontrent au cercle ou sur la place de l'église, ils se rappellent le bon temps du collége, et alors peut-être il leur arrive de parler de moi.

— Dis donc, greffier, te souviens-tu du petit Eyssette, notre pion de Sarlande, avec ses longs cheveux et sa figure de papier mâché? Quelles bonnes farces nous lui avons faites!

C'est vrai, messieurs. Vous lui avez fait de bonnes farces, et votre ancien pion ne les a pas encore oubliées...

Ah! le malheureux pion! vous a-t-il assez fait rire!... L'avez-vous fait assez pleurer... Oui, pleurer!... Vous l'avez fait pleurer, et c'est ce qui rendait vos farces bien meilleures...

Que de fois, à la fin d'une journée de martyre, le

pauvre diable, blotti dans sa couchette, a mordu sa couverture pour que vous n'entendiez pas ses sanglots!...

C'est si terrible de vivre entouré de malveillance, d'avoir toujours peur, d'être toujours sur le qui-vive, toujours méchant, toujours armé; c'est si terrible de punir, — on fait des injustices malgré soi, — si terrible de douter, de voir partout des piéges, de ne pas manger tranquille, de ne pas dormir en repos, de se dire toujours, même aux minutes de trêve : « Ah! mon Dieu!... Qu'est-ce qu'ils vont me faire maintenant? »

Non, vivrait-il cent ans, le pion Daniel Eyssette n'oubliera jamais tout ce qu'il souffrit au collége de Sarlande depuis le triste jour où il entra dans l'étude des moyens!

Et pourtant, — je ne veux pas mentir, — j'avais gagné quelque chose à changer d'étude : maintenant je voyais les yeux noirs.

Deux fois par jour, aux heures de récréations, je les apercevais de loin travaillant derrière une fenêtre du premier étage qui donnait sur la cour des moyens... Ils étaient là, plus noirs, plus grands que jamais, penchés du matin jusqu'au soir sur une couture interminable; car les yeux noirs cousaient, ils ne se lassaient pas de coudre. C'était pour coudre, rien que pour coudre, que la vieille fée aux lunettes les avait pris aux enfants trouvés, — les yeux noirs ne connaissaient ni leur père ni leur mère, — et, d'un bout à l'autre de l'année, ils cousaient, cousaient sans relâche, sous le regard implacable de l'horrible fée aux lunettes, filant sa quenouille à côté d'eux.

Moi, je les regardais. Les récréations me semblaient trop courtes. J'aurais passé ma vie sous cette fenêtre bénie derrière laquelle travaillaient les yeux noirs. Eux aussi savaient que j'étais là. De temps en temps ils se levaient de dessus leur couture, et, le regard aidant, nous nous parlions, — sans nous parler.

— Vous êtes bien malheureux, monsieur Eyssette.

— Et vous aussi, pauvres yeux noirs.

— Nous, nous n'avons ni père ni mère.

— Moi, mon père et ma mère sont loin.

— La fée aux lunettes est terrible, si vous saviez.

— Les enfants me font bien souffrir, allez.

— Courage, monsieur Eyssette!

— Courage, beaux yeux noirs!

On ne s'en disait jamais plus long. Je craignais toujours de voir apparaître M. Viot avec ses clefs — frinc! frinc! frinc! — et là-haut, derrière la fenêtre, les yeux noirs avaient leur M. Viot aussi. Après un dialogue d'une minute, ils se baissaient bien vite et reprenaient leur couture sous le regard féroce des grandes lunettes à monture d'acier.

Chers yeux noirs! nous ne nous parlions jamais qu'à de longues distances et par des regards furtifs, et cependant je les aimais de toute mon âme.

Il y avait encore l'abbé Germane, que j'aimais bien...

Cet abbé Germane était le professeur de philosophie. Il passait pour un original, et dans le collége tout le monde le craignait, même le principal, même M. Viot. Il parlait peu, d'une voix brève et cassante, nous tutoyait tous, marchait à grands pas, la tête en arrière, la soutane relevée, faisant sonner, — comme un dragon, — les talons de ses souliers à boucles. Il était grand et fort. Longtemps je l'avais cru très-beau, mais un jour, en le regardant de plus près, je m'aperçus que cette noble face de lion avait été horriblement défigurée par la petite vérole. Pas un coin du visage qui ne fut haché, sabré, couturé; un Mirabeau en soutane.

L'abbé vivait sombre et seul, dans une petite chambre qu'il occupait à l'extrémité de la maison, ce qu'on appelait le Vieux-Collége. Personne n'entrait jamais chez lui, excepté ses deux frères, deux méchants vauriens qui étaient dans mon étude et dont il payait l'éducation... Le soir, quand on traversait les cours pour monter au dortoir, on apercevait là-haut, dans les bâtiments noirs et ruinés du vieux collége, une petite lueur pâle qui veillait : c'était la lampe de l'abbé Germane. Bien des fois aussi, le matin, en descendant pour l'étude de six heures, je voyais, à travers la brume, la petite lampe brûler encore; l'abbé Germane ne s'était pas couché... On disait qu'il travaillait à un grand ouvrage de philosophie.

Pour ma part, même avant de le connaître, je me sentais une grande sympathie pour cet étrange abbé. Son horrible et beau visage, tout resplendissent d'intelligence, m'attirait. Seulement on m'avait tant effrayé par le récit de ses bizarreries et de ses brutalités, que je n'osais pas aller vers lui. J'y allai cependant, et pour mon bonheur!

Voici dans quelles circonstances…

Il faut vous dire qu'en ce temps-là j'étais plongé jusqu'au cou dans l'histoire de la philosophie… Un rude travail pour le petit Chose!

Or, certain jour, l'envie me vint de lire Condillac. Entre nous, le bonhomme ne vaut même pas la peine qu'on le lise; c'est un philosophe pour rire, et tout son bagage philosophique tiendrait dans le chaton d'une bague à vingt-cinq sous; mais, vous savez, quand on est jeune, on a sur les choses et sur les hommes des idées toutes de travers.

Je voulais donc lire Condillac. Il me fallait un Condillac coûte que coûte. Malheureusement, la bibliothèque du collége en était absolument dépourvue, et les libraires de Sarlande ne tenaient pas cet article-là! Je résolus de m'adresser à l'abbé Germane. Ses frères m'avaient dit que sa chambre contenait plus de deux mille volumes, et je ne doutais pas de trouver chez lui le livre de mes rêves. Seulement ce diable d'homme m'épouvantait, et pour me décider à monter à son réduit, ce n'était pas trop de tout mon amour pour M. de Condillac.

En arrivant devant la porte, mes jambes tremblaient de peur… Je frappai deux fois, très-doucement.

— Entrez! répondit une voix de Titan.

Le terrible abbé Germane était assis à califourchon sur une chaise basse, les jambes étendues, la soutane retroussée et laissant voir de gros muscles qui saillaient vigoureusement dans des bas de soie noire. Accoudé sur le dossier de sa chaise, il lisait un in-folio à tranches rouges, et fumait à grand bruit une petite pipe courte et brune, de celles qu'on appelle « brûle-gueule ».

— C'est toi, me dit-il en levant à peine les yeux de dessus son in-folio... bonjour! Comment vas-tu?... Qu'est-ce que tu veux ?

Le tranchant de sa voix, l'aspect sévère de cette chambre tapissée de livres, la façon cavalière dont il était assis, cette petite pipe qu'il tenait aux dents, tout cela m'intimidait beaucoup.

Je parvins cependant à expliquer tant bien que mal l'objet de ma visite et à demander le fameux Condillac.

— Condillac! tu veux lire Condillac, me répondit l'abbé Germane en souriant. Quelle drôle d'idée!... Est-ce que tu n'aimerais pas mieux fumer une pipe avec moi?... Tiens! décroche-moi ce joli calumet qui est pendu là-bas, contre la muraille, et allume-le... tu verras, c'est bien meilleur que tous les Condillac de la terre.

Je m'excusai du geste, en rougissant.

— Tu ne veux pas?... à ton aise, mon garçon... Ton Condillac est là-haut, sur le troisième rayon à gauche... tu peux l'emporter; je te le prête. Surtout ne le gâte pas, ou je te coupe les oreilles.

J'atteignis le Condillac sur le troisième rayon à gauche, et je me disposais à me retirer ; mais l'abbé me retint.

— Tu t'occupes donc de philosophie, me dit-il en me regardant dans les yeux... Est-ce que tu y croirais, par hasard ?... Des histoires, mon cher, de pures histoires... Et dire qu'ils ont voulu faire de moi un professeur de philosophie. Je vous demande un peu !... Enseigner quoi ?... zéro, néant... Ils auraient pu tout aussi bien, pendant qu'ils y étaient, me nommer inspecteur général des étoiles ou contrôleur de fumées de pipe... Ah ! misère de moi ! Il faut faire parfois de singuliers métiers pour gagner sa vie... tu en connais quelque chose, toi aussi, n'est-ce pas ?... Oh ! tu n'as pas besoin de rougir. Je sais que tu n'es pas heureux, mon pauvre petit pion, et que les enfants te font une rude existence.

Ici l'abbé Germane s'interrompit un moment. Il paraissait très en colère et secouait sa pipe sur son ongle avec fureur. Moi, d'entendre ce digne homme s'apitoyer ainsi sur mon sort, je me sentais tout ému, et j'avais mis le Condillac devant mes yeux, pour dissimuler les grosses larmes dont ils étaient remplis.

Presque aussitôt l'abbé reprit :

— A propos ! j'oubliais de te demander... Aimes-tu le bon Dieu ?... Il faut l'aimer, vois-tu, mon cher, et avoir confiance en lui, et le prier ferme ; sans quoi tu ne t'en tireras jamais... Aux grandes souffrances de la vie, je ne connais que trois remèdes :

le travail, la prière et la pipe, la pipe de terre, très-courte, souviens-toi de cela... Quant aux philosophes, n'y compte pas; ils ne te consoleront jamais de rien. J'ai passé par là, tu peux m'en croire.

— Je vous crois, monsieur l'abbé.

— Maintenant, va-t'en, tu me fatigues... Quand tu voudras des livres, tu n'auras qu'à venir en prendre. La clef de ma chambre est toujours sur la porte, et les philosophes toujours sur le troisième rayon à gauche... Ne me parle plus... Adieu.

Là-dessus, il se remit à sa lecture et me laissa sortir, sans même me regarder. Un original s'il en fut.

A partir de ce jour, j'eus tous les philosophes de l'univers à ma disposition, j'entrais chez l'abbé Germane sans frapper, comme chez moi. Le plus souvent, aux heures où je venais, l'abbé faisait sa classe, et la chambre était vide. La petite pipe dormait sur le bord de la table, au milieu des in-folio à tranches rouges et d'innombrables papiers couverts de pattes de mouche... Quelquefois aussi l'abbé Germane était là ! Je le trouvais lisant, écrivant, marchant de long en large à grandes enjambées. En entrant, je disais d'une voix timide :

— Bonjour, monsieur l'abbé.

La plupart du temps, il ne me répondait pas... Je prenais mon philosophe sur le troisième rayon à gauche, et je m'en allais, sans qu'on eût seulement l'air de soupçonner ma présence... Jusqu'à la fin de l'année, nous n'échangeâmes pas vingt paroles; mais n'importe! quelque chose en moi-même m'avertissait que nous étions de grands amis...

Cependant les vacances approchaient. On entendait tout le jour les élèves de la musique répétant, dans la classe de dessin, des polkas et des airs de marche pour la distribution des prix. Ces polkas réjouissaient tout le monde. Le soir, à la dernière étude, on voyait sortir des pupitres un tas de petits calendriers, et chaque enfant rayait sur le sien le jour qui venait de finir : « Encore un de moins ! » Les cours étaient pleines de planches pour l'estrade ; on battait des fauteuils, on secouait les tapis... Plus de travail, plus de discipline. Seulement, toujours, jusqu'au bout, la haine du pion et les farces, les terribles farces.

Enfin, le grand jour arriva. Il était temps ; je n'y pouvais plus tenir.

On distribua les prix dans ma cour, la cour des moyens... Je la vois encore avec sa tente bariolée, ses murs couverts de draperies blanches, ses grands arbres verts pleins de drapeaux, et là-dessous tout un fouillis de toques, de képis, de shakos, de casques, de bonnets à fleurs, de claques brodés, de plumes, de rubans, de pompons, de panaches... Au fond, une longue estrade où étaient installées les autorités du collège dans des fauteuils en velours grenat... Oh ! cette estrade, comme on se sentait petit devant elle ! Quel grand air de dédain et de supériorité elle donnait à ceux qui étaient dessus ! Aucun de ces messieurs n'avait plus sa physionomie habituelle.

L'abbé Germane était sur l'estrade, lui aussi, mais il ne paraissait pas s'en douter. Allongé dans son fauteuil, la tête renversée, il écoutait ses voisins d'une oreille distraite et semblait suivre de l'œil, à travers le feuillage, la fumée d'une pipe imaginaire...

Aux pieds de l'estrade, la musique, trombones et ophicléides reluisant au soleil; les trois divisions entassées sur des bancs, avec les maîtres en serre-file; puis derrière, la cohue des parents, le professeur de seconde offrant le bras aux dames et criant : Place! place! et enfin, perdues au milieu de la foule, les clefs de M. Viot qui couraient d'un bout de la cour à l'autre, et qu'on entendait — frinc! frinc! frinc! — à droite, à gauche, ici, partout en même temps.

La cérémonie commença. Il faisait chaud. Pas d'air sous la tente... Il y avait de grosses dames cramoisies qui sommeillaient à l'ombre de leurs marabouts, et des messieurs chauves qui s'épongeaient la tête avec des foulards ponceau. Tout était rouge : les visages, les tapis, les drapeaux, les fauteuils... Nous eûmes trois discours, qu'on applaudit beaucoup; mais moi, je ne les entendis pas. Là-haut, derrière la fenêtre du premier étage, les yeux noirs cousaient à leur place habituelle, et mon âme, toute mon âme allait vers eux... Pauvres yeux noirs! même ce jour-là, la fée aux lunettes ne les laissait pas chômer.

Quand le dernier nom du dernier accessit de la dernière classe eut été proclamé, la musique entama une marche triomphale et tout se débanda. Tohu-bohu général. Les professeurs descendaient de l'estrade; les élèves sautaient par-dessus les bancs pour rejoindre leurs familles. On s'embrassait, on s'appelait: « Par ici! par ici! » Les sœurs des lauréats s'en allaient fièrement avec les couronnes de leurs frères. Les robes de soie faisaient froufrou à travers les chaises... Immobile derrière un arbre, le petit Chose regardait passer les belles dames, tout malingre et tout honteux dans son habit râpé.

Peu à peu la cour se désemplit. A la grande porte, le principal et M. Viot se tenaient debout, caressant les enfants au passage, saluant les parents jusqu'à terre.

« A l'année prochaine, à l'année prochaine! » disait le principal avec un sourire câlin... Les clefs de M. Viot tintaient, pleines de caresses: « Frinc! frinc! frinc! Revenez-nous, petits amis, revenez-nous l'année prochaine. »

Les enfants se laissaient embrasser négligemment et franchissaient l'escalier d'un bond.

Ceux-là montaient dans de belles voitures armoriées, où les mères et les sœurs rangeaient leurs grandes jupes pour faire place. Clic! clac!... En route vers le château!... Nous allons revoir nos parcs, nos pelouses, l'escarpolette sous les acacias, les volières pleines d'oiseaux rares, la pièce d'eau avec ses deux cygnes, et la grande terrasse à balustres où l'on prend des sorbets le soir.

D'autres grimpaient dans des chars à bancs de famille, à côté de jolies filles riant à belles dents sous leurs coiffes blanches. La fermière conduisait, avec sa chaîne d'or autour du cou... Fouette, Mathurine! On retourne à la métairie; on va manger des beurrées, boire du vin muscat, chasser à la pipée tout le jour et se rouler dans le foin qui sent bon!

Heureux enfants! ils s'en allaient; ils partaient tous!... Ah! si j'avais pu partir moi aussi!...

VIII

LES YEUX NOIRS

Maintenant le collége est désert. Tout le monde est parti... D'un bout des dortoirs à l'autre, des escadrons de gros rats font des charges de cavalerie en plein jour. Les écritoires se dessèchent au fond des pupitres. Sur les arbres des cours, la division des moineaux est en fête; ces messieurs ont invité tous leurs camarades de la ville, ceux de l'évêché, ceux de la sous-préfecture, et du matin jusqu'au soir, c'est un pépiage assourdissant.

De sa chambre, sous les combles, le petit Chose les écoute en travaillant. On l'a gardé par charité, dans la maison, pendant les vacances. Il en profite pour étudier à mort les philosophes grecs. Seulement la chambre est trop chaude et les plafonds trop bas. On étouffe là-dessous... Pas de volets aux fenêtres. Le soleil entre comme une torche et met le feu partout. Le plâtre des solives craque, se détache... De grosses mouches, alourdies par la chaleur, dorment collées aux vitres... Le petit Chose, lui, fait de grands efforts pour ne pas dormir. Sa tête est lourde comme du plomb; ses paupières battent.

Travaille donc, Daniel Eyssette!... Il faut reconstruire le foyer... Mais non! il ne peut pas... Les lettres de son livre dansent devant ses yeux; puis, c'est le livre qui tourne, puis la table, puis la chambre. Pour chasser cet étrange assoupissement, le petit Chose se lève, fait quelques pas; arrivé devant la porte, il chancelle et tombe à terre comme une masse, foudroyé par le sommeil.

Au dehors, les moineaux piaillent; les cigales chantent à tue-tête; les platanes, blancs de poussière, s'écaillent au soleil en étirant leurs mille branches.

Le petit Chose fait un rêve singulier; il lui semble qu'on frappe à la porte de sa chambre, et qu'une voix éclatante l'appelle par son nom, « Daniel! Daniel!... » Cette voix, il la reconnaît. C'est du même ton qu'elle criait autrefois : « Jacques, tu es un âne! »

Les coups redoublent à la porte : « Daniel, mon Daniel, c'est ton père, ouvre vite! »

Oh! l'affreux cauchemar! Le petit Chose veut répondre, aller ouvrir. Il se redresse sur son coude; mais sa tête est trop lourde, il retombe et perd connaissance...

Quand le petit Chose revient à lui, il est tout étonné de se trouver dans une couchette bien blanche, entourée de grands rideaux bleus qui font de l'ombre tout autour... Lumière douce, chambre tranquille. Pas d'autre bruit que le tic-tac d'une horloge et le tintement d'une cuiller dans la porcelaine... Le petit Chose ne sait pas où il est; mais il se trouve très-bien. Les rideaux s'entr'ouvrent. M. Eyssette père, une tasse à la main, se penche vers lui avec un bon sourire et des larmes plein les yeux. Le petit Chose croit continuer son rêve.

— Est-ce vous, père? Est-ce bien vous?

— Oui, mon Daniel; oui, cher enfant, c'est moi.

— Où suis-je donc? grand Dieu!

— A l'infirmerie, depuis huit jours... maintenant tu es guéri, mais tu as été bien malade...

— Mais vous, père, comment êtes-vous là? Embrassez-moi donc encore!... Oh! tenez, de vous voir, il me semble que je rêve toujours.

M. Eyssette père l'embrasse :

— Allons, couvre-toi, sois sage... Le médecin ne veut pas que tu parles.

Et pour empêcher l'enfant de parler, le brave homme parle tout le temps.

— Figure-toi qu'il y a huit jours la Compagnie vinicole m'envoie faire une tournée dans les Cévennes. Tu penses si j'étais content : une occasion de voir mon Daniel! J'arrive au collége... On t'appelle, on te cherche... Pas de Daniel! Je me fais conduire à ta chambre : la clef était en dedans... Je frappe : personne! Vlan! j'enfonce la porte d'un coup de pied, et je te trouve là, par terre, avec une fièvre de cheval... Ah! pauvre enfant, comme tu as été malade! Cinq jours de délire! Je ne t'ai pas quitté d'une minute... Tu battais la campagne tout le temps; tu parlais toujours de reconstruire le foyer. Quel foyer, dis ?... Tu criais : « Pas de clefs! ôtez les clefs des serrures! » Tu ris? Je te jure que je ne riais pas, moi. Dieu! quelles nuits tu m'as fait passer !... Comprends-tu cela : M. Viot — c'est bien M. Viot, n'est-ce pas? — qui voulait m'empêcher de coucher dans le collège! Il invoquait le règlement... Ah bien! oui, le règlement! Est-ce que je le connais, moi, son règlement?... Ce cuistre-là croyait me faire peur en me remuant ses clefs sous le nez. Je l'ai joliment remis à sa place, va!

Le petit Chose frémit de l'audace de M. Eyssette; puis, oubliant bien vite les clefs de M. Viot : « Et ma mère? » demande-t-il, en étendant ses bras comme si sa mère était là, à portée de ses caresses.

— Si tu te découvres, tu ne sauras rien, répond M. Eyssette d'un ton fâché. Voyons, couvre-toi... ta mère va bien, elle est chez l'oncle Baptiste.

— Et Jacques?

— Jacques! c'est un âne!... Quand je dis un âne, tu comprends, c'est une façon de parler... Jacques est un très-brave enfant au contraire... Ne te découvre donc pas, mille diables!... Sa position est fort jolie. Il pleure toujours, par exemple. Mais du reste il est très-content. Son directeur l'a pris pour secrétaire... Il n'a rien à faire qu'à écrire sous la dictée... Une situation fort agréable.

— Il sera donc toute sa vie condamné à écrire sous la dictée, ce pauvre Jacques!...

Disant cela, le petit Chose se met à rire de bon cœur, et M. Eyssette rit de le voir rire, tout en le grondant à cause de cette maudite couverture qui se dérange toujours...

Oh! bienheureuse infirmerie! Quelles heures charmantes le petit Chose passe entre les rideaux bleus de sa couchette!... M. Eyssette ne le quitte pas; il reste là tout le jour, assis près du chevet, et le petit Chose voudrait que M. Eyssette ne s'en allât jamais.... Hélas! c'est impossible! La Compagnie vinicole a besoin de son voyageur. Il faut partir, il faut reprendre la tournée des Cévennes...

Après le départ de son père, l'enfant reste seul, tout seul, dans l'infirmerie silencieuse. Il passe ses journées à lire, au fond d'un grand fauteuil roulé près de la fenêtre. Matin et soir, la jaune madame Cassagne lui apporte ses repas. Le petit Chose boit le bol de bouillon, suce l'aileron de poulet et dit : « Merci, madame. » Rien de plus. Cette femme sent les fièvres et lui déplaît; il ne la regarde même pas.

Or, un matin qu'il vient de faire son : « Merci, madame » tout sec comme à l'ordinaire, sans quitter son livre des yeux, il est bien étonné d'entendre une voix très-douce lui dire : « Comment cela va-t-il aujourd'hui, monsieur Daniel? »

Le petit Chose lève la tête, et devinez ce qu'il voit.. Les yeux noirs, les yeux noirs en personne, immobiles et souriants devant lui...

Les yeux noirs annoncent à leur ami que la femme jaune est malade et qu'ils sont chargés de faire son service. Ils ajoutent en se baissant qu'ils éprouvent beaucoup de joie à voir M. Daniel rétabli; puis ils se retirent avec une profonde révérence, en disant qu'ils reviendront le même soir. Le même soir, en effet, les yeux noirs sont revenus, et le lendemain matin aussi, et le lendemain soir encore. Le petit Chose est ravi. Il bénit sa maladie, la maladie de la femme jaune, toutes les maladies du monde; si personne n'avait été malade, il n'aurait jamais eu de tête-à-tête avec les yeux noirs.

Oh! bienheureuse infirmerie! Quelles heures charmantes le petit Chose passe dans son fauteuil de convalescent, roulé près de la fenêtre!... Le matin, les yeux noirs ont sous leurs grands cils un tas de paillettes d'or que le soleil fait reluire; le soir, ils resplendissent doucement et font, dans l'ombre autour d'eux, de la lumière d'étoile... Le petit Chose rêve aux yeux noirs toutes les nuits; il n'en dort plus. Dès l'aube, le voilà sur pied pour se préparer à les recevoir : il a tant de confidences à leur faire!... Puis, quand les yeux noirs arrivent, il ne leur dit rien...

Les yeux noirs ont l'air très-étonnés de ce silence. Ils vont et viennent dans l'infirmerie, et trouvent mille prétextes pour rester près du malade, espérant toujours qu'il se décidera à parler; mais ce damné petit Chose ne se décide pas.

Quelquefois cependant il s'arme de tout son courage et commence ainsi bravement : « Mademoiselle... »

Aussitôt les yeux noirs s'allument et le regardent

en souriant. Mais, de les voir sourire ainsi, le malheureux perd la tête et d'une voix tremblante il ajoute : « Je vous remercie de vos bontés pour moi. » Ou bien encore : « Le bouillon est excellent ce matin. »

Alors les yeux noirs font une jolie petite moue qui signifie : « Quoi! ce n'est que cela! » Et ils s'en vont en soupirant.

Quand ils sont partis, le petit Chose se désespère : « Oh! dès demain! dès demain sans faute, je leur parlerai! »

Et puis le lendemain, c'est encore à recommencer.

Enfin, de guerre lasse et sentant bien qu'il n'aura jamais le courage de dire ce qu'il pense aux yeux noirs, le petit Chose se décide à leur écrire... Un soir, il demande de l'encre et du papier, pour une lettre importante, oh! très-importante... Les yeux noirs ont sans doute deviné quelle est la lettre dont il s'agit; ils sont si malins, les yeux noirs!... Vite, vite, ils courent chercher de l'encre et du papier, les posent devant le malade, et s'en vont en riant tout seuls.

Le petit Chose se met à écrire; il écrit toute la nuit; puis, quand le matin est venu, il s'aperçoit que cette interminable lettre ne contient que trois mots, rien que trois mots, vous m'entendez bien; seulement ces trois mots sont les plus éloquents du monde, et il compte qu'ils produiront un très-grand effet.

Attention, maintenant... Les yeux noirs vont

venir... Le petit Chose est très-ému; il a préparé sa lettre d'avance et se jure de la remettre dès qu'on arrivera... Voici comment cela va se passer. Les yeux noirs entreront, ils poseront le bouillon et le poulet sur la table. « Bonjour, monsieur Daniel!... » Alors, lui, leur dira tout de suite, très-courageusement : « Gentils yeux noirs, voici une lettre pour vous. »

Mais chut!... Un pas d'oiseau dans le corridor... Les yeux noirs approchent... Le petit Chose tient sa lettre à la main. Son cœur bat; il va mourir...

La porte s'ouvre... Horreur!...

A la place des yeux noirs, paraît la vieille fée, la terrible fée aux lunettes.

Le petit Chose n'ose pas demander d'explications; mais il est consterné... Pourquoi ne sont-ils pas venus?... Il attend le soir avec impatience... Hélas! le soir encore, les yeux noirs ne viennent pas, ni le lendemain non plus, ni les jours d'après, ni jamais...

On a chassé les yeux noirs. On les a renvoyés aux enfants trouvés, où ils resteront enfermés pendant quatre ans, jusqu'à leur majorité... Les yeux noirs volaient du sucre!...

Adieu les beaux jours de l'infirmerie! les yeux noirs s'en sont allés, et pour comble de malheur, voilà les élèves qui reviennent... Eh! quoi? Déjà la rentrée... Oh! que ces vacances ont été courtes!

Pour la première fois depuis six semaines, le petit Chose descend dans les cours, pâle, maigre, plus petit Chose que jamais... Tout le collège se réveille. On le lave du haut en bas. Les corridors ruissellent d'eau. Férocement comme toujours, les clefs de M. Viot se démènent. Terrible M. Viot ! il a profité des vacances pour ajouter quelques articles à son règlement et quelques clefs à son trousseau. Le petit Chose n'a qu'à se bien tenir.

Chaque jour, il arrive des élèves... Clic ! clac ! On revoit devant la porte les chars à bancs et les berlines de la distribution des prix... Quelques anciens manquent à l'appel, mais des nouveaux les remplacent. Les divisions se reforment. Cette année, comme l'an dernier, le petit Chose aura l'étude des moyens. Le pauvre pion tremble déjà. Après tout, qui sait ? Les enfants seront peut-être moins méchants cette année-ci.

Le matin de la rentrée, grande musique à la chapelle. C'est la messe du Saint-Esprit... *Veni, creator Spiritus !*... Voici M. le principal avec son bel habit noir et la petite palme d'argent à sa boutonnière. Derrière lui, se tient l'état-major des professeurs en toge de cérémonie : les sciences ont l'hermine orange ; les humanités, l'hermine blanche. Le professeur de seconde, un freluquet, s'est permis des gants de couleur tendre et une toque de fantaisie ; M. Viot n'a pas l'air content. *Veni, creator Spiritus !*... Au fond de l'église, pêle-mêle avec les élèves, le petit Chose regarde d'un œil d'envie les toges majestueuses et les palmes d'argent... Quand sera-t-il professeur, lui aussi ?... Quand pourra-t-il reconstruire le foyer ? Hélas ! avant d'en arriver là, que de temps encore et que de peines ! *Veni, creator Spiritus !...* Le petit Chose se sent l'âme triste ; l'orgue lui donne envie de pleurer... Tout à coup, là-bas, dans un coin du chœur, il aperçoit une belle figure ravagée qui lui sourit... Ce sourire fait du bien au petit Chose, et, de revoir l'abbé Germane, le voilà plein de courage et tout ragaillardi... *Veni, creator Spiritus !...*

Deux jours après la messe du Saint-Esprit, nouvelles solennités. C'est la fête du principal... Ce jour-là, — de temps immémorial, — tout le collége célèbre la Saint-Théophile sur l'herbe, à grand renfort de viandes froides et de vins de Limoux. Cette fois, comme à l'ordinaire, M. le principal n'épargne rien pour donner du retentissement à ce petit festival de famille qui satisfait les instincts généreux de son cœur, sans nuire cependant aux intérêts de son collége. Dès l'aube, on s'empile tous, — élèves et maîtres, — dans de grandes tapissières pavoisées aux couleurs municipales, et le convoi part au galop, traînant à sa suite, dans deux énormes fourgons, les paniers de vin mousseux et les corbeilles de mangeaille... En tête, sur le premier char, les gros bonnets et la musique. Ordre aux ophicléides de jouer très-fort. Les fouets claquent, les grelots sonnent, les piles d'assiettes se heurtent contre les gamelles de fer-blanc... Tout Sarlande en bonnet de nuit se met aux fenêtres pour voir passer la fête du principal.

C'est à la *Prairie* que le gala doit avoir lieu. A peine arrivés, on étend des nappes sur l'herbe, et les enfants crèvent de rire en voyant messieurs les

6

professeurs assis au frais dans les violettes comme de simples collégiens... Les tranches de pâté circulent. Les bouchons sautent. Les yeux flambent. On parle beaucoup... Seul, au milieu de l'animation générale, le petit Chose a l'air préoccupé. Tout à coup on le voit rougir... M. le principal vient de se lever, un papier à la main : « Messieurs, on me remet à l'instant même quelques vers que m'adresse un poëte anonyme. Il paraît que notre Pindare ordinaire, M. Viot, a un émule cette année... Quoique ces vers soient un peu trop flatteurs pour moi, je vous demande la permission de vous les lire. »

— Oui, oui... lisez!... lisez!...

Et de sa belle voix des distributions, M. le principal commence la lecture...

C'est un compliment assez bien tourné, plein de rimes aimables à l'adresse du principal et de tous ces messieurs. Une fleur pour chacun. La fée aux lunettes elle-même n'est pas oubliée. Le poëte l'appelle « l'ange du réfectoire, » ce qui est charmant.

On applaudit longuement. Quelques voix demandent l'auteur. Le petit Chose se lève, rouge comme un pepin de grenade, et s'incline avec modestie. Acclamations générales. Le petit Chose devient le héros de la fête. Le principal veut l'embrasser. De vieux professeurs lui serrent la main d'un air entendu. Le régent de seconde lui demande ses vers pour les mettre dans le journal. Le petit Chose est très-content; tout cet encens lui monte au cerveau avec les fumées du vin de Limoux. Seulement, et ceci le dégrise un peu, il croit entendre l'abbé Germane murmurer : « L'imbécile ! » et les clefs de son rival grincer férocement.

Ce premier enthousiasme apaisé, M. le principal frappe dans ses mains pour réclamer le silence.

— Maintenant, Viot, à votre tour... Après la Muse badine, la Muse sévère.

M. Viot tire gravement de sa poche un cahier relié, gros de promesses, et commence sa lecture en jetant sur le petit Chose un regard de côté.

L'œuvre de M. Viot est une idylle, une idylle toute virgilienne en l'honneur du règlement. L'élève Ménalque et l'élève Dorilas s'y répondent en strophes alternées... L'élève Ménalque est d'un collége où fleurit le règlement; l'élève Dorilas, d'un autre collége, d'où le règlement est exilé... Ménalque dit les plaisirs austères d'une forte discipline; Dorilas, les joies infécondes d'une folle liberté.

A la fin, Dorilas est terrassé. Il remet entre les mains de son vainqueur le prix de la lutte, et tous deux, unissant leurs voix, entonnent un chant d'allégresse à la gloire du règlement.

Le poëme est fini... Silence de mort !... Pendant la lecture, les enfants ont emporté leurs assiettes à l'autre bout de la prairie, et mangent leurs pâtés, tranquilles, loin, bien loin de l'élève Ménalque et de l'élève Dorilas. M. Viot les regarde de sa place avec un sourire amer... Les professeurs ont tenu bon, mais pas un n'a le courage d'applaudir... Infortuné M. Viot ! C'est une vraie déroute... Le principal essaye de le consoler : « Le sujet était aride, messieurs, mais le poëte s'en est bien tiré. »

— Moi, je trouve cela très-beau !... dit effrontément le petit Chose, à qui son triomphe commence à faire peur...

Lâchetés perdues ! M. Viot ne veut pas être consolé. Il s'incline sans répondre et garde son sourire amer... Il le garde tout le jour ; et le soir, en rentrant, au milieu des chants des élèves, des couacs de la musique et du fracas des tapissières roulant sur les pavés de la ville endormie, le petit Chose entend dans l'ombre, près de lui, les clefs de son rival qui grondent d'un air méchant : « Frinc ! frinc ! frinc ! monsieur le poëte, nous vous revaudrons cela ! »

IX

L'AFFAIRE BOUCOYRAN

Avec la Saint-Théophile, voilà les vacances enterrées.

Les jours qui suivirent furent tristes; un vrai lendemain de mardi-gras. Personne ne se sentait en train, ni les maîtres, ni les élèves. On s'installait... Après deux grands mois de repos, le collége avait peine à reprendre son va-et-vient habituel. Les rouages fonctionnaient mal, comme ceux d'une vieille horloge qu'on aurait depuis longtemps oublié de remonter. Peu à peu cependant, grâce aux efforts de M. Viot, tout se régularisa. Chaque jour, aux mêmes heures, au son de la même cloche, on vit de petites portes s'ouvrir dans les cours et des litanies d'enfants, roides comme des soldats de bois, défiler deux par deux sous les arbres; puis la cloche sonnait encore — ding! dong! — et les mêmes enfants repassaient par les mêmes petites portes. Ding! dong! Levez-vous. Ding! dong! Couchez-vous. Ding! dong! Instruisez-vous! Ding! dong! Amusez-vous! Et cela pour toute l'année.

O triomphe du règlement! comme l'élève Ménalque aurait été heureux de vivre, sous la férule de M. Viot, dans le collége-modèle de Sarlande!...

Moi seul, je faisais ombre à cet adorable tableau. Mon étude ne marchait pas. Les terribles *moyens* m'étaient revenus de leurs montagnes, plus laids, plus âpres, plus féroces que jamais. De mon côté, j'étais aigri; la maladie m'avait rendu nerveux et irritable, je ne pouvais plus rien supporter... Trop doux l'année précédente, je fus trop sévère cette année... J'espérais ainsi mater ces méchants drôles, et, pour la moindre incartade, je foudroyais toute l'étude de pensums et de retenues...

Ce système ne me réussit pas. Mes punitions, à force d'être prodiguées, se déprécièrent et tombèrent aussi bas que les assignats de l'an IV... Un jour, je me sentis débordé. Mon étude était en pleine révolte, et je n'avais plus de munitions pour faire tête à l'émeute. Je me vois encore dans ma chaire, me débattant comme un beau diable, au milieu des cris, des pleurs, des grognements, des sifflements : « A la porte!... Cocorico!... kss!... kss!... Plus de tyrans!... C'est une injustice!... » Et les encriers pleuvaient, et les papiers mâchés s'épataient sur mon pupitre, et tous ces petits monstres, — sous prétexte de réclamations, — se pendaient par grappes à ma chaire, avec des hurlements de macaques.

Quelquefois, en désespoir de cause, j'appelais

M. Viot à mon secours. Pensez quelle humiliation ! Depuis la Saint-Théophile, l'homme aux clefs me tenait rigueur, et je le sentais heureux de ma détresse... Quand il entrait dans l'étude brusquement, ses clefs à la main, c'était comme une pierre dans un étang de grenouilles : en un clin d'œil tout le monde se retrouvait à sa place, le nez sur les livres. On aurait entendu voler une mouche ! M. Viot se promenait un moment de long en large, agitant son trousseau de ferraille, au milieu du grand silence ; puis il me regardait ironiquement et se retirait sans rien dire.

J'étais très-malheureux. Les maîtres, mes collègues, se moquaient de moi. Le principal, quand je le rencontrais, me faisait mauvais accueil ; il y avait sans doute du M. Viot là-dessous... Pour m'achever, survint l'affaire Boucoyran.

Oh ! cette affaire Boucoyran ! Je suis sûr qu'elle est restée dans les annales du collége et que les Sarlandais en parlent encore aujourd'hui... Moi aussi, je veux en parler, de cette terrible affaire. Il est temps que le public sache la vérité...

Quinze ans, de gros pieds, de gros yeux, de grosses mains, pas de front, et l'allure d'un valet de ferme : tel était M. le marquis de Boucoyran, terreur de la cour des moyens et seul échantillon de la noblesse cévenole au collége de Sarlande. Le principal tenait beaucoup à cet élève, en considération du vernis aristocratique que sa présence donnait à l'établissement. Dans le collége, on ne l'appelait que « le marquis ». Tout le monde le craignait ;

moi-même je subissais l'influence générale et je ne lui parlais qu'avec beaucoup de ménagements.

Pendant quelque temps nous vécûmes en assez bons termes.

M. le marquis avait bien par-ci par-là certaines façons impertinentes de me regarder ou de me répondre qui rappelaient par trop l'ancien régime, mais j'affectais de n'y point prendre garde, sentant que j'avais affaire à forte partie.

Un jour cependant, ce faquin de marquis se permit de répliquer, en pleine étude, avec une insolence telle que je perdis toute patience.

— Monsieur de Boucoyran, lui dis-je en essayant de garder mon sang-froid, prenez vos livres et sortez sur-le-champ.

C'était un acte d'autorité inouï pour ce jeune drôle. Il en resta stupéfait et me regarda, sans bouger de sa place, avec de gros yeux.

Je compris que je m'engageais dans une méchante affaire, mais j'étais trop avancé pour reculer.

— Sortez, monsieur de Boucoyran! commandai-je de nouveau.

Les élèves attendaient, anxieux... Pour la première fois, j'avais du silence.

A ma seconde injonction, le marquis, revenu de sa surprise, me répondit, il fallait voir de quel air : — « Je ne sortirai pas! »

Il y eut parmi toute l'étude un murmure d'admiration. Je me levai dans ma chaire, indigné.

— Vous ne sortirez pas, monsieur?... C'est ce que nous allons voir!

Et je descendis...

Dieu m'est témoin qu'à ce moment-là toute idée de violence était bien loin de moi; je voulais seulement intimider le marquis par la fermeté de mon attitude; mais, en me voyant descendre de ma chaire, il se mit à ricaner d'une façon si méprisante, que j'eus le geste de le prendre au collet pour le faire sortir de son banc....

Le misérable tenait cachée sous sa tunique une énorme règle de fer. A peine eus-je levé la main, qu'il m'asséna sur le bras un coup terrible. La douleur m'arracha un cri.

Toute l'étude battit des mains.

— Bravo, marquis!

Pour le coup, je perdis la tête. D'un bond je fus sur la table, d'un autre sur le marquis; et alors, le prenant à la gorge, je fis si bien, des pieds, des poings, des dents, de tout, que je l'arrachai de sa place et qu'il s'en alla rouler hors de l'étude, jusqu'au milieu de la cour... Ce fut l'affaire d'une seconde; je ne me serais jamais cru tant de vigueur.

Les élèves étaient consternés. On ne criait plus : « Bravo! marquis. » On avait peur. Boucoyran, le fort des forts, mis à la raison par ce gringalet de pion!... Quelle aventure! Je venais de gagner en autorité ce que le marquis venait de perdre en prestige.

Quand je remontai dans ma chaire, pâle encore et tremblant d'émotion, tous les visages se penchèrent vivement sur les pupitres. L'étude était matée. Mais le principal, mais M. Viot, qu'al-

dirait-il?... comme un buffle, comme un buffle sauvage. L'enfant gardait le lit depuis deux jours. Depuis deux jours sa mère en larmes le veillait...

Ah! s'il avait eu affaire à un homme, c'est lui M. de Boucoyran le père qui se serait chargé de venger son enfant! Mais On n'était qu'un galopin dont il avait pitié. Seulement qu'On se le tînt pour dit : si jamais On touchait encore à un cheveu de son fils, On se ferait couper les deux oreilles tout net...

Pendant ce beau discours, les élèves riaient sous cape, et les clefs de M. Viot frétillaient de plaisir. Debout dans sa chaire, pâle de rage, le pauvre On écoutait toutes ces injures, dévorait toutes ces humiliations et se gardait bien de répondre. Si On avait répondu, On aurait été chassé du collége; et alors où aller? On ne disait donc rien, mais On avait le cœur gros, je vous jure...

Enfin, au bout d'une heure, quand ils furent à sec d'éloquence, ces trois messieurs se retirèrent. Derrière eux, il se fit dans l'étude un grand brouhaha. J'essayai, mais vainement, d'obtenir un peu de silence; les enfants me riaient au nez. L'affaire Boucoyran avait achevé de tuer mon autorité.

Oh! ce fut une terrible affaire!

Toute la ville s'en émut... Au Petit-Cercle, au Grand-Cercle, dans les cafés, à la musique, on ne parlait pas d'autre chose. Les gens bien informés donnaient des détails à faire dresser les cheveux. Il paraît que ce maître d'études était un monstre, un ogre. Il avait torturé l'enfant avec des raffinements inouïs de cruauté. En parlant de lui, on ne disait plus que « le bourreau ».

Quand le jeune Boucoyran s'ennuya de rester au lit, ses parents l'installèrent sur une chaise longue, au plus bel endroit de leur salon, et pendant huit jours ce fut à travers ce salon une procession interminable. L'intéressante victime était l'objet de toutes les attentions.

Vingt fois de suite on lui faisait raconter son histoire, et à chaque fois le misérable inventait quelque nouveau détail. Les mères frémissaient; les vieilles demoiselles l'appelaient « pauvre ange! » et lui glissaient des bonbons. Le journal de l'opposition profita de l'aventure et fulmina contre le collége un article terrible au profit d'un établissement religieux des environs...

En somme, l'affaire fit grand bruit. Le principal était furieux; et, s'il ne me renvoya pas, je ne le dus qu'à la protection du recteur... Hélas! il eût mieux valu pour moi être renvoyé tout de suite. Ma vie, dans le collége, était devenue impossible. Les enfants ne m'écoutaient plus; au moindre mot, ils me menaçaient de faire comme Boucoyran, d'aller se plaindre à leur père. Je finis par ne plus m'occuper d'eux.

Au milieu de tout cela, j'avais une idée fixe : me venger des Boucoyran. Je revoyais toujours la figure impertinente du vieux marquis, et mes oreilles étaient restées rouges de la menace qui leur avait été faite. D'ailleurs, eussé-je voulu oublier ces affronts, je n'aurais pas pu y parvenir; deux fois par semaine, les jours de promenade, quand les divisions passaient devant le café de l'Évêché, j'étais sûr de trouver M. de Boucoyran le père planté devant la porte, au milieu d'un groupe d'officiers de la garnison, tous nu-tête et leurs queues de billard à la main. Ils nous regardaient venir de loin avec des rires goguenards; puis quand la division était à portée de la voix, le marquis criait très-fort, en me toisant d'un air de provocation : « Bonjour, Boucoyran ! »

— Bonjour, mon père ! » glapissait l'affreux enfant du milieu des rangs. Et les officiers, les élèves, les garçons du café, tout le monde riait...

Le « Bonjour, Boucoyran ! » était devenu un supplice pour moi, et pas moyen de m'y soustraire. Pour aller à la Prairie, il fallait absolument passer devant le café de l'Évêché, et pas une fois mon persécuteur ne manquait au rendez-vous.

J'avais par moments des envies folles d'aller à lui et de le provoquer; mais deux raisons me retenaient : d'abord toujours la peur d'être chassé, puis la rapière du marquis, une grande diablesse de colichemarde qui avait fait tant de victimes lorsqu'il était aux gardes-du-corps.

Pourtant un jour, poussé à bout, j'allai trouver Roger le maître d'armes et, de but en blanc, je lui déclarai ma résolution de me mesurer avec le marquis. Roger, à qui je n'avais pas parlé depuis longtemps, m'écouta d'abord avec une certaine réserve; mais, quand j'eus fini, il eut un mouvement d'effusion et me serra chaleureusement les **deux mains**.

— Bravo! monsieur Daniel! Je le savais bien, moi, qu'avec cet air-là vous ne pouviez pas être un mouchard. Aussi pourquoi diable étiez-vous toujours fourré avec votre M. Viot? Enfin, on vous retrouve; tout est oublié! Votre main! Vous êtes un noble cœur!... Maintenant, à votre affaire! Vous avez été insulté? Bon! Vous voulez en tirer réparation? Très-bien! Vous ne savez pas le premier mot des armes? Bon! bon! très-bien! très-bien! Vous voulez que je vous empêche d'être embroché par ce vieux dindon? Parfait! Venez à la salle, et, dans six mois, c'est vous qui l'embrocherez!

D'entendre cet excellent Roger épouser ma querelle avec tant d'ardeur, j'étais rouge de plaisir. Nous convînmes des leçons : trois heures par semaine; nous convînmes aussi du prix qui serait un prix exceptionnel (exceptionnel en effet! j'appris plus tard qu'on me faisait payer deux fois plus cher que les autres). Quand toutes ces conventions furent réglées, Roger passa familièrement son bras sous le mien.

— Monsieur Daniel, me dit-il, il est trop tard pour prendre aujourd'hui notre première leçon; mais nous pouvons toujours aller conclure notre marché au café Barbette?... Allons, voyons, pas d'enfantillage! est-ce qu'il vous fait peur, par hasard, le café Barbette?... Venez donc, sacrebleu! tirez-vous un peu de ce saladier de cuistres! Vous trouverez là-bas des amis, de bons garçons, triple nom! de nobles cœurs! et vous quitterez vite avec eux ces manières de femmelette qui vous font tort. »

Hélas! je me laissai tenter. Nous allâmes au café Barbette. Il était toujours le même, plein de cris, de fumée, de pantalons garance; les mêmes shakos, les mêmes ceinturons pendaient aux mêmes patères.

Les amis de Roger me reçurent à bras ouverts. Il avait bien raison, c'étaient tous de nobles cœurs! Quand ils connurent mon histoire avec le marquis et la résolution que j'avais prise, ils vinrent, l'un après l'autre, me serrer la main : « Bravo! jeune homme. Très-bien! »

Moi aussi j'étais un noble cœur! Je fis venir un punch, on but à mon triomphe, et il fut décidé entre nobles cœurs que je tuerais le marquis de Boucoyran à la fin de l'année scolaire.

X

LES MAUVAIS JOURS

L'hiver était venu, un hiver sec, terrible et noir, comme il en fait dans ces pays de montagnes. Avec leurs grands arbres sans feuilles et leur sol gelé plus dur que la pierre, les cours du collége étaient tristes à voir. On se levait avant le jour, aux lumières; il faisait froid; de la glace dans les lavabo... Les élèves n'en finissaient plus; la cloche était obligée de les appeler plusieurs fois. « Plus vite, messieurs, » criaient les maîtres en marchant de long en large pour se réchauffer... On formait les rangs en silence, tant bien que mal, et on descendait à travers le grand escalier à peine éclairé et les longs corridors où soufflaient les bises mortelles de l'hiver.

Un mauvais hiver pour le petit Chose!

Je ne travaillais plus. A l'étude, la chaleur malsaine du poêle me faisait dormir. Pendant les classes, trouvant ma mansarde trop froide, je courais m'enfermer au café Barbette et n'en sortais qu'au dernier moment. C'était là maintenant que Roger me donnait ses leçons; la rigueur du temps nous avait chassés de la salle d'armes, et nous nous escrimions au milieu du café avec les queues de billard, en buvant du punch. Les sous-officiers jugeaient les coups; tous ces nobles cœurs m'avaient décidément admis dans leur intimité et m'enseignaient chaque jour une nouvelle botte infaillible pour tuer ce pauvre marquis de Boucoyran. Ils m'apprenaient aussi comme on édulcore une absinthe, et quand ces messieurs jouaient au billard, c'était moi qui marquais les points...

Un mauvais hiver pour le petit Chose !

Or, un matin de ce triste hiver, comme j'entrais au café Barbette — oh ! Dieu ! j'entends encore le fracas du billard et le ronflement du gros poêle en faïence, — Roger vint à moi précipitamment : « Deux mots, monsieur Daniel, » et m'emmena dans la salle du fond, d'un air tout à fait mystérieux.

Il s'agissait d'une confidence amoureuse... Vous pensez si j'étais fier de recevoir les confidences d'un homme de cette taille. Cela me grandissait toujours un peu.

Voici l'histoire. Ce sacripant de maître d'armes avait rencontré par la ville, en un certain endroit qu'il ne pouvait pas nommer, certaine personne dont il s'était follement épris. Cette personne occupait à Sarlande une situation tellement élevée — hum ! hum ! vous m'entendez bien, — tellement extraordinaire, que le maître d'armes en était encore à se demander comment il avait osé lever les yeux si haut. Et pourtant, malgré la situation de la personne, — situation tellement élevée, tellement etc... — il ne désespérait pas de s'en faire aimer, et même il croyait le moment venu de lancer quelques déclarations épistolaires. Malheureusement, les maîtres d'armes ne sont pas très-adroits aux exercices de la plume. Passe encore, s'il ne s'agissait que d'une grisette; mais avec une personne dans une situation tellement etc., etc.., ce n'était pas du style de cantine qu'il fallait, et même un bon poëte ne serait pas de trop.

— Je vois ce que c'est, dit le petit Chose d'un air entendu; vous avez besoin qu'on vous trousse quelques poulets galants pour envoyer à la personne, et vous avez songé à moi.

— Précisément, répondit le maître d'armes.

— Eh bien! Roger, je suis votre homme et nous commencerons quand vous voudrez; seulement, pour que nos lettres n'aient pas l'air d'être empruntées au *Parfait secrétaire*, il faudra me donner quelques renseignements sur la personne...

Le maître d'armes regarda autour de lui d'un air méfiant, puis tout bas il me dit, en me fourrant ses moustaches dans l'oreille :

— C'est une blonde de Paris. Elle sent bon comme une fleur et s'appelle Cécilia.

Il ne put pas m'en confier davantage, à cause de la situation de la personne, — situation tellement etc...
— mais ces renseignements me suffisaient, et le soir

même, — pendant l'étude, — j'écrivis ma première lettre à la blonde Cécilia.

Cette singulière correspondance entre le petit Chose et cette mystérieuse personne dura près d'un mois. Pendant un mois, j'écrivis en moyenne deux lettres de passion par jour. De ces lettres, les unes étaient tendres et vaporeuses comme le Lamartine d'Elvire, les autres enflammées et rugissantes comme le Mirabeau de Sophie. Il y en avait qui commençaient par ces mots : « *O Cécilia, quelquefois sur un rocher sauvage...* » et qui finissaient par ceux-ci : « *On dit qu'on en meurt... essayons!* » Puis, de temps en temps, la Muse s'en mêlait :

> Oh! ta lèvre, ta lèvre ardente!
> Donne-la moi! Donne-la moi!

Aujourd'hui, j'en parle en riant, mais à l'époque le petit Chose ne riait pas, je vous le jure, et tout cela se faisait très-sérieusement. Quand j'avais terminé une lettre, je la donnais à Roger pour qu'il la recopiât de sa belle écriture de sous-officier; lui de son côté, quand il recevait des réponses (car elle répondait, la malheureuse!), il me les apportait bien vite, et je basais mes opérations là-dessus.

Le jeu me plaisait en somme; peut-être même me plaisait-il un peu trop. Cette blonde invisible, parfumée comme un lilas blanc, ne me sortait plus de l'esprit. Par moments, je me figurais que j'écrivais pour mon propre compte; je remplissais mes lettres de confidences toutes personnelles, de malédictions contre la destinée, contre ces êtres vils et méchants au milieu desquels j'étais obligé de vivre : « O Cécilia, si tu savais comme j'ai besoin de ton amour ! »

Parfois aussi, quand le grand Roger venait me dire en frisant sa moustache : — Ça mord ! ça mord !... continuez, j'avais de secrets mouvements de dépit, et je pensais en moi-même : « Comment peut-elle croire que c'est ce gros réjoui, ce Fanfan-la-Tulipe, qui lui écrit ces chefs-d'œuvre de passion et de mélancolie. »

Elle le croyait pourtant ; elle le croyait si bien qu'un jour le maître d'armes triomphant m'apporta cette réponse qu'il venait de recevoir : « A neuf heures, ce soir, derrière la sous-préfecture. »

Est-ce à l'éloquence de mes lettres ou à la longueur de ses moustaches que Roger dut son succès ? Je vous laisse, mesdames, le soin de décider. Toujours est-il que cette nuit-là, dans son dortoir mélancolique, le petit Chose eut un sommeil très-agité. Il rêva qu'il était grand, qu'il avait des moustaches, et que des dames de Paris, — occupant des situations tout à fait extraordinaires, — lui donnaient des rendez-vous derrière les sous-préfectures...

Le plus comique, c'est que le lendemain il me fallut écrire une lettre d'action de grâces et remercier Cécilia de tout le bonheur qu'elle m'avait donné : « Ange, qui as consenti à passer une nuit sur la terre... »

Cette lettre, je l'avoue, le petit Chose l'écrivit avec la rage dans le cœur. Heureusement la correspondance s'arrêta là, et pendant quelque temps je n'entendis plus parler de Cécilia, ni de sa haute situation.

XI

MON BON AMI LE MAÎTRE D'ARMES

Ce jour-là, le 18 février, comme il était tombé beaucoup de neige pendant la nuit, les enfants n'avaient pas pu jouer dans les cours. Aussitôt l'étude du matin finie, on les avait casernés tous pêle-mêle dans *la salle*, pour y prendre leur récréation à l'abri du mauvais temps, en attendant l'heure des classes.

C'était moi qui les surveillais.

Ce qu'on appelait *la salle* était l'ancien gymnase du collége de la Marine. Imaginez quatre grands murs nus avec de petites fenêtres grillées; çà et là des crampons à moitié arrachés, la trace encore visible des échelles, et, se balançant à la maîtresse poutre du plafond, un énorme anneau en fer au bout d'une corde.

Les enfants avaient l'air de s'amuser beaucoup là-dedans. Ils couraient tout autour de la salle bruyamment, en faisant de la poussière. Quelques-uns essayaient d'atteindre l'anneau; d'autres, suspendus par les mains, criaient; cinq ou six, de tempérament plus calme, mangeaient leur pain devant les fenêtres en regardant la neige qui remplissait les rues et les hommes armés de pelles qui l'emportaient dans des tombereaux.

Mais tout ce tapage, je ne l'entendais pas.

Seul, dans un coin, les larmes aux yeux, je lisais une lettre, et les enfants auraient à ce moment démoli le gymnase de fond en comble, que je ne m'en fusse pas aperçu. C'était une lettre de Jacques que je venais de recevoir; elle portait le timbre de Paris — mon Dieu! oui, de Paris — et voici ce qu'elle disait :

« Cher Daniel,

« Ma lettre va bien te surprendre. Tu ne te doutais pas, hein? que je fusse à Paris depuis quinze jours. J'ai quitté Lyon sans rien dire à personne, un coup de tête... que veux-tu? Je m'ennuyais trop dans cette horrible ville, surtout depuis ton départ.

« Je suis arrivé ici avec trente francs et cinq ou six lettres de M. le curé de Saint-Nizier. Heureusement la Providence m'a protégé tout de suite, et m'a fait rencontrer un vieux marquis chez lequel je suis entré comme secrétaire. Nous mettons en ordre ses mémoires, je n'ai qu'à écrire sous sa dictée, et je gagne à cela cent francs par mois. Ce n'est pas brillant, comme tu vois; mais, tout compte fait, j'espère pouvoir envoyer de temps en temps quelque chose à la maison sur mes économies.

« Ah! mon cher Daniel, la jolie ville que ce Paris! Ici du moins il ne fait pas toujours du brouillard; il pleut bien quelquefois, mais c'est une petite pluie gaie, mêlée de soleil, et comme je n'en ai jamais vu ailleurs. Aussi je suis tout changé; si tu savais, je ne pleure plus du tout. C'est incroyable. »

J'en étais là de la lettre, quand tout à coup, sous les fenêtres, retentit le bruit sourd d'une voiture roulant dans la neige. La voiture s'arrêta devant la porte du collége, et j'entendis les enfants crier à tue-tête : Le sous-préfet! le sous-préfet!

Une visite de M. le sous-préfet présageait évidemment quelque chose d'extraordinaire. Il venait à peine au collége de Sarlande une ou deux fois chaque année, et c'était alors comme un événement. Mais, pour le quart d'heure, ce qui m'intéressait avant tout, ce qui me tenait à cœur plus que M. le sous-préfet de Sarlande et plus que Sarlande tout entier, c'était la lettre de mon frère Jacques. Aussi, tandis que les élèves, mis en gaieté, se culbutaient devant les fenêtres pour voir M. le sous-préfet descendre de voiture, je retournai dans mon coin, et je me remis à lire :

« Tu sauras, mon bon Daniel, que notre père est en Bretagne, où il fait le commerce du cidre pour le compte d'une compagnie. En apprenant que j'étais le secrétaire d'un marquis, il a voulu que je place quelques tonneaux de cidre chez lui. Par malheur, le marquis ne boit que du vin, et du vin d'Espagne encore! J'ai écrit cela au père; sais-tu ce qu'il m'a répondu? Il m'a répondu : — Jacques, tu es un âne! — comme toujours. Mais c'est égal, mon cher Daniel, je crois qu'au fond il m'aime beaucoup.

« Quant à maman, tu sais qu'elle est seule maintenant. Tu devrais bien lui écrire, elle se plaint de ton silence.

« J'avais oublié de te dire une chose qui certainement te fera le plus grand plaisir : J'ai ma chambre au quartier Latin... au quartier Latin! pense un peu... une vraie chambre de poëte, comme dans les romans, avec une petite fenêtre et des toits à perte de vue. Le lit n'est pas large, mais nous y tiendrions deux au besoin, et puis il y a dans un coin une table de travail où on serait très-bien pour faire des vers.

« Je suis sûr que si tu voyais cela, tu voudrais venir me trouver au plus vite; moi aussi je te voudrais près de moi, et je ne dis pas que quelque jour je ne te ferai pas signe de venir.

« En attendant, aime-moi toujours bien et ne travaille pas trop dans ton collége, de peur de tomber malade.

« Je t'embrasse. Ton frère,

« JACQUES. »

Ce brave Jacques! Quel mal délicieux il venait de me faire avec sa lettre! Je riais et je pleurais en même temps. Toute ma vie de ces derniers mois, le punch, le billard, le café Barbette, me faisait l'effet d'un mauvais rêve, et je pensais : « Allons ! c'est fini. Maintenant je vais travailler, je vais être courageux comme Jacques. »

A ce moment la cloche sonna. Les élèves se mirent en rang ; ils causaient beaucoup du sous-préfet et se montraient en passant sa voiture stationnant devant la porte. Je les remis entre les mains des professeurs ; puis, une fois débarrassé d'eux, je m'élançai en courant dans l'escalier. Il me tardait tant d'être seul dans ma chambre avec la lettre de mon frère Jacques.

A moitié chemin, j'aperçus le portier qui descendait à ma rencontre, tout essoufflé.

— Monsieur Daniel, me dit-il, on vous attend chez le principal.

Chez le principal ?... Que pouvait avoir à me dire le principal ?... Le portier me regardait avec un drôle d'air. Tout à coup, l'idée du sous-préfet que j'avais oublié, me revint.

— Est-ce que M. le sous-préfet est là-haut ? demandai-je.

— Il est là-haut, me répondit le portier.

Et le cœur palpitant d'espoir, je me mis à gravir les degrés de l'escalier quatre à quatre.

Il y a des jours où l'on est comme fou. En apprenant que le sous-préfet m'attendait, savez-vous ce que je m'imaginai ? Je m'imaginai qu'il avait remarqué ma bonne mine à la distribution, et qu'il venait au collége tout exprès pour m'offrir d'être son secrétaire. Cela me paraissait la chose la plus naturelle du monde. La lettre de Jacques avec ses histoires de vieux marquis m'avait troublé la cervelle, à coup sûr.

Quoi qu'il en soit, à mesure que je montais l'escalier, ma certitude devenait plus grande : secrétaire du sous-préfet! je ne me sentais pas de joie...

En tournant le corridor, je rencontrai Roger. Il était très-pâle; il me regarda comme s'il voulait me parler; mais je ne m'arrêtai pas, le sous-préfet n'avait pas le temps d'attendre.

Quand j'arrivai devant le cabinet du principal, le cœur me battait bien fort, je vous jure. Secrétaire de M. le sous-préfet! Il fallut m'arrêter un instant pour reprendre haleine; je rajustai ma cravate, je donnai avec les doigts un petit tour à mes cheveux, et je tournai le bouton de la porte doucement.

Si j'avais su ce qui m'attendait!

M. le sous-préfet était debout, appuyé négligemment au marbre de la cheminée et souriant dans ses favoris blonds. M. le principal, en robe de chambre, se tenait près de lui humblement, son bonnet de velours à la main, et M. Viot, appelé en hâte, se dissimulait dans un coin.

Dès que j'entrai, le sous-préfet prit la parole.

— C'est donc monsieur, dit-il en me désignant, qui s'amuse à séduire nos femmes de chambre?

Il avait prononcé cette phrase d'une voix claire, ironique, et sans cesser de sourire. Je crus d'abord qu'il voulait plaisanter et je ne répondis rien, mais le sous-préfet ne plaisantait pas; après un moment de silence, il reprit en souriant toujours :

— N'est-ce pas à monsieur Daniel Eyssette que j'ai l'honneur de parler? à monsieur Daniel Eyssette, qui a séduit la femme de chambre de ma femme?

Je ne savais pas de quoi il s'agissait; mais en entendant ce mot de femme de chambre, qu'on me jetait ainsi à la figure pour la seconde fois, je me sentis devenir rouge de honte, et ce fut avec une véritable indignation que je m'écriai :

— Une femme de chambre, moi!... je n'ai jamais séduit de femme de chambre.

A cette réponse, je vis un éclair de mépris jaillir des lunettes du principal, et j'entendis les clefs murmurer dans leur coin : « Quelle effronterie! »

Le sous-préfet, lui, ne cessait pas de sourire; il prit sur la tablette de la cheminée un petit paquet d epapiers que je n'avais pas aperçus d'abord, puis, se tournant vers moi et les agitant négligemment :

— Monsieur, dit-il, voici des témoignages fort graves qui vous accusent. Ce sont des lettres qu'on a surprises chez la demoiselle en question. Elles ne sont pas signées, il est vrai, et d'un autre côté la femme de chambre n'a voulu nommer personne. Seulement, comme dans ces lettres il est fort souvent parlé du collége, je suis venu prendre des informations au collége, et, malheureusement pour vous, M. Viot a reconnu votre écriture et même votre style... »

Ici les clefs grincèrent férocement, et le sous-préfet souriant toujours ajouta :

— Tout le monde n'est pas poëte au collége de Sarlande.

A ces mots, une idée fugitive me traversa l'esprit ; je voulus voir de près ces papiers. Je m'élançai ; le principal eut peur d'un scandale et fit un geste pour me retenir. Mais le sous-préfet me tendit le dossier tranquillement.

— Regardez, me dit-il.

Je regardai... Miséricorde ! ma correspondance avec Cécilia.

... Elles y étaient toutes, toutes ! Depuis celle qui commençait : « *O Cécilia, quelquefois sur un rocher sauvage...* » jusqu'au cantique d'actions de grâces : « *Ange qui as consenti à passer une nuit sur la terre...* » Et dire que toutes ces belles fleurs de rhétorique amoureuse, je les avais effeuillées en l'honneur d'une femme de chambre !... Dire que cette personne, d'une situation tellement élevée, tellement, etc..., décrottait tous les matins les socques de la sous-préfète !... On peut se figurer ma stupeur, ma rage, ma confusion.

— Eh bien ! qu'en dites-vous, seigneur don Juan ? ricana le sous-préfet après un moment de silence. Est-ce que ces lettres sont de vous, oui ou non ?

Au lieu de répondre, je baissai la tête. Un mot pouvait me disculper ; mais ce mot, je ne le prononçai pas. J'étais prêt à tout souffrir plutôt que de dénoncer Roger... Car remarquez bien qu'au milieu de cette catastrophe, le petit Chose n'avait pas un seul instant soupçonné la loyauté de son ami. En reconnaissant les lettres, il s'était dit tout de suite : « Roger aura eu la paresse de les recopier ; il a mieux aimé faire une partie de billard de plus et envoyer les miennes. » Quel innocent, ce petit Chose !

Quand le sous-préfet vit que je ne voulais pas répondre, il remit les lettres dans sa poche, et se tournant vers le principal et son acolyte :

— Maintenant, messieurs, vous savez ce qui vous reste à faire.

Sur quoi les clefs de M. Viot frétillèrent d'un air lugubre, et le principal répondit en s'inclinant jusqu'à terre, « que M. Eyssette avait mérité d'être chassé sur l'heure ; mais qu'afin d'éviter tout scandale, on le garderait au collége encore huit jours. » Juste le temps de faire venir un nouveau maître.

A ce terrible mot « chassé » tout mon courage m'abandonna. Je saluai sans rien dire et je sortis précipitamment. A peine dehors, mes larmes éclatèrent... Je courus d'un trait jusqu'à ma chambre, en étouffant mes sanglots dans mon mouchoir...

Roger m'attendait ; il avait l'air fort inquiet et se promenait à grands pas, de long en large.

En me voyant entrer, il vint vers moi :

— Monsieur Daniel ?... me dit-il, et son œil m'interrogeait. Je me laissai tomber sur une chaise sans répondre.

— Des pleurs, des enfantillages, reprit le maître d'armes d'un ton brutal, tout cela ne prouve rien. Voyons... vite... que s'est-il passé ?

Alors, je lui racontai dans ses détails toute l'horrible scène du cabinet.

A mesure que je parlais, je voyais la physionomie de Roger s'éclaircir; il ne me regardait plus du même air rogue, et, à la fin, quand il eut appris comment, pour ne pas le trahir, je m'étais laissé chasser du collége, il me tendit ses deux mains ouvertes et me dit simplement :

— Daniel, vous êtes un noble cœur.

A ce moment, nous entendîmes dans la rue le roulement d'une voiture; c'était le sous-préfet qui s'en allait.

— Vous êtes un noble cœur, reprit mon bon ami le maître d'armes en me serrant les poignets à les briser, vous êtes un noble cœur, je ne vous dis que ça... Mais vous devez comprendre que je ne permettrai à personne de se sacrifier pour moi.

Tout en parlant, il s'était rapproché de la porte.

— Ne pleurez pas, monsieur Daniel; je vais aller trouver le principal, et je vous jure bien que ce n'est pas vous qui serez chassé.

Il fit encore un pas pour sortir; puis, revenant vers moi comme s'il oubliait quelque chose.

— Seulement, me dit-il à voix basse, écoutez bien ceci avant que je m'en aille... le grand Roger n'est pas seul au monde; il a quelque part une mère infirme dans un coin... Une mère !... pauvre sainte femme !... Promettez-moi de lui écrire, Daniel !... C'est encore une lettre que je vous demande, la dernière... promettez-moi de lui écrire quand tout sera fini.

C'était dit gravement, tranquillement, d'un ton qui m'effraya.

— Mais que voulez-vous faire ? m'écriai-je.

Roger ne répondit rien ; seulement il entr'ouvrit sa veste et me laissa voir dans sa poche la crosse luisante d'un pistolet.

Je m'élançai vers lui, tout ému :

— Vous tuer, malheureux ? vous voulez vous tuer ?

Et lui très-froidement :

— Mon cher, quand j'étais au service, je m'étais promis que si jamais par un coup de ma mauvaise tête je venais à me faire dégrader, je ne survivrais pas à mon déshonneur. Le moment est venu de me tenir parole... Dans cinq minutes je serai chassé du collége, c'est-à-dire dégradé ; une heure après, bonsoir ! j'avale ma dernière prune.

En entendant cela, je me plantai résolûment devant la porte.

— Eh bien ! non, Roger, vous ne sortirez pas... J'aime bien mieux perdre ma place que d'être cause de votre mort.

— Laissez-moi faire mon devoir, me dit-il d'un air farouche. Et malgré mes efforts, il parvint à entr'ouvrir la porte.

Alors, j'eus l'idée de lui parler de sa mère, de cette pauvre mère qu'il avait quelque part dans un coin. Je lui prouvai qu'il devait vivre pour elle, que moi j'étais à même de trouver facilement une autre place, que d'ailleurs, dans tous les cas, nous avions encore huit jours devant nous, et que c'était bien le moins qu'on attendît jusqu'au dernier moment avant de prendre un parti si terrible... Cette dernière réflexion parut le toucher. Il consentit à retarder de quelques heures sa visite au principal et ce qui devait s'ensuivre.

Sur ces entrefaites la cloche sonna ; nous nous embrassâmes, et je descendis à l'étude.

Ce que c'est que de nous ! J'étais entré dans ma chambre désespéré, j'en sortis presque joyeux... Le petit Chose était si fier d'avoir sauvé la vie à son bon ami le maître d'armes !

Pourtant, il faut bien le dire, une fois assis dans ma chaire et le premier moment de l'enthousiasme passé, je me mis à faire des réflexions. Roger consentait à vivre, c'était bien ; mais moi-même, qu'allais-je devenir après que mon beau dévouement m'aurait mis à la porte du collége ?

La situation n'était pas gaie, je voyais déjà le foyer singulièrement compromis, ma mère en larmes, et M. Eyssette bien en colère. Heureusement je pensai à Jacques ; quelle bonne idée sa lettre avait eue d'arriver précisément le matin ! C'était bien simple, après tout, je n'avais qu'à aller le trouver ; ne m'écrivait-il pas que dans son lit il y avait place pour deux ? D'ailleurs, à Paris, on trouve toujours de quoi vivre...

Ici, une pensée horrible m'arrêta ; pour partir, il fallait de l'argent ; celui du chemin de fer d'abord, puis cinquante-huit francs que je devais au portier, puis dix francs qu'un grand m'avait prêtés, puis des sommes énormes inscrites à mon nom sur le livre de comptes du café Barbette. Le moyen de ce procurer tout cet argent !

— Bah ! me dis-je en y songeant, je me trouve bien naïf de m'inquiéter pour si peu ; Roger n'est-il pas là ? Roger est riche, il donne des leçons en ville, et il sera trop heureux de me procurer quelques cents francs, à moi qui viens de lui sauver la vie.

Mes affaires ainsi réglées, j'oubliai toutes les catastrophes de la journée pour ne songer qu'à mon grand voyage de Paris. J'étais très-joyeux, je ne tenais plus en place, et M. Viot, qui descendit à l'étude pour savourer le spectacle de mon désespoir, eut l'air fort déçu en voyant ma mine réjouie. A dîner, je mangeai vite et bien ; dans la cour, je pardonnai les arrêts des élèves ; enfin l'heure de la classe sonna.

Le plus pressant était de voir Roger ; d'un bond, je fus à sa chambre : personne à sa chambre. « Bon ! me dis-je en moi même, il sera allé faire un tour au café Barbette, » et cela ne m'étonna pas dans des circonstances aussi dramatiques.

Au café Barbette, personne encore : « Roger, me dit-on, était allé à la Prairie avec les sous-officiers. » Que diable pouvaient-ils faire là-bas par un temps pareil ? Je commençais à être fort inquiet ; aussi, sans vouloir accepter une partie de billard qu'on m'offrait, je relevai le bas de mon pantalon et je m'élançai dans la neige, du côté de la Prairie, à la recherche de mon bon ami le maître d'armes.

XII

L'ANNEAU DE FER

Des portes de Sarlande à la Prairie il y a bien une bonne demi-lieue; mais, du train dont j'allais, je dus ce jour-là faire le trajet en moins d'un quart d'heure. Je tremblais pour Roger; j'avais peur que le pauvre garçon n'eût, malgré sa promesse, tout raconté au principal pendant l'étude; je croyais voir encore luire la crosse de son pistolet; cette pensée lugubre me donnait des ailes.

Pourtant, de distance en distance, j'apercevais sur la neige la trace de pas nombreux allant vers la Prairie, et de songer que le maître d'armes n'était pas seul, cela me rassurait un peu.

Alors ralentissant ma course, je pensais à Paris, à Jacques, à mon départ... Mais au bout d'un instant, mes terreurs recommençaient.

— Roger va se tuer évidemment. Que serait-il venu chercher, sans cela, dans cet endroit désert, loin de la ville? S'il amène avec lui ses amis du café Barbette, c'est pour leur faire ses adieux, pour boire le coup de l'étrier, comme ils disent... O ces militaires ! Et me voilà courant de plus belle à perdre haleine.

Heureusement j'approchais de la Prairie dont j'apercevais déjà les grands arbres chargés de neige.

— Pauvre ami, me disais-je, pourvu que j'arrive à temps !

La trace des pas me conduisit ainsi jusqu'à la guinguette d'Espéron.

Cette guinguette était un endroit louche et de mauvais renom, où les débauchés de Sarlande faisaient leurs parties fines. J'y étais venu plus d'une fois en compagnie des nobles cœurs; mais jamais je ne lui avais trouvé une physionomie aussi sinistre que ce jour-là. Jaune et sale, au milieu de la blancheur immaculée de la plaine, elle se dérobait, avec sa porte basse, ses murs décrépits et ses fenêtres aux vitres mal lavées, derriere un taillis de petits ormes. La maisonnette avait l'air honteuse du vilain métier qu'elle faisait.

Comme j'approchais, j'entendis un bruit joyeux de voix, de rires et de verres choqués.

— Grand Dieu ! me dis-je en frémissant, c'est le coup de l'étrier. Et je m'arrêtai pour reprendre haleine.

Je me trouvais alors sur le derrière de la guinguette; je poussai une porte à claire-voie, et j'entrai dans le jardin. Quel jardin ! Une grande haie dépouillée, des massifs de lilas sans feuilles, des tas de balayures sur la neige et des tonnelles toutes blanches qui ressemblaient à des huttes d'Esquimaux. Cela était d'un triste à faire pleurer.

Le tapage venait de la salle du rez-de-chaussée, et la ripaille devait chauffer à ce moment, car, malgré le froid, on avait ouvert toutes grandes les deux fenêtres.

Je posais déjà le pied sur la première marche du perron, lorsque j'entendis quelque chose qui m'arrêta net et me glaça : c'était mon nom prononcé au milieu de grands éclats de rire. Roger parlait de moi, et, chose singulière, chaque fois que le nom de Daniel Eyssette revenait, les autres riaient à se tordre.

Poussé par une curiosité douloureuse, sentant bien que j'allais apprendre quelque chose d'extraordinaire, je me rejetai en arrière, et, sans être entendu de personne, grâce à la neige qui assourdissait comme un tapis le bruit de mes pas, je me glissai dans une des tonnelles, qui se trouvait fort à propos juste au-dessous des fenêtres.

Je la reverrai toute ma vie, cette tonnelle; je reverrai toute ma vie la verdure morte qui la tapissait, son sol boueux et sale, sa petite table peinte en vert et ses bancs de bois tout ruisselants d'eau... A travers la neige dont elle était chargée, le jour passait à peine ; la neige fondait lentement et tombait sur ma tête goutte à goutte.

C'est là, c'est dans cette tonnelle noire et froide comme un tombeau que j'ai appris combien les hommes peuvent être méchants et lâches; c'est là que j'ai appris à douter, à mépriser, à haïr... O vous qui me lisez, Dieu vous garde d'entrer jamais dans cette horrible tonnelle... Debout, retenant mon souffle, rouge de colère et de honte, j'écoutais ce qui se disait chez Espéron.

Mon bon ami le maître d'armes avait toujours la parole... Il racontait l'aventure de Cécilia, la correspondance amoureuse, la visite de M. le sous-préfet au collége, tout cela avec des enjolivements et des gestes qui devaient être bien comiques à en juger par les transports de l'auditoire.

— Vous comprenez, mes petits amours, disait-il de sa voix goguenarde, qu'on n'a pas joué pour rien la comédie pendant trois ans sur le théâtre des zouaves. Vrai comme je vous parle, j'ai cru un moment la partie perdue, et je me suis dit que je ne viendrais plus boire avec vous le bon vin du père Espéron... Le petit Eyssette n'avait rien dit, c'est vrai, mais il était temps de parler encore ; et, entre nous, je crois qu'il voulait seulement me laisser l'honneur de me dénoncer moi-même. Alors je me suis dit : Ayons l'œil, Roger, et en avant la grande scène.

Là-dessus mon bon ami le maître d'armes se mit à jouer ce qu'il appelait la grande scène, c'est-à-dire ce qui s'était passé le matin dans ma chambre entre lui et moi. Ah ! le misérable, il n'oublia rien... il criait : *Ma mère ! ma pauvre mère !* avec des intonations de théâtre. Puis il imitait ma voix : « Non, Roger, non ! vous ne sortirez pas !... » La grande scène était réellement d'un haut comique, et tout l'auditoire se tordait. Moi, je sentais de grosses larmes qui roulaient le long de mes joues; j'avais le frisson, les oreilles me tintaient, je devinais toute l'odieuse comédie du matin, je comprenais vaguement que Roger avait fait exprès d'envoyer mes lettres pour se mettre à l'abri de toute mésaventure, que depuis vingt ans sa mère, sa pauvre mère était morte, et que j'avais pris l'étui de sa pipe pour une crosse de pistolet.

— Et la belle Cécilia? dit un noble cœur.

— Cécilia n'a pas parlé, elle a fait ses malles, c'est une bonne fille.

— Et le petit Daniel, que va-t-il devenir?

— Bah! répondit Roger...

Ici un geste qui fit rire tout le monde.

Cet éclat de rire me mit hors de moi. J'eus envie de sortir de la tonnelle et d'apparaître soudainement au milieu d'eux comme un spectre... Mais je me contins; j'avais déjà été assez ridicule.

Le rôti arrivait, les verres se choquèrent:

« A Roger! à Roger! » criait-on.

Je n'y tins plus, je souffrais trop. Sans m'inquiéter si quelqu'un pouvait me voir, je m'élançai à travers le jardin. D'un bond, je franchis la porte à claire-voie, et je me mis à courir devant moi comme un fou.

La nuit tombait silencieuse, et cet immense champ de neige prenait dans la demi obscurité du crépuscule je ne sais quel aspect de profonde mélancolie.

Je courus ainsi quelque temps, comme un cabri blessé, et si les cœurs qui se brisent et qui saignent étaient autre chose que des façons de parler, à l'usage des poëtes, je vous jure qu'on aurait pu trouver derrière moi sur la plaine blanche une longue trace de sang.

Je me sentais perdu ; où trouver de l'argent ? Comment m'en aller ? Comment rejoindre mon frère Jacques ? Dénoncer Roger ne m'aurait même servi de rien... Il pouvait nier maintenant que Cécilia était partie.

Enfin, accablé, épuisé de fatigue et de douleur, je me laissai tomber dans la neige au pied d'un châtaignier. Je serais resté là jusqu'au lendemain peut-être, pleurant et n'ayant pas la force de penser, quand tout à coup, bien loin, bien loin, du côté de Sarlande, j'entendis une cloche sonner. C'était la cloche du collége. J'avais tout oublié, cette cloche me rappela à la vie. Il me fallait rentrer et surveiller la récréation des élèves dans la *salle*... En pensant à la *salle*, une idée subite me vint. Sur-le-champ mes larmes s'arrêtèrent; je me sentis plus fort, plus calme. Je me levai, et de ce pas délibéré de l'homme qui vient de prendre une irrévocable décision, je repris le chemin de Sarlande.

Maintenant, si vous voulez savoir quelle irrévocable décision vient de prendre le petit Chose, suivez-le jusqu'à Sarlande, à travers cette grande plaine blanche, suivez-le dans les rues sombres et boueuses de la ville; suivez-le sous le porche noir du collége; suivez-le dans *la salle* pendant la récréation, et remarquez avec quelle singulière persistance il regarde le gros anneau de fer qui se

8.

balance au milieu ; la récréation finie, suivez-le encore jusqu'à l'étude, montez avec lui dans sa chaire, et lisez par dessus son épaule cette lettre douloureuse qu'il est en train d'écrire, au milieu du vacarme et des enfants ameutés :

*Monsieur Jacques Eyssette, rue Bonaparte,
à Paris.*

« Pardonne-moi, mon bien-aimé Jacques, la douleur que je viens te causer. Toi qui ne pleurais plus, je vais te faire pleurer encore une fois ; ce sera la dernière, par exemple... Quand tu recevras cette lettre, ton pauvre Daniel sera mort... »

Ici le vacarme de l'étude redouble ; le petit Chose s'interrompt et distribue quelques punitions de droite et de gauche, mais gravement, sans colère. Puis il continue :

« Vois-tu, Jacques, j'étais trop malheureux. Je ne pouvais pas faire autrement que de me tuer. Mon avenir est perdu ; on m'a chassé du collége, — c'est pour une histoire de femme, des choses trop longues à te raconter ; puis j'ai fait des dettes, je ne sais plus travailler, j'ai honte, je m'ennuie, j'ai le dégoût ; la vie me fait peur... J'aime mieux m'en aller... »

Le petit Chose est obligé de s'interrompre encore : « Cinq cents vers à l'élève Soubeyrol. Fouque et

Loupi en retenue dimanche ! » Ceci fait, il achève sa lettre :

« Adieu, Jacques. J'en aurais encore long à te dire, mais je sens que je vais pleurer, et les élèves me regardent. Dis à maman que j'ai glissé du haut d'un rocher, en promenade, ou bien que je me suis noyé, en patinant. Enfin invente une histoire, mais que la pauvre femme ignore toujours la vérité... Embrasse-la bien pour moi, cette chère mère; embrasse aussi notre père, et tâche de leur reconstruire vite un beau foyer... Adieu, je t'aime. Souviens-toi de Daniel. »

Cette lettre terminée, le petit Chose en commence tout de suite une autre ainsi conçue :

« Monsieur l'abbé, je vous prie de faire parvenir à mon frère Jacques la lettre que je laisse pour lui. En même temps vous couperez de mes cheveux, et vous en ferez un petit paquet pour ma mère.

« Je vous demande pardon du mal que je vous donne. Je me suis tué parce que j'étais trop malheureux ici. Vous seul, monsieur l'abbé, vous êtes toujours montré très-bon pour moi. Je vous en remercie.

« Daniel Eyssette. »

Après quoi, le petit Chose met cette lettre et celle de Jacques sous une même grande enveloppe, avec cette suscription : « La personne qui trouvera la première mon cadavre, est priée de remettre ce pli entre les mains de l'abbé Germane. » Puis, toutes ses affaires terminées, il attend tranquillement la fin de l'étude.

L'étude est finie. On soupe, on fait la prière, on monte au dortoir.

Les élèves se couchent; le petit Chose se promène de long en large, attendant qu'ils soient endormis. Voici maintenant M. Viot qui fait sa ronde; on entend le cliquetis mystérieux de ses clefs et le bruit sourd de ses chaussons sur le parquet. — Bonsoir, monsieur Viot, murmure le petit Chose. — Bonsoir, monsieur, répond à voix basse le surveillant. Puis il s'éloigne, ses pas se perdent dans le corridor.

Le petit Chose est seul. Il ouvre la porte doucement et s'arrête un instant sur le palier pour voir si les élèves ne se réveillent pas; mais tout est tranquille dans le dortoir.

Alors il descend, il se glisse à petits pas, dans l'ombre des murs. La tramontane souffle tristement par dessous les portes. Au bas de l'escalier, en passant devant le péristyle, il aperçoit la cour blanche de neige entre ses quatre grands corps de logis tous sombres.

Là-haut, près des toits, veille une lumière, c'est l'abbé Germane qui travaille à son grand ouvrage. Du fond de son cœur le petit Chose envoie un dernier adieu, bien sincère, à ce bon abbé; puis il entre dans la *salle*...

Le vieux gymnase de l'école de marine est plein

d'une ombre froide et sinistre. Par les grillages d'une fenêtre un peu de lune descend et vient donner en plein sur le gros anneau de fer — oh! cet anneau! le petit Chose ne fait qu'y penser depuis des heures, — sur le gros anneau de fer qui reluit comme de l'argent... Dans un coin de la *salle*, un vieil escabeau dormait. Le petit Chose va le prendre, le porte sous l'anneau et monte dessus; il ne s'est pas trompé, c'est juste à la hauteur qu'il faut. Alors il détache sa cravate, une longue cravate en soie violette qu'il porte chiffonnée autour de son cou, comme un ruban. Il attache la cravate à l'anneau et fait un nœud coulant... Une heure sonne. Allons! il faut mourir... Avec des mains qui tremblent, le petit Chose ouvre le nœud coulant. Une sorte de fièvre le transporte. Adieu, Jacques! Adieu, madame Eyssette!...

Tout à coup un poignet de fer s'abat sur lui. Il se sent saisi par le milieu du corps et planté debout sur ses pieds, au bas de l'escabeau. En même temps une voix rude et narquoise qu'il connaît bien lui dit : « En voilà une idée de faire du trapèze à cette heure ! »

Le petit Chose se retourne stupéfait.

C'est l'abbé Germane, l'abbé Germane sans soutane, en culotte courte, avec son rabat flottant sur son gilet. Sa belle figure laide sourit tristement, à demi-éclairée par la lune... Une seule main lui a suffi pour mettre le suicidé par terre; de l'autre main il tient encore sa carafe qu'il venait de remplir à la fontaine de la cour.

De voir la tête effarée et les yeux pleins de larmes du petit Chose, l'abbé Germane a cessé de sourire, et il répète, mais cette fois d'une voix douce et presque attendrie :

— Quelle drôle d'idée, mon cher Daniel, de faire du trapèze à cette heure !

Le petit Chose est tout rouge, tout interdit.

— Je ne fais pas du trapèze, monsieur l'abbé, je veux mourir.

— Comment... mourir?... tu as donc bien du chagrin?

— Oh !... répond le petit Chose avec de grosses larmes brûlantes qui roulent sur ses joues.

— Daniel, tu vas venir avec moi, dit l'abbé.

Le petit Chose fait signe que non et montre l'anneau de fer avec la cravate... L'abbé Germane le prend par la main : « Voyons, monte dans ma chambre ; si tu veux te tuer, eh bien, tu te tueras là haut ; il y a du feu, il fait bon. »

Mais le petit Chose résiste : « Laissez-moi mourir, monsieur l'abbé. Vous n'avez pas le droit de m'empêcher de mourir. »

Un éclair de colère passe dans les yeux du prêtre : « Ah ! c'est comme cela ! » dit-il. Et prenant brusquement le petit Chose par la ceinture, il l'emporte sous son bras comme un paquet, malgré sa résistance et ses supplications...

... Nous voici maintenant chez l'abbé Germane ; un grand feu brille dans la cheminée ; près du feu il y a une table avec une lampe allumée, des pipes, et des tas de papiers chargés de pattes de mouche.

Le petit Chose est assis au coin de la cheminée. Il est très-agité, il parle beaucoup; il raconte sa vie, ses malheurs et pourquoi il a voulu se tuer. L'abbé l'écoute en souriant; puis, quand l'enfant a bien parlé, bien pleuré, bien dégonflé son pauvre cœur malade, le brave homme lui prend les mains et lui dit très-tranquillement :

— Tout cela n'est rien, mon garçon, et tu aurais été joliment bête de te mettre à mort pour si peu. Ton histoire est fort simple : on t'a chassé du collége, — ce qui, par parenthèse, est un grand bonheur pour toi... Eh bien! Il faut partir, partir tout de suite, sans attendre tes huit jours... Tu n'es pas une cuisinière, ventrebleu!... Ton voyage, tes dettes, ne t'en inquiète pas! je m'en charge... L'argent que tu voulais emprunter à ce coquin, c'est moi qui te le prêterai. Nous réglerons tout cela demain... A présent plus un mot, j'ai besoin de travailler et tu as besoin de dormir... seulement je ne veux pas que tu retournes dans ton affreux dortoir; tu aurais froid, tu aurais peur, tu vas te coucher dans mon lit; de beaux draps blancs de ce matin!... moi, j'écrirai toute la nuit; et si le sommeil me prend, je m'étendrai sur le canapé... Bonsoir; ne me parle plus.

Le petit Chose se couche, il ne résiste pas... Tout ce qui lui arrive lui fait l'effet d'un rêve. Que d'événements dans une journée! Avoir été si près de la mort et se retrouver au fond d'un bon lit, dans cette chambre tranquille et tiède... Comme le petit Chose est bien!... De temps en temps, il ouvre les yeux; alors il voit sous la clarté douce de l'abat-jour le bon abbé Germane qui, tout en fumant, fait courir sa plume, à petit bruit, du haut en bas des feuilles blanches...

... Je fus réveillé le lendemain matin par l'abbé, qui me frappait sur l'épaule. J'avais tout oublié en dormant... Cela fit beaucoup rire mon sauveur.

— Allons, mon garçon, me dit-il, la cloche sonne, dépêche-toi; personne ne se sera aperçu de rien, va prendre tes élèves comme à l'ordinaire; pendant la récréation du déjeuner, je t'attendrai ici pour causer.

La mémoire me revint tout d'un coup. Je voulais le remercier, l'embrasser; mais positivement le bon abbé me mit à la porte.

Si l'étude me parut longue, je n'ai pas besoin de vous le dire... Les élèves n'étaient pas encore dans la cour, que déjà je frappais chez l'abbé Germane. Je le retrouvai devant son bureau, les tiroirs grands ouverts, occupé à compter des pièces d'or, qu'il alignait soigneusement par petits tas.

Au bruit que je fis en entrant, il retourna la tête, puis se remit à son travail, sans rien me dire; quand il eut fini, il referma ses tiroirs et me faisant signe de la main avec un bon sourire :

— Tout ceci est pour toi, me dit-il. J'ai fait ton compte. Voici pour le voyage, voici pour le portier, voici pour le café Barbette, voici pour l'élève qui t'a prêté dix francs... J'avais mis cet argent de côté pour faire un remplaçant à Cadet; mais Cadet ne tire au sort que dans six ans, et d'ici là nous nous serons revus. »

Je voulus parler; mais ce diable d'homme ne m'en laissa pas le temps : « A présent, mon garçon, fais-moi tes adieux... voilà ma classe qui sonne, et quand j'en sortirai, je ne veux plus te retrouver ici. L'air de cette Bastille ne te vaut rien... File vite à Paris, travaille bien, prie le bon Dieu, fume des pipes, et tâche d'être un homme. — Tu m'entends, tâche d'être un homme ! — Car vois-tu, mon petit Daniel, tu n'es encore qu'un enfant, et même j'ai bien peur que tu sois un enfant toute ta vie. »

Là-dessus, il m'ouvrit ses bras avec un sourire divin; mais moi je me jetai à ses genoux en sanglotant. Alors il étendit les mains et appela les bénédictions du ciel sur ma pauvre tête folle; puis il me releva et m'embrassa sur les deux joues.

La cloche sonnait le dernier coup.

— Bon! voilà que je suis en retard, dit-il en rassemblant à la hâte ses livres et ses cahiers. Comme il allait sortir, il se retourna encore vers moi.

— J'ai bien un frère à Paris, moi aussi, un brave homme de prêtre que tu pourrais aller voir... Mais, bah! à moitié fou comme tu l'es, tu n'aurais qu'à oublier son adresse... » Et sans en dire davantage, il se mit à descendre l'escalier à grands pas. Sa soutane flottait derrière lui; de la main droite il tenait sa calotte, et, sous le bras gauche, il portait un gros paquet de papiers et de bouquins... Bon abbé Germane! Avant de m'en aller, je jetai un dernier regard autour de sa chambre; je contemplai une dernière fois la grande bibliothèque, la petite table, le feu à demi éteint, le fauteuil où j'avais tant pleuré, le lit où j'avais dormi si bien; et, songeant à cette existence mystérieuse dans laquelle je devinais tant de courage, de bonté cachée, de dévouement et de résignation, je ne pus m'empêcher de rougir de mes lâchetés, et je me fis le serment de me rappeler toujours l'abbé Germane.

En attendant, le temps passait... J'avais ma malle à faire, mes dettes à payer, ma place à retenir à la diligence...

Au moment de sortir, j'aperçus sur un coin de la cheminée plusieurs vieilles pipes toutes noires. Je pris la plus vieille, la plus noire, la plus courte, et je la mis dans ma poche comme une relique; puis je descendis.

En bas, la porte du vieux gymnase était encore entr'ouverte. Je ne pus m'empêcher d'y jeter un regard en passant, et ce que je vis me fit frissonner.

Je vis la grande salle sombre et froide, l'anneau de fer qui reluisait, et ma cravate violette avec son nœud coulant qui se balançait dans le courant d'air, au-dessus de l'escabeau renversé.

XIII

LES CLEFS DE M. VIOT

Comme je sortais du collége à grandes enjambées, encore tout ému de l'horrible spectacle que je venais d'avoir, la loge du portier s'ouvrit brusquement, et j'entendis qu'on m'appelait :

— Monsieur Eyssette! monsieur Eyssette!

C'était le maître du café Barbette et son digne ami M. Cassagne, l'air effaré, presque insolents.

Le cafetier parla le premier.

— Est-ce vrai que vous partez, monsieur Eyssette?

— Oui, monsieur Barbette, répondis-je tranquillement; je pars aujourd'hui même.

M. Barbette fit un bond, M. Cassagne en fit un autre; mais le bond de M. Barbette fut bien plus fort que celui de M. Cassagne, parce que je lui devais beaucoup plus d'argent.

— Comment! aujourd'hui même!

— Aujourd'hui même, et je cours de ce pas retenir ma place à la diligence.

Je crus qu'ils allaient me sauter à la gorge.

— Et mon argent ? dit M. Barbette.

— Et le mien ? hurla M. Cassagne.

Sans répondre, j'entrai dans la loge, et tirant gravement, à pleines mains, les belles pièces d'or de l'abbé Germane, je me mis à leur compter sur le bout de la table, ce que je leur devais à tous les deux.

Ce fut un coup de théâtre ! Les deux figures renfrognées se déridèrent, comme par magie... Quand ils eurent empoché leur argent, un peu honteux des craintes qu'ils m'avaient montrées, et tout joyeux d'être payés, ils s'épanchèrent en compliments de condoléance et en protestations d'amitié.

— Vraiment, monsieur Eyssette, vous nous quittez ?... Oh ! quel dommage ! Quelle perte pour la maison !

Et puis des oh ! des ah ! des hélas ! des soupirs, des poignées de main, des larmes étouffées...

La veille encore, j'aurais pu me laisser prendre à ces dehors d'amitié ; mais maintenant j'étais ferré à glace sur les questions de sentiment.

Le quart d'heure passé sous la tonnelle m'avait appris à connaître les hommes, — du moins je le croyais ainsi, — et plus ces affreux gargotiers se montraient affables, plus ils m'inspiraient de dégoût. Aussi, coupant court à leurs effusions ridicules, je sortis du collège et m'en allai bien vite retenir ma place à la bienheureuse diligence qui devait m'emporter loin de tous ces monstres.

En revenant du bureau des messageries, je passai

devant le café Barbette, mais je n'entrai pas; l'endroit me faisait horreur. Seulement, poussé par je ne sais quelle curiosité malsaine, je regardai à travers les vitres... Le café était plein de monde; c'était jour de poule au billard. On voyait parmi la fumée des pipes flamboyer les pompons des shakos et les ceinturons qui reluisaient pendus aux patères. Les nobles cœurs étaient au complet, il ne manquait que le maître d'armes.

Je regardai un moment ces grosses faces rouges que les glaces multipliaient, l'absinthe dansant dans les verres, les carafons d'eau-de-vie tout ébréchés sur le bord, et de penser que j'avais vécu dans ce cloaque je me sentis rougir... Je revis le petit Chose roulant autour du billard, marquant les points, payant le punch, humilié, méprisé, se dépravant de jour en jour, et mâchonnant sans cesse entre les dents un tuyau de pipe ou un refrain de caserne... Cette vision m'épouvanta encore plus que celle que j'avais eue dans la salle du gymnase en voyant flotter la petite cravate violette. Je m'enfuis...

Or, comme je m'acheminais vers le collége, suivi d'un homme de la diligence pour emporter ma malle, je vis venir sur la place le maître d'armes, sémillant, une badine à la main, le feutre sur l'oreille, mirant sa moustache fine dans ses belles bottes vernies... De loin je le regardais avec admiration en me disant : « Quel dommage qu'un si bel homme porte une si vilaine âme!... » Lui, de son côté, m'avait aperçu et venait vers moi avec un

bon sourire bien loyal et deux grands bras ouverts...
Oh ! la tonnelle !

— Je vous cherchais, me dit-il... Qu'est-ce que j'apprends ? Vous...

Il s'arrêta net. Mon regard lui cloua ses phrases menteuses sur les lèvres. Et dans ce regard qui le fixait d'aplomb, en face, le misérable dut lire bien des choses, car je le vis tout à coup pâlir, balbutier, perdre contenance, mais ce ne fut que l'affaire d'un instant ; il reprit aussitôt son air flambant, planta dans mes yeux deux yeux froids et brillants comme l'acier, et fourrant ses mains au fond de ses poches d'un air résolu, il s'éloigna en murmurant que ceux qui ne seraient pas contents n'auraient qu'à venir le lui dire...

Bandit, va !

Quand je rentrai au collége, les élèves étaient en classe. Nous montâmes dans ma mansarde. L'homme chargea la malle sur ses épaules et descendit. Moi, je restai encore quelques instants dans cette chambre glaciale, regardant les murs nus et salis, le pupitre noir tout déchiqueté, et, par la fenêtre étroite, les platanes des cours qui montraient leurs têtes couvertes de neige... En moi-même, je disais adieu à tout ce monde.

A ce moment, j'entendis une voix de tonnerre qui grondait dans les classes : c'était la voix de l'abbé Germane. Elle me réchauffa le cœur et me fit venir au bord des cils quelques bonnes larmes.

Après quoi je descendis lentement, regardant attentif autour de moi comme pour emporter dans mes yeux l'image, toute l'image de ces lieux que je ne devais plus jamais revoir. C'est ainsi que je traversai les longs corridors à hautes fenêtres grillagées où les yeux noirs m'étaient apparus pour la première fois. Dieu vous protége, mes chers yeux noirs !... Je passai aussi devant le cabinet du principal avec sa double porte mystérieuse ; puis, à quelques pas plus loin, devant le cabinet de M. Viot... Là je m'arrêtai subitement... O joie ! ô délices ! Les clefs, les terribles clefs pendaient à la serrure, et le vent les faisait doucement frétiller. Je les regardai un moment ces clefs formidables, je les regardai avec une sorte de terreur religieuse ; puis tout à coup une idée de vengeance me vint. Traîtreusement, d'une main sacrilége, je retirai le trousseau de la serrure, et, le cachant sous ma redingote, je descendis l'escalier quatre à quatre.

Il y avait au bout de la cour des moyens un puits très-profond. J'y courus tout d'une haleine... A cette heure-là la cour était déserte. La fée aux lunettes n'avait pas encore relevé son rideau. Tout favorisait mon crime. Alors, tirant les clefs de dessous mon habit, ces misérables clefs qui m'avaient tant fait souffrir, je les jetai dans le puits de toutes mes forces... Frinc ! frinc ! frinc ! Je les entendis dégringoler, rebondir contre les parois, et tomber lourdement dans l'eau, qui se referma sur elles ; ce forfait commis, je m'éloignai souriant.

Sous le porche, en sortant du collége, la dernière personne que je rencontrai fut M. Viot, mais un M. Viot comme je n'en avais jamais vu, un M. Viot sans ses clefs, hagard, effaré, courant de droite et de gauche. Quand il passa près de moi, il me regarda un moment avec angoisse. Le malheureux avait envie de me demander si je ne *les* avais pas vues. Mais il n'osa pas... A ce moment, le portier lui criait du haut de l'escalier en se penchant : « Monsieur Viot, je ne les trouve pas ! » J'entendis l'homme aux clefs faire tout bas : « Oh ! mon Dieu ! » — Et il partit comme un fou à la découverte.

J'aurais été heureux de jouir plus longtemps de ce spectacle, mais le clairon de la diligence sonnait sur la place d'Armes, et je ne voulais pas qu'on partît sans moi.

Et maintenant adieu pour toujours, grand collége enfumé fait de vieux fer et de pierres noires; adieu, vilains enfants; adieu, règlement féroce : le petit Chose s'envole et ne reviendra plus. Et vous, marquis de Boucoyran, estimez-vous heureux. On s'en va sans vous allonger ce fameux coup d'épée si longuement médité avec les nobles cœurs du café Barbette...

Fouette, cocher ! sonne, trompette ! Bonne vieille diligence, fais feu de tes quatre roues, emporte le petit Chose au galop de tes trois chevaux... Emporte-le bien vite dans sa ville natale, pour qu'il embrasse sa mère chez l'oncle Baptiste, et qu'ensuite il mette le cap sur Paris et rejoigne au plus vite Eyssette (Jacques) dans sa chambre du quartier Latin...

XIV

L'ONCLE BAPTISTE

... Un singulier type d'homme que cet oncle Baptiste, le frère de madame Eyssette. Ni bon, ni méchant, marié de bonne heure à un grand gendarme de femme avare et maigre qui lui faisait peur, ce vieil enfant n'avait qu'une passion au monde : la passion du coloriage. Depuis quelque quarante ans, il vivait entouré de godets, de pinceaux, de couleurs et passait son temps à colorier des images de journaux illustrés. La maison était pleine de vieilles *illustrations,* de vieux *Charivaris,* de vieux *Magasins pittoresques,* de cartes géographiques, tout cela fortement enluminé. Même dans ses jours de disette, quand la tante lui refusait de l'argent pour acheter des journaux à images, il arrivait à mon oncle de colorier des livres. Ceci est historique : j'ai tenu dans mes mains une grammaire espagnole que mon oncle Baptiste avait mise en couleur d'un bout à l'autre, les adjectifs en bleu, les substantifs en rose, etc...

C'est entre ce vieux maniaque et sa féroce moitié que madame Eyssette était obligée de vivre depuis six mois. La malheureuse femme passait toutes ses journées dans la chambre de son frère, assise à côté de lui et s'ingéniant à être utile. Elle essuyait les pinceaux, mettait de l'eau dans les godets... Le plus triste, c'est que depuis notre ruine l'oncle Baptiste avait un profond mépris pour M. Eyssette, et que du matin au soir la pauvre mère était condamnée à entendre dire : « Eyssette n'est pas sérieux ! Eyssette n'est pas sérieux ! » Ah ! le vieil imbécile ! Il fallait voir de quel air sentencieux et convaincu il disait cela, en coloriant sa grammaire espagnole !... Depuis, j'en ai souvent rencontré dans la vie, de ces hommes soi-disant très-graves qui passaient leur temps à colorier des grammaires espagnoles et trouvaient que les autres n'étaient pas sérieux.

Tous ces détails sur l'oncle Baptiste et l'existence lugubre que madame Eyssette menait chez lui, je ne les connus que plus tard ; pourtant, dès mon arrivée dans la maison, je compris que, quoi qu'elle en dît, ma mère ne devait pas être heureuse... Quand j'entrai, on venait de se mettre à table pour le dîner. Madame Eyssette bondit de joie en me voyant, et, comme vous pensez, elle embrassa son petit Chose de toutes ses forces. Cependant la pauvre mère avait l'air gêné ; elle parlait peu, — toujours sa petite voix douce et tremblante, — les yeux dans son assiette. Elle faisait peine à voir avec sa robe étriquée et toute noire.

L'accueil de mon oncle et de ma tante fut très-froid. Ma tante me demanda d'un air effrayé si j'avais dîné. Je me hâtai de répondre que oui... La tante respira, elle avait tremblé un moment pour son dîner. Joli, le dîner ! des pois chiches et de la morue.

L'oncle Baptiste, lui, me demanda si nous étions en vacances... Je répondis que je quittais l'Université, et que j'allais à Paris rejoindre mon frère Jacques, qui m'avait trouvé une bonne place. J'inventai ce mensonge pour rassurer la pauvre madame Eyssette sur mon avenir, et puis aussi pour avoir l'air sérieux aux yeux de mon oncle.

En apprenant que le petit Chose avait une bonne place, la tante Baptiste ouvrit de grands yeux.

— Daniel, dit-elle, il faudra faire venir ta mère à Paris... La pauvre chère femme s'ennuie loin de ses enfants ; et puis, tu comprends, c'est une charge pour nous, et ton oncle ne peut pas être toujours *la vache à lait* de la famille.

— Le fait est, dit l'oncle Baptiste, la bouche pleine, que je suis *la vache à lait*...

Cette expression de *vache à lait* l'avait ravi, et il la répéta plusieurs fois de suite avec la plus grande gravité...

Le dîner fut long, comme entre vieilles gens. Ma mère mangeait peu, m'adressait quelques paroles et me regardait à la dérobée ; ma tante la surveillait.

— Vois ta sœur, disait-elle à son mari, la joie de

revoir Daniel lui coupe l'appétit. Hier elle a pris deux fois du pain, aujourd'hui une fois seulement.

Ah! chère madame Eyssette! comme j'aurais voulu vous emporter ce soir-là, comme j'aurais voulu vous arracher à cette impitoyable vache à lait et à son épouse; mais, hélas! je m'en allais au hasard moi-même, ayant juste de quoi payer ma route et je pensais bien que la chambre de Jacques n'était pas assez grande pour nous tenir tous les trois. Encore si j'avais pu vous parler, vous embrasser à mon aise; mais non! On ne nous laissa pas seuls une minute... Rappelez-vous : tout de suite après dîner l'oncle se remit à sa grammaire espagnole, la tante essuyait son argenterie, et tous deux, ils nous épiaient du coin de l'œil... L'heure du départ arriva, sans que nous eussions rien pu nous dire.

Aussi le petit Chose avait le cœur bien gros, quand il sortit de chez l'oncle Baptiste; et en s'en allant, tout seul, dans l'ombre de la grande avenue qui mène au chemin de fer, il se jura deux ou trois fois très-solennellement de se conduire désormais comme un homme et de ne plus songer qu'à reconstruire le foyer.

DEUXIÈME PARTIE

I

MES CAOUTCHOUCS

Quand je vivrais aussi longtemps que mon oncle Baptiste, lequel doit être à cette heure aussi vieux qu'un vieux baobab de l'Afrique centrale, jamais je n'oublierais mon premier voyage à Paris en wagon de troisième classe.

C'était dans les derniers jours de février ; il faisait encore très-froid. Au dehors, un ciel gris, le vent, le grésil, des collines chauves, des prairies inondées, de longues rangées de vignes mortes ; au dedans, des matelots ivres qui chantaient, de gros paysans qui dormaient la bouche ouverte comme des poissons morts, de petites vieilles avec leurs cabas, des enfants, des puces, des nourrices, tout l'attirail du wagon des pauvres avec son odeur de pipe, d'eau-de-vie, de saucisse à l'ail et de paille moisie. Je crois y être encore.

En partant, je m'étais installé dans un coin, près de la fenêtre, pour voir le ciel: mais, à deux lieues de chez nous, un infirmier militaire me prit ma place, sous le prétexte d'être en face de sa femme, et voilà le petit Chose, trop timide pour oser se plaindre, condamné à faire deux cents lieues entre ce gros vilain homme qui sentait la graine de lin et un grand tambour-major de Champenoise qui, tout le temps, ronfla sur son épaule.

Le voyage dura deux jours. Je passai ces deux jours à la même place, immobile entre mes deux bourreaux, la tête fixe et les dents serrées. Comme je n'avais pas d'argent ni de provisions, je ne mangeai rien de toute la route. Deux jours sans manger, c'est long ! — Il me restait bien encore une pièce de quarante sous, mais je la gardais précieusement pour le cas où, en arrivant à Paris, je ne trouverais pas l'ami Jacques à la gare, et, malgré la faim, j'eus le courage de n'y pas toucher. Le diable, c'est qu'autour de moi on mangeait beaucoup dans le wagon. J'avais sous mes jambes un grand coquin de panier très-lourd d'où mon voisin l'infirmier tirait à tout moment des charcuteries variées qu'il partageait avec sa dame. Le voisinage de ce panier me rendit très-malheureux, surtout le second jour. Pourtant ce n'est pas la faim dont je souffris le plus en ce terrible voyage. J'étais parti de Sarlande sans souliers, n'ayant aux pieds que de petits caoutchoucs fort minces qui me servaient là-bas pour faire ma ronde dans le dortoir. Très-joli, le caoutchouc; mais l'hiver, en troisième classe... Dieu! que j'ai eu froid! C'était à en pleurer. La nuit, quand tout le monde dormait, je prenais doucement mes pieds entre mes mains et je les tenais des heures entières pour essayer de les réchauffer. Ah! si madame Eyssette m'avait vu!...

Eh bien! malgré la faim qui lui tordait le ventre, malgré ce froid cruel qui lui arrachait des larmes, le petit Chose était bien heureux, et pour rien au monde il n'aurait cédé cette place, cette demi-place qu'il occupait entre la Champenoise et l'infirmier. Au bout de toutes ces souffrances il y avait Jacques, il y avait Paris.

Dans la nuit du second jour, vers trois heures du matin, je fus réveillé en sursaut. Le train venait de s'arrêter; tout le wagon était en émoi.

J'entendis l'infirmier dire à sa femme :

— Nous y sommes.

— Où donc? demandai-je en me frottant les yeux.

— A Paris, parbleu !

Je me précipitai vers la portière. Pas de maisons. Rien qu'une campagne pelée, quelques becs de gaz, et çà et là de gros tas de charbon de terre; puis là-bas, dans le loin, une grande lumière rouge et un roulement confus pareil au bruit de la mer. De portière en portière, un homme allait avec une petite lanterne, en criant : « Paris ! Paris ! vos billets ! » Malgré moi je rentrai la tête par un mouvement de terreur. C'était Paris.

Ah ! grande ville féroce, comme le petit Chose avait raison d'avoir peur de toi !...

Cinq minutes après, nous entrions dans la gare. Jacques était là depuis une heure. Je l'aperçus de loin avec sa longue taille un peu voûtée et ses grands bras de télégraphe qui me faisaient signe derrière le grillage. D'un bond je fus sur lui.

— Jacques ! mon frère !...

— Ah ! cher enfant !

Et nos deux âmes s'étreignirent de toute la force de nos bras. Malheureusement les gares ne sont pas organisées pour ces belles étreintes. Il y a la salle des voyageurs, la salle des bagages, mais il n'y a pas la salle des effusions, il n'y a pas la salle des âmes. On nous bousculait ; on nous marchait dessus.

— Circulez ! circulez ! nous criaient les gens de l'octroi.

Jacques me dit tout bas : « Allons-nous-en. Demain, j'enverrai chercher ta malle. » Et, bras dessus, bras dessous, légers comme nos escarcelles, nous nous mîmes en route pour le quartier Latin.

J'ai essayé bien souvent depuis de me rappeler l'impression exacte que me fit Paris cette nuit-là ; mais les choses, comme les hommes, prennent, la première fois où nous les voyons, une physionomie toute particulière, qu'ensuite nous ne leur retrouvons plus. Le Paris de mon arrivée, je n'ai jamais pu me le reconstruire. C'est comme une ville brumeuse que j'aurais traversée tout enfant, il y a des années, et où je ne serais plus retourné depuis lors.

Je me souviens d'un pont de bois sur une rivière toute noire, puis d'un grand quai désert et d'un immense jardin au long de ce quai. Nous nous arrêtâmes un moment devant ce jardin. A travers les grilles qui le bordaient, on voyait confusément des huttes, des pelouses, des flaques d'eau, des arbres luisants de givre.

— C'est le Jardin des Plantes, me dit Jacques. Il y a là une quantité considérable d'ours blancs, de lions, de boas, d'hippopotames...

En effet, cela sentait le fauve et, par moments, un cri aigu, un rauque rugissement sortait de cette ombre.

Moi, serré contre mon frère, je regardais de tous mes yeux à travers les grilles, et, mêlant dans un même sentiment de terreur ce Paris inconnu, où j'arrivais de nuit, et ce jardin mystérieux, il me semblait que je venais de débarquer dans une grande caverne noire, pleine de bêtes féroces qui allaient se ruer sur moi. Heureusement que je n'étais pas seul; j'avais Jacques pour me défendre... Ah! Jacques! Jacques! pourquoi ne t'ai-je pas toujours eu?

Nous marchâmes encore longtemps, longtemps, par des rues noires interminables; puis tout à coup Jacques s'arrêta sur une petite place où il y avait une église.

— Nous voici à Saint-Germain-des-Prés, me dit-il. Notre chambre est là-haut.

— Comment! Jacques?... dans le clocher?...

— Dans le clocher même... c'est très-commode pour savoir l'heure.

Jacques exagérait un peu. Il habitait, dans la maison à côté de l'église, une petite mansarde au cinquième ou sixième étage, et sa fenêtre ouvrait sur le clocher de Saint-Germain, juste à la hauteur du cadran.

En entrant, je poussai un cri de joie. « Du feu! quel bonheur! » Et tout de suite je courus à la cheminée présenter mes pieds à la flamme, au risque de fondre les caoutchoucs. Alors seulement Jacques s'aperçut de l'étrangeté de ma chaussure. Cela le fit beaucoup rire.

— Mon cher, me dit-il, il y a une foule d'hommes célèbres qui sont arrivés à Paris en sabots et qui s'en vantent. Toi, tu pourras dire que tu y es arrivé en caoutchoucs; c'est bien plus original. En attendant, mets ces pantoufles et entamons le pâté.

Disant cela, le bon Jacques roulait devant le feu une petite table qui attendait dans un coin, toute servie.

II

DE LA PART DU CURÉ DE SAINT-NIZIER

Dieu! qu'on était bien cette nuit-là dans la chambre de Jacques! Quels joyeux reflets clairs la cheminée envoyait sur notre nappe! Et ce vieux vin cacheté, comme il sentait les violettes! Et ce pâté, quelle belle croûte en or bruni il vous avait! Ah! de ces pâtés-là, on n'en fait plus maintenant; tu n'en boiras plus jamais de ces vins-là, mon pauvre Eyssette!

De l'autre côté de la table, en face, tout en face de moi, Jacques me versait à boire; et, chaque fois que je levais les yeux, je voyais son regard tendre comme celui d'une mère, qui me riait doucement. Moi, j'étais si heureux d'être là que j'en avais positivement la fièvre. Je parlais, je parlais...

— Mange donc, me disait Jacques en me remplissant mon assiette; mais je parlais toujours et je ne mangeais pas. Alors, pour me faire taire, il se mit à bavarder, lui aussi, et me narra longuement, sans prendre haleine, tout ce qu'il avait fait depuis plus d'un an que nous ne nous étions pas vus.

— Quand tu fus parti, me disait-il, — et les choses les plus tristes il les contait toujours avec son divin sourire résigné, — quand tu fus parti, la maison devint tout à fait lugubre. Le père ne travaillait plus; il passait tout son temps dans le magasin à jurer contre les révolutionnaires et à me crier que j'étais un âne, ce qui n'avançait pas les affaires. Des billets protestés tous les matins, des descentes d'huissiers tous les deux jours, chaque coup de sonnette nous faisait sauter le cœur. Ah! tu t'es en allé au bon moment.

Au bout d'un mois de cette terrible existence, mon père partit pour la Bretagne au compte de la Compagnie vinicole, et madame Eyssette chez l'oncle Baptiste. Je les embarquai tous les deux. Tu penses si j'en ai versé de ces larmes... Derrière eux, tout notre pauvre mobilier fut vendu, oui, mon cher, vendu dans la rue, sous mes yeux, devant notre porte, et c'est bien pénible, va! de voir son foyer s'en aller ainsi pièce par pièce. On ne se figure pas combien elles font partie de nous-mêmes, toutes ces choses de bois ou d'étoffe que nous avons dans nos maisons. Tiens! quand on a emporté l'armoire au linge, tu sais, celle qui avait sur ses panneaux des Amours roses avec des violons, j'ai eu envie de courir après l'acheteur et de crier bien fort : « Arrêtez-le! » Tu comprends ça, n'est-ce pas?

De tout notre mobilier, je ne gardai qu'un matelas, une chaise et un balai; ce balai me fut très-utile, tu vas voir. J'installai ces richesses dans un coin de notre maison de la rue Lanterne, dont le loyer était payé encore pour deux mois, et me voilà occupant à moi tout seul ce grand appartement nu, froid, sans rideaux. Ah! mon ami, quelle tristesse! Chaque soir, quand je revenais de mon bureau, c'était un nouveau chagrin et comme une surprise de me retrouver seul entre ces quatre murailles. J'allais d'une pièce à l'autre, fermant les portes très-fort, pour faire du bruit. Quelquefois il me semblait qu'on m'appelait au magasin, et je criais : « J'y vais! » Quand j'entrais chez notre mère, je croyais toujours que j'allais la trouver tricotant tristement dans son fauteuil, près de la fenêtre!...

Pour comble de malheur, les babarottes reparurent. Ces horribles petites bêtes, que nous avions eu tant de peine à combattre en arrivant à Lyon, apprirent sans doute votre départ et tentèrent une nouvelle invasion, bien plus terrible encore que la première. D'abord j'essayai de résister. Je passai mes soirées dans la cuisine, ma bougie d'une main, mon balai de l'autre, à me battre comme un lion, toujours en pleurant, par exemple. Malheureusement j'étais seul, et j'avais beau me multiplier, ce n'était plus comme au temps d'Annou. Du reste les babarottes, elles aussi, arrivaient en plus grand nombre. Je suis sûr que toutes celles de Lyon, — et Dieu sait s'il y en a dans cette grosse ville humide! — s'étaient levées en masse pour venir assiéger notre maison. La cuisine en était toute noire, je fus obligé de la leur abandonner. Quelquefois je les regardais avec terreur par le trou de la serrure. Il y en avait des milliards de mille... Tu crois peut-être que ces maudites bêtes s'en tinrent là! Ah! bien oui; tu ne connais pas ces gens du Nord. C'est envahissant comme tout. De la cuisine, malgré portes et serrures, elles passèrent dans la salle à manger où j'avais fait mon lit. Je fus obligé de le transporter dans le magasin, puis dans le salon. Tu ris; j'aurais voulu t'y voir.

De pièce en pièce, les damnées babarottes me poussèrent jusqu'à notre ancienne petite chambre, au fond du corridor. Là, elles me laissèrent deux ou trois jours de répit; puis, un matin en m'éveillant, j'en aperçus une centaine qui grimpaient silencieusement le long de mon balai, pendant qu'un autre corps de troupe se dirigeait en bon ordre vers mon lit... Privé de mes armes, forcé dans mes derniers redans, je n'avais plus qu'à fuir. C'est ce que je fis. J'abandonnai aux babarottes le matelas, la chaise, le balai, et je m'en fus de cette horrible maison de la rue Lanterne pour n'y plus revenir.

Je passai encore quelques mois à Lyon, mois bien longs, bien noirs, bien larmoyants. A mon bureau, on ne m'appelait plus que sainte Madeleine. Je n'allais nulle part. Je n'avais pas un ami. Ma seule distraction, c'étaient tes lettres... Ah! mon Daniel, quelle jolie façon tu as de dire les choses! Je suis sûr que tu pourrais écrire dans les journaux, si tu voulais. Ce n'est pas comme moi.

Figure-toi qu'à force d'écrire sous la dictée, j'en suis arrivé à être à peu près aussi intelligent qu'une machine à coudre. Impossible de rien trouver par moi-même. M. Eyssette avait bien raison de me dire : « Jacques, tu es un âne. » Après tout, ce n'est pas si mal d'être un âne. Les ânes sont de braves bêtes patientes, fortes, laborieuses, le cœur bon et les reins solides... Mais revenons à mon histoire.

Dans toutes tes lettres, tu me parlais de la reconstruction du foyer, et grâce à ton éloquence, j'avais comme toi pris feu pour cette grande idée. Malheureusement, ce que je gagnais à Lyon suffisait à peine pour me faire vivre. C'est alors que la pensée me vint de m'embarquer pour Paris. Il me semblait que là je serais plus à même de venir en aide à la famille, et que je trouverais tous les matériaux nécessaires à notre fameuse reconstruction. Mon voyage fut donc décidé ; seulement je pris mes précautions. Je ne voulais pas tomber dans les rues de Paris comme un pierrot sans plumes. C'est bon pour toi, mon Daniel ; il y a des grâces d'état pour les jolis garçons, mais moi, un grand pleurard !

J'allai donc demander quelques lettres de recommandation à notre ami, le curé de Saint-Nizier. C'est un homme très-bien posé dans le faubourg Saint-Germain. Il me donna deux lettres, l'une pour un comte, l'autre pour un duc. Je me mets bien, comme tu vois. De là je m'en fus trouver un tailleur qui, sur ma bonne mine, consentit à me faire crédit d'un bel habit noir avec ses dépendances, gilet, pantalon, et cætera. Je mis mes lettres de recommandation dans mon habit, mon habit dans une serviette, et me voilà parti avec trois louis en poche : 35 francs pour le voyage, et 25 pour voir venir.

Le lendemain de mon arrivée à Paris, dès sept heures du matin, j'étais dans les rues, en habit noir et en gants jaunes. Pour ta gouverne, petit Daniel, ce que je faisais là était très-ridicule. A sept heures du matin, à Paris, tous les habits noirs sont couchés ou doivent l'être. Moi, je l'ignorais; et j'étais très-fier de promener le mien parmi ces grandes rues, en faisant sonner mes escarpins neufs. Je croyais aussi qu'en sortant de bonne heure, j'aurais plus de chances pour rencontrer la Fortune. Encore une erreur : la Fortune, à Paris, ne se lève pas matin.

Me voilà donc trottant par le faubourg Saint-Germain avec mes lettres de recommandation en poche.

J'allai d'abord chez le comte, rue de Lille; puis chez le duc, rue Saint-Guillaume. Aux deux endroits, je trouvai les gens de service en train de laver les cours et de faire reluire les cuivres des sonnettes. Quand je dis à ces faquins que je venais parler à leurs maîtres de la part du curé de Saint-Nizier, ils me rirent au nez en m'envoyant des seaux d'eau dans les jambes... Que veux-tu, mon cher? c'était ma faute, aussi : il n'y a que les pédicures qui vont chez les gens à cette heure-là. Je me le tins pour dit.

Tel que je te connais, toi, je suis sûr qu'à ma place tu n'aurais jamais osé retourner dans ces maisons et affronter les regards moqueurs de la valetaille. Eh bien! moi, j'y retournai avec aplomb le jour même, dans l'après-midi, et, comme le matin, je demandai aux gens de service de m'introduire auprès de leurs maîtres, toujours de la part du curé de Saint-Nizier. Bien m'en prit d'avoir été brave; ces deux messieurs étaient visibles et je fus tout de suite introduit. Je trouvai deux hommes et deux accueils bien différents. Le comte de la rue de Lille me reçut très-froidement. Sa longue figure maigre, sérieuse jusqu'à la solennité, m'intimidait beaucoup, et je ne trouvai pas quatre mots à lui dire. Lui, de son côté, me parla à peine. Il regarda la lettre du curé de Saint-Nizier, la mit dans sa poche, me demanda de lui laisser mon adresse, et me congédia d'un geste glacial, en me disant : « Je m'occuperai de vous; inutile que vous reveniez. Si je trouve quelque chose, je vous écrirai. »

Le diable soit de l'homme! Je sortis de chez lui, transi jusqu'aux moelles. Heureusement la réception qu'on me fit rue Saint-Guillaume avait de quoi me réchauffer le cœur. J'y trouvai le duc le plus réjoui, le plus épanoui, le plus bedonnant, le plus avenant du monde. Et comme il l'aimait son cher curé de Saint-Nizier! Et comme tout ce qui venait de là serait sûr d'être bien accueilli rue Saint-Guillaume!... Ah! le bon homme! le brave duc! Nous fûmes amis tout de suite. Il m'offrit une pincée de tabac à la bergamote, me tira le bout de l'oreille et me renvoya avec une tape sur la joue et d'excellentes paroles :

— Je me charge de votre affaire. Avant peu, j'aurai ce qu'il vous faut. D'ici là, venez me voir aussi souvent que vous voudrez.

Je m'en allai ravi.

Je passai deux jours sans y retourner, par discrétion. Le troisième jour seulement, je poussai jusqu'à l'hôtel de la rue Saint-Guillaume. Un grand escogriffe bleu et or me demanda mon nom. Je répondis d'un air suffisant :

— Dites que c'est de la part du curé de Saint-Nizier.

Il revint au bout d'un moment.

— M. le duc est très-occupé. Il prie monsieur de l'excuser et de vouloir bien passer un autre jour.

Tu penses si je l'excusai, ce pauvre duc.

Le lendemain, je revins à la même heure. Je trouvai le grand escogriffe bleu de la veille, perché comme un ara sur le perron. Du plus loin qu'il m'aperçut, il me fit gravement :

— M. le duc est sorti.

— Ah ! très-bien ! répondis-je, je reviendrai. Dites-lui, je vous prie, que c'est la personne de la part du curé de Saint-Nizier.

Le lendemain je revins encore ; les jours suivants aussi, mais toujours avec le même insuccès. Une fois le duc était au bain, une autre fois à la messe, un jour au jeu de paume, un autre jour avec du monde. — Avec du monde ! En voilà une formule insolente. Eh bien! et moi, je ne suis donc pas du monde?

A la fin, je me trouvais si ridicule avec mon éternel : « De la part du curé de Saint-Nizier, » que je n'osais plus dire de la part de qui je venais. Mais le grand ara bleu du perron ne me laissait jamais partir sans me crier, avec une gravité imperturbable :

— Monsieur est sans doute la personne qui vient de la part du curé de Saint-Nizier?

Et cela faisait beaucoup rire d'autres aras bleus qui flânaient par-là dans les cours. Tas de coquins! Si j'avais pu leur allonger quelques bons coups de trique, de ma part à moi et non pas de la part du curé de Saint-Nizier!

Il y avait dix jours environ que j'étais à Paris, lorsqu'un soir, en revenant l'oreille basse d'une de ces visites à la rue Saint-Guillaume — je m'étais juré d'y aller jusqu'à ce qu'on me mît à la porte, — je trouvai chez mon portier une petite lettre. Devine de qui?... une lettre du comte, mon cher, du comte de la rue de Lille, qui m'engageait à me présenter sans retard chez son ami le marquis d'Hacqueville. On demandait un secrétaire... Tu penses, quelle joie! et aussi quelle leçon! Cet homme froid et sec, sur lequel je comptais si peu, c'était justement lui qui s'occupait de moi, tandis que l'autre, si bienveillant, si accueillant, me faisait faire depuis huit jours le pied de grue sur son perron, exposé, ainsi que le curé de Saint-Nizier, aux rires insolents des aras bleu et or... C'est là la vie, mon cher; et à Paris on l'apprend vite.

Sans perdre une minute, je courus chez le marquis d'Hacqueville. Je trouvai un petit vieux, frétillant, sec, tout en nerfs, alerte et gai comme une abeille. Tu verras quel joli type. Une tête d'aristocrate, fine et pâle, des cheveux droits comme des quilles, et rien qu'un œil. L'autre est mort d'un coup d'épée, voilà longtemps. Mais celui qui reste est si brillant, si vivant, si parlant, si interrogeant qu'on ne peut pas dire que le marquis soit borgne. Il a deux yeux dans le même œil, voilà tout.

Quand j'arrivai devant ce singulier petit vieillard, je commençai par lui débiter quelques banalités de circonstance; mais il m'arrêta net :

— Pas de phrases, me dit-il. Je ne les aime pas. Venons aux faits, voici. J'ai entrepris d'écrire mes mémoires. Je m'y suis malheureusement pris un peu tard, et je n'ai plus de temps à perdre, commençant à me faire très-vieux. J'ai calculé qu'en employant tous mes instants, il me fallait encore trois années de travail pour terminer mon œuvre. J'ai soixante-dix ans, les jambes sont en déroute; mais la tête n'a pas bougé. Je peux donc espérer aller encore trois ans et mener mes mémoires à bonne fin. Seulement, je n'ai pas une minute de trop; c'est ce que mon secrétaire n'a pas compris. Cet imbécile, — un garçon fort intelligent, ma foi, et dont j'étais enchanté, — s'est mis dans la tête d'être amoureux et de vouloir se marier. Jusque-là il n'y a pas de mal. Mais voilà-t-il pas que ce matin mon drôle vient me demander deux jours de congé pour faire ses noces. Ah! bien oui, deux jours de congé! Pas une minute.

« — Mais, monsieur le marquis...

« — Il n'y a pas de « mais, monsieur le marquis »... Si vous vous en allez deux jours, vous vous en irez tout à fait.

« — Je m'en vais, monsieur le marquis.

« — Bon voyage! »

Et voilà mon coquin parti... C'est sur vous, moh cher garçon, que je compte pour le remplacer. Les conditions sont celles-ci : Le secrétaire vient chez moi le matin, à huit heures; il apporte son déjeuner. Je dicte jusqu'à midi. A midi, le secrétaire déjeune tout seul, car je ne déjeune jamais. Après le déjeuner du secrétaire, qui doit être très-court, on se remet à l'ouvrage. Si je sors, le secrétaire m'accompagne; il a un crayon et du papier. Je dicte toujours : en voiture, à la promenade, en visite, partout! Le soir, le secrétaire dîne avec moi. Après le dîner, nous relisons ce que j'ai dicté dans la journée. Je me couche à huit heures, et le secrétaire est libre jusqu'au lendemain. Je donne cent francs par mois et le dîner. Ce n'est pas le Pérou, mais dans trois ans, les mémoires terminés, il y aura un cadeau, et un cadeau royal, foi d'Hacqueville! Ce que je demande c'est qu'on soit exact, qu'on ne se marie pas et qu'on sache écrire lestement sous la dictée. Savez-vous écrire sous la dictée?

— Oh! parfaitement, monsieur le marquis, répondis-je avec une forte envie de rire.

C'était si comique en effet cet acharnement du

destin à me faire écrire sous la dictée toute ma vie...

— Eh bien, alors mettez-vous là, reprit le marquis. Voici du papier et de l'encre. Nous allons travailler tout de suite. J'en suis au chapitre XXIV : *Mes démêlés avec M. de Villèle*. Écrivez...

Et le voilà qui se met à me dicter d'une petite voix de cigale, en sautillant d'un bout de la pièce à l'autre.

C'est ainsi, mon Daniel, que je suis entré chez cet original, lequel est au fond un excellent homme. Jusqu'à présent, nous sommes très-contents l'un de l'autre; hier soir, en apprenant ton arrivée, il a voulu me faire emporter pour toi cette bouteille de vin vieux. On nous en sert une comme cela tous les jours à notre dîner, c'est te dire si l'on dîne bien. Le matin, par exemple, j'apporte mon déjeuner et tu rirais de me voir manger mes deux sous de fromage d'Italie dans une fine assiette de Moustier, sur une nappe à blason. Ce que le bonhomme en fait, ce n'est pas par avarice; mais pour éviter à son vieux cuisinier, M. Pilois, la fatigue de me préparer mon déjeuner... En somme, la vie que je mène n'est pas désagréable. Les mémoires du marquis sont fort instructifs; j'apprends sur M. Decazes et M. de Villèle une foule de choses qui ne peuvent pas manquer de me servir un jour ou l'autre. A huit heures, le soir, je suis libre. Je vais lire les journaux dans un cabinet de lecture ou bien encore dire bonjour à notre ami Pierrotte... Est-ce que tu te le rappelles, l'ami Pierrotte? tu sais, Pierrotte des Cévennes, le frère de lait de maman. Aujourd'hui Pierrotte n'est plus Pierrotte, c'est M. Pierrotte gros comme les deux bras. Il a un beau magasin de porcelaines au passage du Saumon; et comme il aimait beaucoup madame Eyssette, j'ai trouvé sa maison ouverte à tous battants. Pendant les soirées d'hiver, c'était une ressource... mais maintenant que te voilà, je ne suis plus en peine pour mes soirées... Ni toi non plus, n'est-ce pas, frérot? Oh! Daniel, mon Daniel, que je suis content! Comme nous allons être heureux!...

s'allument. Une lueur pâle entre dans la chambre en frissonnant.

— Voilà le jour, Daniel, dit Jacques. Il est temps de dormir. Couche-toi vite... tu dois en avoir besoin.

— Et toi, Jacques?

— Oh! moi, je n'ai pas deux jours de chemin de fer dans les reins... D'ailleurs, avant d'aller chez le marquis, il faut que je rapporte quelques livres au cabinet de lecture, et je n'ai pas de temps à perdre... tu sais que le d'Hacqueville ne plaisante pas... Je rentrerai ce soir à huit heures... Toi, quand tu te seras bien reposé, tu sortiras un peu. Surtout je te recommande...

Ici ma mère Jacques commence à me faire une foule de recommandations très-importantes pour un nouveau débarqué comme moi; par malheur, tandis qu'il me les fait, je me suis étendu sur le lit, et, sans dormir précisément, je n'ai déjà plus les idées bien nettes. La fatigue, le pâté, les larmes... Je suis aux trois quarts assoupi... J'entends d'une façon confuse quelqu'un qui me parle d'un restaurant tout près d'ici, d'argent dans mon gilet, de ponts à traverser, de boulevards à suivre, de sergents de ville à consulter, et du clocher de Saint-Germain-des-Prés comme point de ralliement. Dans mon demi-sommeil, c'est surtout ce clocher de Saint-Germain qui m'impressionne. Je vois deux, cinq, dix clochers de Saint-Germain rangés autour de mon lit comme des poteaux indicateurs. Parmi tous ces clochers, quelqu'un va et vient dans la chambre, tisonne le feu, ferme les rideaux des croisées, puis s'approche de moi, me pose un manteau sur les pieds, m'embrasse au front et s'éloigne doucement avec un bruit de porte...

Je dormais depuis quelques heures, et je crois que j'aurais dormi jusqu'au retour de ma mère Jacques, quand le son d'une cloche me réveilla subitement. C'était la cloche de Sarlande, l'horrible cloche de fer qui sonnait comme autrefois : « Dig ! dong ! réveillez-vous ! dig ! dong ! habillez-vous ! » D'un bond je fus au milieu de la chambre, la bouche ouverte pour crier comme au dortoir : « Allons, messieurs ! » Puis, quand je m'aperçus que j'étais chez Jacques, je partis d'un grand éclat de rire et je me mis à gambader follement par la chambre. Ce que j'avais pris pour la cloche de Sarlande, c'était la cloche d'un atelier du voisinage qui sonnait sec et féroce comme celle de là-bas. Pourtant la cloche du collége avait encore quelque chose de plus méchant, de plus en fer. Heureusement elle était à deux cents lieues, et si fort qu'elle sonnât, je ne risquais plus de l'entendre.

J'allai à la fenêtre et je l'ouvris. Je m'attendais presque à voir au-dessous de moi la cour des grands avec ses arbres mélancoliques et l'homme aux clefs rasant les murs...

Au moment où j'ouvrais, midi sonnait partout. La grosse tour de Saint-Germain tinta la première ses douze coups et l'*Angelus* à la suite, presque dans mon oreille. Par la fenêtre ouverte, les grosses notes lourdes tombaient chez Jacques trois par trois, se crevaient en tombant comme des bulles sonores et remplissaient de bruit toute la chambre. A l'*Angelus* de Saint-Germain, les autres *Angelus* de Paris répondirent sur des timbres divers... En même temps, comme attiré par tous ces carillons, un rayon de soleil troua la nue et vint courir sur les toits humides de brouillard. En bas, Paris grondait, invisible... Je restai là un moment à regarder luire dans la lumière les dômes, les flèches, les tours; puis tout à coup le bruit de la ville montant jusqu'à moi, il me vint je ne sais quelle folle envie de plonger, de me rouler dans ce bruit, dans cette foule, dans cette vie, dans ces passions, et je me dis avec ivresse : Allons voir Paris !

IV

LA DISCUSSION DU BUDGET

Ce jour-là plus d'un Parisien a dû dire en rentrant chez lui, le soir, pour se mettre à table : « Quel singulier petit bonhomme j'ai rencontré aujourd'hui ! » Le fait est qu'avec ses cheveux trop longs, son pantalon trop court, ses caoutchoucs, ses bas bleus, son bouquet départemental et cette solennité de démarche particulière à tous les êtres trop petits, le petit Chose devait être tout à fait comique.

C'était justement une journée de la fin de l'hiver, une de ces journées tièdes et lumineuses qui, à Paris, souvent sont plus le printemps que le printemps lui-même. Il y avait beaucoup de monde dehors. Un peu étourdi par le va-et-vient bruyant de la rue, j'allais devant moi, timide et le long des murs. On me bousculait, je disais « pardon » et je devenais tout rouge. Ma grande crainte était d'avoir l'air province. Aussi je me gardais bien de m'arrêter devant les magasins et pour rien au monde je n'aurais demandé ma route. Je prenais une rue, puis une autre, toujours tout droit. On me regardait. Cela me gênait beaucoup. Il y avait des gens qui se retournaient sur mes talons et des yeux qui riaient en passant près de moi; une fois, j'entendis une femme dire à une autre : « Regarde donc celui-là. » Cela me fit broncher... Ce qui m'embarrassait beaucoup aussi, c'était l'œil inquisiteur des sergents de ville. A tous les coins de rue, ce diable d'œil silencieux se braquait sur moi curieusement; et quand j'avais passé, je le sentais encore qui me suivait de loin et me brûlait dans le dos. Au fond, j'étais un peu inquiet.

Je marchai ainsi près d'une heure jusqu'à un grand boulevard planté d'arbres grêles. Il y avait là tant de bruit, tant de gens, tant de voitures, que je m'arrêtai presque effrayé.

« Comment me tirer d'ici? pensai-je en moi-même. Comment rentrer à la maison? Si je demande le clocher de Saint-Germain-des-Prés, on se moquera de moi. J'aurai l'air d'une cloche égarée qui revient de Rome le jour de Pâques. »

Alors pour me donner le temps de prendre un parti, je m'arrêtai devant des affiches de théâtre, de l'air affairé d'un homme qui fait son menu de spectacles pour le soir. Malheureusement les affiches, fort intéressantes d'ailleurs, ne donnaient pas le moindre renseignement sur le clocher de Saint-Germain, et je risquais fort de rester là jusqu'au grand coup de trompette du jugement dernier, quand soudain ma mère Jacques parut à mes côtés. Il était aussi étonné que moi.

— Comment! c'est toi, Daniel? Que fais-tu là? bon Dieu!

Je répondis d'un petit air négligent :

— Tu vois, je me promène.

Ce bon garçon de Jacques me regardait avec admiration :

— C'est qu'il est déjà Parisien, vraiment!

Au fond, j'étais bien heureux de l'avoir et je m'accrochai à son bras avec une joie d'enfant, comme à Lyon, quand M. Eyssette père était venu nous chercher de nuit sur le bateau.

— Quelle chance que nous nous soyons rencontrés! me dit Jacques. Mon marquis a une extinction de voix, et comme heureusement on ne peut pas dicter par gestes, il m'a donné congé jusqu'à demain... Nous allons en profiter pour faire une grande promenade...

Là-dessus il m'entraîne, et nous voilà partis dans Paris, bien serrés l'un contre l'autre et tout fiers de marcher ensemble.

Maintenant que mon frère est près de moi, la rue ne me fait plus peur. Je vais la tête haute, avec un aplomb de trompette aux zouaves, et gare au premier qui rira. Pourtant une chose m'inquiète. Jacques, chemin faisant, me regarde à plusieurs reprises d'un air piteux. Je n'ose lui demander pourquoi.

— Sais-tu qu'ils sont très-gentils tes caoutchoucs? me dit-il au bout d'un moment.

— N'est-ce pas, Jacques?

— Oui, ma foi, très-gentils... Puis, en souriant, il ajoute : C'est égal, quand je serai riche, je t'achèterai une paire de bons souliers pour mettre dedans.

Pauvre cher Jacques! il a dit cela sans malice; mais il n'en faut pas plus pour me décontenancer. Voilà toutes mes hontes revenues. Sur ce grand boulevard ruisselant de clair soleil, je me sens ridicule avec mes caoutchoucs, et quoi que Jacques puisse me dire d'aimable en faveur de ma chaussure, je veux rentrer sur-le-champ.

Nous rentrons. On s'installe au coin du feu, et le reste de la journée se passe gaiement à bavarder ensemble comme deux moineaux de gouttière... Vers le soir, on frappe à notre porte. C'est un domestique du marquis avec ma malle.

— Très-bien, dit ma mère Jacques. Nous allons inspecter un peu ta garde-robe.

Pécaïre! ma garde-robe!...

L'inspection commence. Il faut voir notre mine piteusement comique en faisant ce maigre inventaire. Jacques, à genoux devant la malle, tire les objets l'un après l'autre et les annonce à mesure.

— Un dictionnaire... une cravate... un autre dictionnaire... tiens! une pipe... tu fumes donc!... encore une pipe... Bonté divine! que de pipes!... Si tu avais seulement autant de chaussettes... Et ce gros livre, qu'est-ce que c'est?... oh! oh!... *Cahier de punitions... Boucoyran, 500 lignes... Soubeyrol, 400 lignes... Boucoyran, 500 lignes... Bou-*

coyran... *Boucoyran*... Sapristi ! tu ne le ménageais pas, le nommé Boucoyran... C'est égal, deux ou trois douzaines de chemises feraient bien mieux notre affaire...

A cet endroit de l'inventaire, ma mère Jacques pousse un cri de surprise.

— Miséricorde ! Daniel... qu'est-ce que je vois ? Des vers ! ce sont des vers... tu en fais donc toujours ?... cachotier, va ! Pourquoi ne m'en as-tu jamais parlé dans tes lettres ? Tu sais bien pourtant que je ne suis pas un profane... J'ai fait des poëmes, moi aussi dans le temps... Souviens-toi de *Religion ! Religion ! poëme en douze chants !*... Ça, monsieur le lyrique, voyons un peu tes poésies !...

— Oh ! non, Jacques, je t'en prie. Cela n'en vaut pas la peine.

— Tous les mêmes, ces poëtes, dit Jacques en riant. Allons, mets-toi là et lis-moi tes vers ; sinon je vais les lire moi-même et tu sais comme je lis mal.

Cette menace me décide ; je commence ma lecture.

Ce sont des vers que j'ai faits au collége de Sarlande, sous les châtaigniers de la Prairie, en surveillant les élèves... Bons ou méchants ? Je ne m'en souviens guère ; mais quelle émotion en les lisant !... Pensez donc ! des poésies qu'on n'a jamais montrées à personne... Et puis l'auteur de *Religion ! Religion !* n'est pas un juge ordinaire. S'il allait se moquer de moi ? Pourtant à mesure que je lis, la musique des rimes me grise et ma voix se raffermit. Assis devant la croisée, Jacques m'écoute, impassible. Derrière lui, dans l'horizon, se couche un gros soleil rouge qui incendie nos vitres. Sur le bord du toit un chat maigre bâille et s'étire en nous regardant; il a l'air renfrogné d'un sociétaire de la Comédie-Française écoutant une tragédie... Je vois tout cela du coin de l'œil sans interrompre ma lecture.

Triomphe inespéré! A peine j'ai fini, Jacques enthousiasmé quitte sa place et me saute au cou :

— Oh! Daniel! que c'est beau! que c'est beau!

Je le regarde avec un peu de défiance.

— Vraiment, Jacques, tu trouves?...

— Magnifique, mon cher, magnifique... Quand je pense que tu avais toutes ces richesses dans ta malle et que tu ne m'en disais rien; c'est incroyable !...

Et voilà ma mère Jacques qui marche à grands pas dans la chambre, parlant tout seul et gesticulant. Tout à coup il s'arrête en prenant un air solennel.

— Il n'y a plus à hésiter, Daniel, tu es poëte, il faut rester poëte et chercher ta vie de ce côté-là.

— Oh! Jacques, c'est bien difficile... Les débuts surtout. On gagne si peu.

— Bah! je gagnerai pour deux, n'aie pas peur.

— Et le foyer, Jacques, le foyer que nous voulons reconstruire?

— Le foyer! je m'en charge. Je me sens de force à le reconstruire à moi tout seul. Toi tu l'illustreras, et tu penses comme nos parents seront fiers de s'asseoir à un foyer célèbre !...

J'essaye encore quelques objections; mais Jacques a réponse à tout. Du reste, il faut le dire, je ne me défends que faiblement. L'enthousiasme fraternel commence à me gagner. La foi poétique me pousse à vue d'œil et je sens déjà courir par tout mon être un prurigo lamartinien... Il y a un point, par exemple, sur lequel Jacques et moi nous ne nous entendons pas du tout. Jacques veut qu'à trente-cinq ans j'entre à l'Académie française. Moi, je m'y refuse énergiquement. Foin de l'Académie ! C'est vieux, démodé, pyramide d'Égypte en diable.

— Raison de plus pour y entrer, me dit Jacques. Tu leur mettras un peu de jeune sang dans les veines à tous ces vieux Palais-Mazarin... Et puis madame Eyssette sera si heureuse, songe donc !

Que répondre à cela? Le nom de madame Eyssette est un argument sans réplique. Il faut se résigner à endosser l'habit vert. Va donc pour l'Académie ! Si mes collègues m'ennuient trop, je ferai comme Mérimée, je n'irai jamais aux séances.

Pendant cette discussion, la nuit est venue, les cloches de Saint-Germain carillonnent joyeusement comme pour célébrer l'entrée de Daniel Eyssette à l'Académie française. — « Allons dîner, » dit ma mère Jacques; et, tout fier de se montrer avec un académicien, il m'emmène dans une crèmerie de la rue Saint-Benoît.

C'est un petit restaurant de pauvres, avec une table d'hôte au fond pour les habitués. Nous mangeons dans la première salle, au milieu de gens très-râpés, très-affamés, qui râclent leurs assiettes silencieusement. — « Ce sont presque tous des hommes de lettres », me dit Jacques à voix basse. Dans moi-même, je ne peux m'empêcher de faire à ce sujet quelques réflexions mélancoliques ; mais je me garde bien de les communiquer à Jacques, de peur de refroidir son enthousiasme.

Le dîner est très-gai. M. Daniel Eyssette (de l'Académie française) montre beaucoup d'entrain, et encore plus d'appétit. Le repas fini, on se hâte de remonter dans le clocher, et tandis que M. l'académicien fume sa pipe à califourchon sur la fenêtre, Jacques assis à sa table s'absorbe dans un grand travail de chiffres qui paraît l'inquiéter beaucoup. Il se ronge les ongles, s'agite fébrilement sur sa chaise, compte sur ses doigts ; puis, tout à coup, se lève avec un cri de triomphe : « Bravo !... j'y suis arrivé... »

— A quoi, Jacques ?

— A établir notre budget, mon cher. Et je te réponds que ce n'était pas une petite affaire. Pense, soixante francs par mois pour vivre à deux !...

— Comment ! soixante ?... Je croyais que tu gagnais cent francs chez le marquis.

— Oui, mais il y a là-dessus quarante francs par mois à envoyer à madame Eyssette pour la reconstruction du foyer... Restent donc soixante francs. Nous avons quinze francs de chambre ; comme tu vois, ce n'est pas cher ; seulement, il faut que je fasse le lit moi-même.

— Je le ferai aussi, moi, Jacques.

— Non, non. Pour un académicien, ce ne serait pas convenable. Mais revenons au budget... Donc 15 francs de chambre, 5 francs de charbon, — seulement 5 francs, parce que je vais le chercher moi-même aux usines tous les mois ; — restent 40 francs. Pour ta nourriture, mettons 30 francs. Tu dîneras à la crèmerie où nous sommes allés ce soir; c'est 15 sous sans le dessert, et tu as vu qu'on n'est pas trop mal. Il te reste 5 sous pour ton déjeuner. Est-ce assez ?...

— Je crois bien.

— Nous avons encore 10 francs. Je compte 7 francs de blanchissage... Quel dommage que je n'aie pas le temps ! j'irais moi-même au bateau... Restent 3 francs que j'emploie comme ceci : 30 sous pour mes déjeuners... Dame ! tu comprends ; moi, je fais tous les jours un bon repas chez mon marquis, et je n'ai pas besoin d'un déjeuner aussi substantiel que le tien... Les derniers trente sous sont pour les menus frais, tabac, timbres-poste et autres dépenses imprévues. Cela nous fait juste nos soixante francs... Hein ? Crois-tu que c'est calculé ?

Et Jacques, enthousiasmé, se met à gambader dans la chambre ; puis, subitement, il s'arrête et prend un air consterné :

— Allons, bon ! Le budget est à refaire... J'ai oublié quelque chose.

— Quoi donc ?

— Et la bougie ?... Comment feras-tu, le soir, pour travailler, si tu n'as pas de bougie ? C'est une dépense indispensable, et une dépense d'au moins cinq francs par mois... Où pourrait-on bien les décrocher ces cinq francs-là?... L'argent du foyer est sacré, et sous aucun prétexte... Eh! parbleu! j'ai notre affaire. Voici le mois de mars qui vient, et avec lui le printemps, la chaleur, le soleil.

— Eh bien! Jacques?

— Eh bien! Daniel, quand il fait chaud, le charbon est inutile; soit 5 francs de charbon que nous transformons en 5 francs de bougie, et voilà le problème résolu... Décidément, je suis né pour être ministre des finances... Qu'en dis-tu? Cette fois, le budget tient sur ses jambes, et je crois que nous n'avons rien oublié... Il y a bien encore la question des souliers et des vêtements, mais je sais ce que je vais faire... J'ai tous les jours ma soirée libre à partir de huit heures, je chercherai une place de teneur de livres chez quelque petit marchand. Bien sûr que l'ami Pierrotte me trouvera cela facilement.

— Ah ça! Jacques, vous êtes donc très-liés, toi et l'ami Pierrotte?... Est-ce que tu y vas souvent?

— Oui, très-souvent. Le soir, on fait de la musique.

— Tiens! Pierrotte est musicien.

— Non! pas lui, sa fille.

— Sa fille!... Il a donc une fille... Hé! hé! Jacques... Est-elle jolie, mademoiselle Pierrotte?

— Oh! tu m'en demandes trop pour une fois, mon petit Daniel... Un autre jour, je te répondrai. Maintenant, il est tard; allons nous coucher.

Et pour cacher l'embarras que lui causent mes

questions, Jacques se met à border le lit activement, avec un soin de vieille fille.

C'est un lit de fer à une place, en tout pareil à celui dans lequel nous couchions tous les deux, à Lyon, rue Lanterne.

— T'en souviens-tu, Jacques, de notre petit lit de la rue Lanterne, quand nous lisions des romans en cachette, et que M. Eyssette nous criait du fond de son lit, avec sa plus grosse voix : « Éteignez vite, ou je me lève ! »

Jacques se souvient de cela et aussi de bien d'autres choses... De souvenir en souvenir, minuit sonne à Saint-Germain qu'on ne songe pas encore à dormir.

— Allons !... bonne nuit, me dit Jacques résolûment. Mais au bout de cinq minutes, je l'entends qui pouffe de rire sous sa couverture.

— De quoi ris-tu, Jacques ?...

— Je ris de l'abbé Micou, tu sais, l'abbé Micou de la manécanterie... Te le rappelles-tu ?...

— Parbleu !...

Et nous voilà partis à rire, à rire, à bavarder, à bavarder... Cette fois, c'est moi qui suis raisonnable et qui dis :

— Il faut dormir.

Mais un moment après, je recommence de plus belle :

— Et Rouget, Jacques, Rouget de la fabrique... Est-ce que tu t'en souviens ?...

Là-dessus nouveaux éclats de rire et causeries à n'en plus finir...

Soudain un grand coup de poing ébranle la cloison de mon côté, du côté de la ruelle. Consternation générale.

— C'est Coucou-Blanc... me dit Jacques tout bas dans l'oreille.

— Coucou-Blanc?... Qu'est-ce que cela?

— Chut!... pas si haut... Coucou-Blanc est notre voisine... Elle se plaint sans doute que nous l'empêchons de dormir.

— Dis donc, Jacques, quel drôle de nom elle a notre voisine... Coucou-Blanc! Est-ce qu'elle est jeune?...

— Tu pourras en juger toi-même, mon cher. Un jour ou l'autre, vous vous rencontrerez dans l'escalier... mais en attendant, dormons vite... sans quoi Coucou-Blanc pourrait bien se fâcher encore.

Là-dessus, Jacques souffle la bougie, et M. Daniel Eyssette (de l'Académie française) s'endort sur l'épaule de son frère comme quand il avait dix ans.

V

COUCOU-BLANC ET LA DAME DU PREMIER

Il y a, sur la place de Saint-Germain-des-Prés, dans le coin de l'église, à gauche et tout au bord des toits, une petite fenêtre qui me serre le cœur chaque fois que je la regarde. C'est la fenêtre de notre ancienne chambre ; et, encore aujourd'hui, quand je passe par là, je me figure que le Daniel d'autrefois est toujours là-haut, assis à sa table contre la vitre, et qu'il sourit de pitié en voyant dans la rue le Daniel d'aujourd'hui triste et déjà courbé.

Ah! vieille horloge de Saint-Germain, que de belles heures tu m'as sonnées quand j'habitais là-haut avec ma mère Jacques!... Est-ce que tu ne pourrais pas m'en sonner encore quelques-unes de ces heures de vaillance et de jeunesse? J'étais si heureux dans ce temps-là! Je travaillais de si bon cœur!...

Le matin, on se levait avec le jour. Jacques, tout de suite, s'occupait du ménage. Il allait chercher de l'eau, balayait la chambre, rangeait ma table. Moi, je n'avais le droit de toucher à rien. Si je lui disais : « Jacques, veux-tu que je t'aide ? »

Jacques se mettait à rire : « Tu n'y songes pas, Daniel. Et la dame du premier ? » Avec ces deux mots gros d'allusions, il me fermait la bouche.

Voici pourquoi :

Pendant les premiers jours de notre vie à deux, c'était moi qui étais chargé de descendre chercher de l'eau dans la cour. A une autre heure de la journée, je n'aurais peut-être pas osé; mais, le matin, toute la maison dormait encore, et ma vanité ne risquait pas d'être rencontrée dans l'escalier une cruche à la main. Je descendais en m'éveillant, à peine vêtu. A cette heure-là la cour était déserte. Quelquefois, un palefrenier en casaque rouge nettoyait ses harnais près de la pompe. C'était le cocher de la dame du premier, une jeune créole très-élégante dont on s'occupait beaucoup dans la maison. La présence de cet homme suffisait pour me gêner; quand il était là, j'avais honte, je pompais vite et je remontais avec ma cruche à moitié remplie. Une fois en haut, je me trouvais très-ridicule, ce qui ne m'empêchait pas d'être aussi gêné le lendemain, si j'apercevais la casaque rouge dans la cour... Or, un matin que j'avais eu la chance d'éviter cette formidable casaque, je remontais allègrement et ma cruche toute pleine, lorsqu'à la hauteur du premier étage je me trouvai face à face avec une dame qui descendait C'était la dame du premier...

Droite et fière, les yeux baissés sur un livre, elle allait lentement dans un flot d'étoffes soyeuses. A première vue, elle me parut très-belle, quoique un peu trop pâle; ce qui me resta d'elle surtout, c'est une petite cicatrice blanche qu'elle avait dans un coin, au-dessous de la lèvre. En passant devant moi, la dame leva les yeux. J'étais debout contre le mur, ma cruche à la main, tout rouge et tout honteux. Pensez! être surpris ainsi comme un porteur d'eau, mal peigné, ruisselant, le cou nu, la chemise entr'ouverte... quelle humiliation! J'aurais voulu entrer dans la muraille... La dame me regarda un moment bien en face d'un air de reine indulgente, avec un petit sourire, puis elle passa... Quand je remontai, j'étais furieux. Je racontai mon aventure à Jacques, qui se moqua beaucoup de ma vanité; mais, le lendemain, il prit la cruche sans rien dire et descendit. Depuis lors, il descendit ainsi tous les matins, et moi, malgré mes remords, je le laissais faire. J'avais trop peur de rencontrer encore la dame du premier.

Le ménage fini, Jacques s'en allait chez son marquis, et je ne le revoyais plus que dans la soirée. Je passais mes journées tout seul, en tête-à-tête avec la muse ou ce que j'appelais la muse. Du matin au soir, la fenêtre restait ouverte avec ma table devant, et sur cet établi, du matin au soir j'enfilais des rimes. De temps en temps un pierrot venait boire à ma gouttière; il me regardait un moment d'un air effronté, puis il allait dire aux autres ce que je faisais et j'entendais le bruit sec de leurs petites pattes sur les ardoises... J'avais aussi les cloches de Saint-Germain qui me rendaient visite plusieurs fois dans le jour. J'aimais bien quand elles venaient me voir. Elles entraient bruyamment par la fenêtre et remplissaient la chambre de musique. Tantôt des carillons joyeux et fous précipitant leurs doubles-croches; tantôt des glas noirs, lugubres, dont les notes tombaient une à une comme des larmes. Puis j'avais les *Angelus* : l'*Angelus* de midi, un archange aux habits de soleil qui entrait chez moi tout resplendissant de lumière; l'*Angelus* du soir, un séraphin mélancolique qui descendait dans un rayon de lune et faisait toute la chambre humide en y secouant ses grandes ailes...

La muse, les pierrots, les cloches, je ne recevais jamais d'autres visites. Qui serait venu me voir? Personne ne me connaissait. A la crèmerie de la rue Saint-Benoît, j'avais toujours soin de me mettre à une petite table à part de tout le monde; je mangeais vite, les yeux dans mon assiette; puis, le repas fini, je prenais mon chapeau furtivement et je rentrais à toutes jambes. Jamais une distraction, jamais une promenade; pas même la musique au Luxembourg. Cette timidité maladive que je tenais de madame Eyssette était encore augmentée par le délabrement de mon costume et ces malheureux caoutchoucs qu'on n'avait pas pu remplacer. La rue me faisait peur, me rendait honteux. Je n'aurais jamais voulu descendre de mon clocher. Quelquefois pourtant, par ces jolis soirs mouillés des printemps parisiens, je rencontrais, en revenant de la crèmerie, des volées d'étudiants en belle humeur, et de les voir s'en aller ainsi bras dessus bras dessous, avec leurs grands chapeaux, leurs pipes, leurs maîtresses, cela me donnait des idées... Alors je remontais bien vite mes cinq étages, j'allumais ma bougie et je me mettais au travail rageusement jusqu'à l'arrivée de Jacques.

Quand Jacques arrivait, la chambre changeait d'aspect. Elle était toute gaieté, bruit, mouvement. On chantait, on riait; on se demandait des nouvelles de la journée. « As-tu bien travaillé? me disait Jacques; ton poëme avance-t-il? » Puis il me racontait quelque nouvelle invention de son original de marquis, tirait de sa poche des friandises du dessert mises de côté pour moi, et s'amusait à me les voir croquer à belles dents. Après quoi, je retournais à l'établi aux rimes. Jacques faisait deux ou trois tours dans la chambre, et quand il me croyait bien entrain, s'esquivait en me disant : « Puisque tu travailles, je vais *là-bas* passer un moment. » *Là-bas* cela voulait dire chez Pierrotte; et si vous n'avez pas déjà deviné pourquoi Jacques allait si souvent passer un moment *là-bas*, c'est que vous n'êtes pas bien habiles. Moi, je compris tout, dès le premier jour, rien qu'à le voir lisser ses cheveux devant la glace avant de partir, et recommencer trois ou quatre fois son nœud de cravate; mais, pour ne pas le gêner, je faisais semblant de ne me douter de rien, et je me contentais de rire au dedans de moi, en pensant des choses...

Jacques parti, en avant les rimes! A cette heure-là, je n'avais plus le moindre bruit ; les pierrots, les angelus, tous mes amis étaient couchés. Complet tête-à-tête avec la muse... Vers neuf heures, j'entendais monter dans l'escalier, — un petit escalier de bois qui faisait suite au grand. — C'était mademoiselle Coucou-Blanc, notre voisine, qui rentrait. A partir de ce moment, je ne travaillais plus. Ma cervelle émigrait effrontément chez la voisine et n'en bougeait plus... Que pouvait-elle bien être, cette mystérieuse Coucou-Blanc ?... Impossible d'avoir le moindre renseignement à son endroit... Si j'en parlais à Jacques, il prenait un petit air en dessous pour me dire : « Comment !... tu ne l'as pas encore rencontrée, notre superbe voisine ? » Mais jamais il ne s'expliquait davantage. Moi je pensais : « Il ne veut pas que je la connaisse... C'est sans doute une grisette du quartier Latin. » Et cette idée m'embrasait la tête. Je me figurais quelque chose de frais, de jeune, de joyeux, — une grisette, quoi ! Il n'y avait pas jusqu'à ce nom singulier de Coucou-Blanc qui ne me parût plein de saveur, un de ces jolis sobriquets d'amour comme Musette ou Mimi Pinson. C'était, dans tous les cas, une Musette bien sage et bien rangée que ma voisine, une Musette de Nanterre, qui rentrait tous les soirs à la même heure, et toujours seule. Je savais cela pour avoir plusieurs jours de suite, à l'heure où elle arrivait, appliqué mon oreille à sa cloison... Invariablement, voici ce que j'entendais : d'abord comme un bruit de bouteille qu'on débouche et rebouche plusieurs fois, puis, au bout d'un moment, pouf! la chute d'un corps très-lourd sur le parquet, et presque aussitôt une petite voix grêle, très-aiguë, une voix de grillon malade, entonnant je ne sais quel air à trois notes, triste à faire pleurer. Sur cet air-là il y avait des paroles, mais je ne les distinguais pas, excepté cependant les incompréhensibles syllabes que voici : — *Tolocototignan!... tolocototignan!...* — qui revenaient de temps en temps dans la chanson comme un refrain plus accentué que le reste. Cette singulière musique durait environ une heure, puis, sur un dernier *tolocototignan,* la voix s'arrêtait tout à coup, et je n'entendais plus qu'une respiration lente et lourde... Tout cela m'intriguait beaucoup.

Un matin ma mère Jacques, qui venait de chercher de l'eau, entra vivement chez nous avec un grand air de mystère et s'approchant de moi me dit tout bas :

— Si tu veux voir notre voisine... chut!... elle est là.

D'un bond je fus sur le palier... Jacques ne m'avait pas menti... Coucou-Blanc était dans sa chambre, avec sa porte grande ouverte, et je pus enfin la contempler... Oh! Dieu! Ce ne fut qu'une vision, mais quelle vision!... Imaginez une petite mansarde complétement nue, à terre une paillasse, sur la cheminée une bouteille d'eau-de-vie, au-dessus de la paillasse un énorme et mystérieux fer à cheval pendu au mur comme un bénitier. Maintenant au milieu de ce chenil, figurez-vous une horrible négresse avec de gros yeux de nacre, des cheveux courts, laineux et frisés comme une toison de brebis noire, et n'ayant pour vêtements qu'une camisole fanée et une vieille crinoline rouge, sans rien dessus... C'est ainsi que m'apparut pour la première fois ma voisine Coucou-Blanc, la Coucou-Blanc de mes rêves, la sœur de Mimi Pinson et de Bernerette... O province romanesque, que ceci te serve de leçon !...

— Eh bien, me dit Jacques en me voyant rentrer, eh bien, comment la trouves... Il n'acheva pas sa phrase et devant ma mine déconfite partit d'un immense éclat de rire. J'eus le bon esprit de faire comme lui, et nous voilà, riant de toutes nos forces l'un en face de l'autre sans pouvoir parler. A ce moment, par la porte entre-bâillée, une grosse tête noire se glissa dans la chambre et disparut presque aussitôt en nous criant : « Blancs moquer nègre, pas joli. » Vous pensez si nous rîmes de plus belle...

Quand notre gaieté fut un peu calmée, Jacques m'apprit que la négresse Coucou-Blanc était au service de la dame du premier ; dans la maison, on l'accusait d'être un peu sorcière : à preuve le fer à cheval, symbole du culte Vaudoux, qui pendait au-dessus de sa paillasse. On disait aussi que tous les soirs, quand sa maîtresse était sortie, Coucou-Blanc s'enfermait dans sa mansarde, buvait de l'eau-de-vie jusqu'à tomber ivre-morte, et chantait des chansons nègres la moitié de la nuit. Ceci m'expliquait tous les bruits mystérieux qui venaient de chez ma voisine : la bouteille débouchée, la chute sur le parquet, et l'air monotone à trois notes. Quant au *tolocototignan*, il paraît que c'est une sorte d'onomatopée très-répandue chez les nègres du Cap, quelque chose comme notre *lon, lan la;* les Pierre Dupont en ébène mettent de ça dans toutes leurs chansons.

A partir de ce jour, ai-je besoin de le dire? le voisinage de Coucou-Blanc ne me donna plus autant de distractions. Le soir, quand elle montait, mon cœur ne trottait plus si vite; jamais je ne me dérangeais plus pour aller coller mon oreille à la cloison... Quelquefois pourtant, dans le silence de la nuit, les *tolocototignan* venaient jusqu'à ma table et j'éprouvais je ne sais quel vague malaise, en entendant ce triste refrain; on eût dit que je pressentais le rôle qu'il allait jouer dans ma vie...

Sur ces entrefaites, ma mère Jacques trouva une place de teneur de livres à cinquante francs par mois chez un petit marchand de fers, où il devait se rendre tous les soirs en sortant de chez le marquis. Le pauvre garçon m'apprit cette bonne nouvelle, moitié content, moitié fâché. « Comment feras-tu pour aller *là-bas?* » lui dis-je tout de suite. Il me répondit, les yeux pleins de larmes : « J'irai le dimanche. » Et dès lors, comme il l'avait dit, il n'alla plus *là-bas* que le dimanche, mais cela lui coûtait, bien sûr.

Quel était donc ce *là-bas* si séduisant qui tenait tant à cœur à ma mère Jacques?... Je n'aurais pas été fâché de le connaître. Malheureusement on ne me proposait jamais de m'emmener; et moi, j'étais trop fier pour le demander. Le moyen d'ailleurs d'aller quelque part, avec mes caoutchoucs?... Un dimanche pourtant, au moment de partir chez Pierrotte, Jacques me dit avec un peu d'embarras :

— Est-ce que tu n'aurais pas envie de m'accompagner *là-bas*, petit Daniel? Tu leur ferais sûrement un grand plaisir.

— Mais, mon cher, tu plaisantes...

— Oui, je sais bien... Le salon de Pierrotte n'est guère la place d'un poëte... Ils sont là un tas de vieilles peaux de lapins...

— Oh! ce n'est pas pour cela, Jacques; c'est seulement à cause de mon costume...

— Tiens! au fait... je n'y songeais pas, dit Jacques.

Et il partit comme enchanté d'avoir une vraie raison pour ne pas m'emmener.

A peine au bas de l'escalier, le voilà qui remonte et vient vers moi tout essoufflé.

— Daniel, me dit-il, si tu avais eu des souliers et une jaquette présentable, m'aurais-tu accompagné chez Pierrotte?

— Pourquoi pas?

— Eh bien! alors viens... je vais t'acheter tout ce qu'il te faut, puis nous irons *là-bas*.

Je le regardai stupéfait. « C'est la fin du mois; j'ai de l'argent, » ajouta-t-il pour me convaincre. J'étais si content de l'idée d'avoir des nippes fraîches que je ne remarquai pas l'émotion de Jacques ni le ton singulier dont il parlait. Ce n'est que plus tard que je songeai à tout cela. Pour le moment je lui sautai au cou et nous partîmes chez Pierrotte, en passant par le Palais-Royal, où je m'habillai de neuf chez un fripier.

VI

LE ROMAN DE PIERROTTE

Quand Pierrotte avait vingt ans, si on lui avait prédit qu'un jour il succéderait à M. Lalouette dans le commerce des porcelaines, qu'il aurait deux cent mille francs chez son notaire, — Pierrotte, un notaire! — et une superbe boutique à l'angle du passage du Saumon, on l'aurait beaucoup étonné.

Pierrotte à vingt ans n'était jamais sorti de son village, portait de gros *esclots* en sapin des Cévennes, ne savait pas un mot de français et gagnait cent écus par an à élever des vers à soie; solide compagnon du reste, beau danseur de bourrées, aimant rire et chanter la gloire, mais toujours d'une manière honnête et sans faire de tort aux cabaretiers. Comme tous les gars de son âge, Pierrotte avait une bonne amie qu'il allait attendre le dimanche à la sortie des vêpres pour l'emmener danser des gavottes sous les mûriers; la bonne amie de Pierrotte s'appelait Roberte, la grande Roberte.

C'était une belle magnanarelle de dix-huit ans, orpheline comme lui, pauvre comme lui, mais sachant très-bien lire et écrire, ce qui, dans les villages cévenols, est encore plus rare qu'une dot. Très-fier de sa Roberte, Pierrotte comptait l'épouser dès qu'il aurait tiré au sort; mais le jour du tirage arrivé, le pauvre Cévenol, — bien qu'il eût trempé trois fois sa main dans l'eau bénite avant d'aller à l'urne, — amena le numéro 4... Il fallait partir. Quel désespoir!... Heureusement madame Eyssette, qui avait été nourrie, presque élevée par la mère de Pierrotte, vint au secours de son frère de lait et lui prêta deux mille francs pour s'acheter un homme. — On était riche chez les Eyssette dans ce temps-là ! — L'heureux Pierrotte ne partit donc pas et put épouser sa Roberte; mais comme ces braves gens tenaient avant tout à rendre l'argent de madame Eyssette et qu'en restant au pays ils n'y seraient jamais parvenus, ils eurent le courage de s'expatrier et marchèrent sur Paris pour y chercher fortune.

Pendant un an, on n'entendit plus parler de nos montagnards; puis, un beau matin, madame Eyssette reçut une lettre touchante signée « Pierrotte et sa femme, » qui contenait 300 francs, premiers fruits de leurs économies. La seconde année, nouvelle lettre de « Pierrotte et sa femme » avec un envoi de 500 francs. La troisième année, rien. — Sans doute, les affaires ne marchaient pas. — La quatrième année, troisième lettre de « Pierrotte et sa femme, » avec un dernier envoi de

1,200 francs et des bénédictions pour toute la famille Eyssette. Malheureusement, quand cette lettre arriva chez nous, nous étions en pleine débâcle; on venait de vendre la fabrique, et nous aussi nous allions nous expatrier... Dans sa douleur, madame Eyssette oublia de répondre à « Pierrotte et sa femme, » et, depuis lors, nous n'en eûmes plus de nouvelles, jusqu'au jour où Jacques, arrivant à Paris, trouva le bon Pierrotte — Pierrotte sans sa femme, hélas! — installé dans le comptoir de l'ancienne maison Lalouette.

Rien de moins poétique, rien de plus touchant que l'histoire de cette fortune. En arrivant à Paris, la femme de Pierrotte s'était mise bravement à faire des ménages... Sa première maison fut justement la maison Lalouette. Ces Lalouette étaient de riches commerçants avares et maniaques, qui n'avaient jamais voulu prendre ni un commis ni une bonne, parce qu'il faut tout faire par soi-même (« Monsieur, jusqu'à cinquante ans, j'ai fait mes culottes moi-même, » disait le père Lalouette avec fierté), et qui sur leurs vieux jours seulement se donnaient le luxe flamboyant d'une femme de ménage à douze francs par mois. Dieu sait que ces douze francs-là, l'ouvrage les valait bien! La boutique, l'arrière-boutique, un appartement au quatrième, deux seilles d'eau pour la cuisine à remplir tous les matins! Il fallait venir des Cévennes pour accepter de pareilles conditions; mais bah! la Cévenole était jeune, alerte, rude au travail et solide des reins comme une jeune taure; en un tour de main, elle expédiait ce gros ouvrage, et par-dessus le marché montrait tout le temps aux deux vieillards son joli rire qui valait plus de douze francs à lui tout seul... A force de belle humeur et de vaillance, cette courageuse montagnarde finit par séduire ses patrons. On s'intéressa à elle ; on la fit causer ; puis un beau jour, spontanément, — les cœurs les plus secs ont parfois de ces soudaines floraisons de bonté, — le vieux Lalouette offrit de prêter un peu d'argent à Pierrotte pour qu'il pût entreprendre un commerce à son idée.

Voici quelle fut l'idée de Pierrotte : Il se procura un vieux bidet, une carriole, et s'en alla d'un bout de Paris à l'autre en criant de toutes ses forces : « Débarrassez-vous de ce qui vous gêne ! » Notre finaud de Cévenol ne vendait pas, il achetait... quoi ?... tout. Les pots cassés, les vieux fers, les papiers, les bris de bouteilles, les meubles hors de service qui ne valent pas la peine d'être vendus, les vieux galons dont les marchands ne veulent pas, tout ce qui ne vaut rien et qu'on garde chez soi par habitude, par négligence, parce qu'on ne sait qu'en faire, tout ce qui encombre, tout ce qui gêne !... Pierrotte ne faisait fi de rien, il achetait tout, ou du moins il acceptait tout ; car le plus souvent on ne lui vendait pas, on lui donnait, on se débarrassait. Débarrassez-vous de ce qui vous gêne !

Dans le quartier Montmartre, le Cévenol était très-populaire. Comme tous les petits commerçants ambulants qui veulent faire trou dans le brouhaha de la rue, il avait adopté une mélopée personnelle et bizarre que les ménagères connaissaient bien... C'était d'abord à pleins poumons le formidable : « Débarrassez-vous de ce qui vous gèèène ! » Puis sur un ton lent et pleurard, de longs discours tenus à sa bourrique, à son Anastagille, comme il l'appelait. Il croyait dire Anastasie. « Allons ! viens Anastagille ; allons, viens mon enfant... » Et la bonne Anastagille suivait, la tête basse, longeant les trottoirs d'un air mélancolique, et de toutes les maisons on criait : « Pst ! Pst ! Anastagille !... » La carriole se remplissait, il fallait voir ; quand elle était bien pleine, Anastagille et Pierrotte s'en allaient à Montmartre déposer la cargaison chez un chiffonnier en gros, qui payait bel et bien tous ces « débarrassez-vous de ce qui vous gêne, » qu'on avait eus pour rien, ou pour presque rien.

A ce métier singulier, Pierrotte ne fit pas fortune, mais il gagna sa vie et largement. Dès la première année, on rendit l'argent des Lalouette et on envoya trois cents francs à mademoiselle, — c'est ainsi que Pierrotte appelait madame Eyssette du temps qu'elle était jeune fille, et depuis il n'avait jamais pu se décider à la nommer autrement. — La troisième année, par exemple, ne fut pas heureuse. C'était en plein 1830. Pierrotte avait beau crier : « Débarrassez-vous de ce qui vous gêne ! » les Parisiens, en train de se débarrasser d'un vieux roi qui les gênait, étaient sourds aux cris de Pierrotte et laissaient le Cévenol s'égosiller dans la rue, et, chaque soir la petite carriole rentrait vide. Pour comble de malheur, Anastagille mourut. C'est alors que les vieux Lalouette, qui commençaient à ne plus pouvoir tout faire par eux-mêmes, proposèrent à Pierrotte d'entrer chez eux comme garçon de magasin. Pierrotte accepta, mais il ne garda pas longtemps ces modestes fonctions. Depuis leur arrivée à Paris, sa femme lui donnait tous les soirs des leçons d'écriture et de lecture; il savait déjà se tirer d'une lettre et s'exprimait en français d'une façon compréhensible. En entrant chez Lalouette, il redoubla d'efforts, s'en alla dans une classe d'adultes apprendre le calcul, et fit si bien qu'au bout de quelques mois il pouvait suppléer au comptoir M. Lalouette devenu presque aveugle, et à la vente madame Lalouette, dont les vieilles jambes trahissaient le grand cœur. Sur ces entrefaites, mademoiselle Pierrotte vint au monde, et dès lors la fortune du Cévenol alla toujours croissant. D'abord intéressé dans le commerce des Lalouette, il devint plus tard leur associé, puis, un beau jour, le père Lalouette ayant complétement perdu la vue, se retira du commerce et céda son fonds à Pierrotte, qui le paya par annuités. Une fois seul, le Cévenol donna une telle extension aux affaires, qu'en trois ans il eut payé les Lalouette, et se trouva, franc de toute redevance, à la tête d'une belle boutique admirablement achalandée... Juste à ce moment, comme si elle eût attendu pour mourir que son homme n'eût plus besoin d'elle, la grande Roberte tomba malade et mourut d'épuisement.

Voilà le roman de Pierrotte, tel que Jacques me le racontait ce soir-là en nous en allant au passage du Saumon, et comme la route était longue, — on avait pris le plus long pour montrer aux Parisiens ma jaquette neuve, — je connaissais mon Cévenol à fond avant d'arriver chez lui. Je savais que le bon Pierrotte avait deux idoles auxquelles il ne fallait pas toucher, sa fille et M. Lalouette. Je savais aussi qu'il était un peu bavard et fatigant à entendre, parce qu'il parlait lentement, cherchait ses phrases, bredouillait et ne pouvait pas dire trois mots de suite sans y ajouter : « C'est bien le cas de le dire... » Ceci tenait à une chose : le Cévenol n'avait jamais pu se faire à notre langue. Tout ce qu'il pensait lui venant aux lèvres en patois du Languedoc, il était obligé de mettre à mesure ce languedocien en français, et les « C'est bien le cas de le dire... » dont il émaillait ses discours, lui donnaient le temps d'accomplir intérieurement ce petit travail. Comme disait Jacques, Pierrotte ne parlait pas, il traduisait... Quant à mademoiselle Pierrotte, tout ce que j'en pus savoir, c'est qu'elle avait seize ans et qu'elle s'appelait Camille, rien de plus ; sur ce chapitre-là mon Jacques restait muet comme un esturgeon.

Il était environ neuf heures quand nous fîmes notre entrée dans l'ancienne maison Lalouette. On allait fermer. Boulons, volets, barres de fer, tout un formidable appareil de clôture gisait par tas sur le trottoir, devant la porte. entre-bâillée.. Le gaz était éteint, et tout le magasin dans l'ombre, excepté le comptoir sur lequel posait une lampe en porcelaine éclairant des piles d'écus et une grosse face rouge qui riait. Au fond, dans l'arrière-boutique, quelqu'un jouait de la flûte.

— Bonjour Pierrotte, cria Jacques en se campant devant le comptoir... (J'étais à côté de lui, dans la lumière de la lampe)... Bonjour Pierrotte.

Pierrotte, qui faisait sa caisse, leva les yeux à la voix de Jacques; puis en m'apercevant, il poussa un cri, joignit les mains et resta là, stupide, la bouche ouverte, à me regarder.

— Eh bien! fit Jacques d'un air de triomphe, que vous avais-je dit?

— Oh! mon Dieu! mon Dieu! murmura le bon Pierrotte, il me semble que... C'est bien le cas de le dire... Il me semble que je la vois.

— Les yeux surtout, reprit Jacques, regardez les yeux, Pierrotte.

— Et le menton, monsieur Jacques, le menton avec la fossette, répondit Pierrotte, qui pour mieux me voir avait levé l'abat-jour de la lampe.

Moi, je n'y comprenais rien. Ils étaient là tous les deux à me regarder, à cligner de l'œil, à se faire des signes... Tout-à-coup Pierrotte se leva, sortit du comptoir et vint à moi les bras ouverts :

— Avec votre permission, monsieur Daniel, il faut que je vous embrasse... C'est bien le cas de le dire... Je vais croire embrasser mademoiselle.

Ce dernier mot m'expliqua tout. A cet âge-là je ressemblais beaucoup à madame Eyssette, et pour Pierrotte qui n'avait pas vu mademoiselle depuis quelque vingt-cinq ans, cette ressemblance était encore plus frappante. Le brave homme ne pouvait pas se lasser de me serrer les mains, de m'embrasser, de me regarder en riant avec ses gros yeux pleins de larmes ; il se mit ensuite à nous parler de notre mère, des deux mille francs, de sa Roberte, de sa Camille, de son Anastagille, et cela avec tant de longueurs, tant de périodes, que nous serions encore, — c'est bien le cas de le dire, — debout dans le magasin à l'écouter, si Jacques ne lui avait pas dit d'un ton d'impatience : « Et votre caisse, Pierrotte ? »

Pierrotte s'arrêta net. Il était un peu confus d'avoir tant parlé :

— Vous avez raison, monsieur Jacques, je bavarde... je bavarde... et puis la petite... c'est bien le cas de le dire... la petite me grondera d'être monté si tard.

— Est-ce que Camille est là-haut ? demanda Jacques d'un petit air indifférent.

— Oui... oui, monsieur Jacques... la petite est là-haut... Elle languit... C'est bien le cas de le dire... Elle languit joliment de connaître M. Daniel. Montez donc la voir... Je vais faire ma caisse et je vous rejoins... c'est bien le cas de le dire.

Sans en écouter davantage, Jacques me prit le bras et m'entraîna vite vers le fond, du côté où on jouait de la flûte... Le magasin de Pierrotte était grand et bien garni. Dans l'ombre, on voyait miroiter le ventre des carafes, les globes d'opale, l'or fauve des verres de Bohême, les grandes coupes de cristal, les soupières rebondies, puis de droite et de gauche, de longues piles d'assiettes qui montaient jusqu'au plafond. Le palais de la fée Porcelaine vu de nuit. Dans l'arrière-boutique, un bec de gaz ouvert à demi veillait encore, laissant sortir d'un air ennuyé un tout petit bout de langue... Nous ne fîmes que traverser. Il y avait là, assis sur le bord d'un canapé-lit, un grand jeune homme blond qui jouait mélancoliquement de la flûte. Jacques, en passant, dit un « bonjour » très-sec, auquel le jeune homme blond répondit par deux coups de flûte très-secs aussi — tu, tu — ce qui doit être la façon de se dire bonjour entre flûtes qui s'en veulent.

— C'est le commis, me dit Jacques, quand nous fûmes dans l'escalier... Il nous assomme, ce grand blond, à jouer toujours de la flûte... Est-ce que tu aimes la flûte, toi, Daniel?

J'eus envie de lui demander : « Et la petite, l'aime-t-elle ? » Mais j'eus peur de lui faire de la peine et je lui répondis très-sérieusement : « Non, Jacques, je n'aime pas la flûte. »

L'appartement de Pierrotte était au quatrième étage, dans la même maison que le magasin. Mademoiselle Camille, trop aristocrate pour se montrer à la boutique, restait toujours en haut et ne voyait son père qu'à l'heure des repas. « Oh! tu verras, me disait Jacques en montant, c'est tout à fait sur un pied de grande maison... Camille a une dame de compagnie, madame veuve Tribou, qui ne la quitte jamais... Je ne sais pas trop d'où elle vient cette madame Tribou, mais Pierrotte la connaît et prétend que c'est une dame de grand mérite...

Sonne, Daniel, nous y voilà ! » Je sonnai, une Cévenole à grande coiffe vint nous ouvrir, sourit à Jacques comme à une vieille connaissance, et nous introduisit dans le salon.

Quand nous entrâmes, mademoiselle Pierrotte était au piano. Deux vieilles dames un peu fortes, madame Lalouette et la veuve Tribou, dame de grand mérite, jouaient aux cartes dans un coin. En nous voyant, tout le monde se leva. Il y eut un moment de trouble et de brouhaha, puis les saluts échangés, les présentations faites, Jacques invita Camille, — il disait Camille tout court, — à se remettre au piano, et la dame de grand mérite profita de l'invitation pour continuer sa partie avec madame Lalouette... Nous avions pris place, Jacques et moi, chacun d'un côté de mademoiselle Pierrotte, qui tout en faisant trotter ses petits doigts sur le piano, causait et riait avec nous. Je la regardais pendant qu'elle parlait. Elle n'était pas jolie. Blanche, rose, l'oreille petite, le cheveu fin, mais trop de joues, trop de santé; avec cela les mains rouges, et les grâces un peu froides d'une pensionnaire en vacances. En somme, c'était bien la fille de Pierrotte, une fleur des montagnes grandie sous la vitrine du passage du Saumon.

Telle fut du moins ma première impression; mais, soudain, sur un mot que je lui dis, mademoiselle Pierrotte, dont les yeux étaient restés baissés jusque-là, les leva lentement sur moi, et, comme par magie, la petite bourgeoise disparut. Je ne vis plus que ses yeux, deux grands yeux noirs éblouissants que je reconnus tout de suite...

O miracle! C'étaient les mêmes yeux noirs qui m'avaient lui si doucement là-bas, dans les murs froids du vieux collége, les yeux noirs de l'infirmerie, les yeux noirs de la fée aux lunettes, les yeux noirs enfin... Je croyais rêver. J'avais envie de leur crier : « Beaux yeux noirs, est-ce vous? Est-ce vous que je retrouve dans un autre visage ? » Et si vous saviez comme c'était bien eux! Impossible de s'y tromper. Les mêmes cils, le même éclat, le même feu noir et contenu. Quelle folie de penser qu'il pût y avoir deux couples de ces yeux-là par le monde! Et d'ailleurs la preuve que c'étaient bien les yeux noirs eux-mêmes et non pas d'autres yeux noirs ressemblant à ceux-là, c'est qu'ils m'avaient reconnu eux aussi, et nous allions reprendre sans doute un de nos jolis dialogues muets d'autrefois, quand j'entendis tout près de moi, presque dans mon oreille, des petites dents de souris qui grignotaient. A ce bruit, je tournai la tête, et j'aperçus dans un fauteuil, à l'angle du piano, un personnage auquel je n'avais pas encore pris garde... C'était un grand vieux sec et blême, avec une tête d'oiseau, le front fuyant, le nez en pointe, deux yeux ronds et sans vie trop loin du nez et presque sur les tempes... Sans un morceau de sucre que le bonhomme tenait à la main et qu'il becquetait de temps en temps, on aurait pu le croire endormi. Un peu troublé par cette apparition, je fis à ce vieux fantôme un grand salut qu'il ne me rendit pas... « Il ne t'a pas vu, me dit Jacques... C'est l'aveugle... c'est le père Lalouette... »

— Il porte bien son nom... pensai-je en moi-même. Et pour ne plus voir l'horrible vieux à tête d'oiseau, je me tournai bien vite du côté des yeux noirs, mais hélas! le charme était brisé, les yeux noirs avaient disparu. Il n'y avait plus à leur place qu'une petite bourgeoise toute roide sur son tabouret de piano...

A ce moment, la porte du salon s'ouvrit et Pierrotte entra bruyamment. L'homme à la flûte venait derrière lui avec sa flûte sous le bras; Jacques, en le voyant, déchargea sur lui un regard foudroyant capable d'assommer un buffle; mais il dut le manquer, car le joueur de flûte ne broncha pas.

— Eh bien! petite, dit le Cévenol en embrassant sa fille à pleines joues, es-tu contente? on te l'a donc amené ton Daniel... Comment le trouves-tu? Il est gentil, n'est-ce pas? C'est bien le cas de le dire... tout le portrait de mademoiselle. Et voilà le bon Pierrotte qui recommence la scène du magasin, et m'amène de force au milieu du salon, pour que tout le monde puisse voir les yeux de mademoiselle, le nez de mademoiselle, le menton à fossette de mademoiselle... Cette exhibition me gênait beaucoup. Madame Lalouette et la dame de grand mérite avaient interrompu leur partie et, renversées dans leurs fauteuils, m'examinaient avec le plus grand sang-froid, critiquant ou louant à haute voix tel ou tel morceau de ma personne, absolument comme si j'étais un petit poulet de grain en vente au marché de la Vallée. Entre nous, la dame de grand mérite avait l'air d'assez bien s'y connaître, en jeunes volatiles.

Heureusement que Jacques vint mettre fin à mon supplice, en demandant à mademoiselle Pierrotte de nous jouer quelque chose. « C'est cela, jouons quelque chose, » dit vivement le joueur de flûte, qui s'élança, la flûte en avant. Jacques cria : « Non... non... pas de duo, pas de flûte. » Sur quoi le joueur de flûte lui décocha un petit regard bleu-clair empoisonné comme une flèche caraïbe, mais l'autre ne sourcilla pas et continua à crier : « Pas de flûte... » En fin de compte, c'est Jacques qui l'emporta, et mademoiselle Pierrotte nous joua sans la moindre flûte un de ces trémolos bien connus qu'on appelle *Rêveries de Rosellen*... Pendant qu'elle jouait, Pierrotte pleurait d'admiration, Jacques nageait dans l'extase ; silencieux, mais la flûte aux dents, le flûtiste battait la mesure avec ses épaules et flûtait intérieurement.

Le Rosellen fini, mademoiselle Pierrotte se tourna vers moi : « Et vous, monsieur Daniel, me dit-elle en baissant les yeux, est-ce que nous ne vous entendrons pas ?... Vous êtes poëte, je le sais. »

« Et bon poëte, » fit Jacques, cet indiscret de Jacques... Moi, pensez que cela ne me tentait guère de dire des vers devant tous ces Amalécites. Encore si les yeux noirs avaient été là ; mais non ! depuis une heure les yeux noirs s'étaient éteints, et je les cherchais vainement autour de moi... Il faut voir aussi avec quel ton dégagé je répondis à la jeune

Pierrotte : « Excusez-moi pour ce soir, mademoiselle, je n'ai pas apporté ma lyre. »

« N'oubliez pas de l'apporter la prochaine fois, » me dit le bon Pierrotte, qui prit cette métaphore au pied de la lettre. Le pauvre homme croyait très-sincèrement que j'avais une lyre et que j'en jouais comme son commis jouait de la flûte... Ah! Jacques m'avait bien prévenu qu'il m'amenait dans un drôle de monde !

Vers onze heures, on servit le thé. Mademoiselle Pierrotte allait, venait dans le salon, offrant le sucre, versant le lait, le sourire sur les lèvres et le petit doigt en l'air. C'est à ce moment de la soirée que je revis les yeux noirs. Ils apparurent tout à coup devant moi, lumineux et sympathiques, puis s'éclipsèrent de nouveau, avant que j'eusse pu leur parler... Alors seulement je m'aperçus d'une chose, c'est qu'il y avait en mademoiselle Pierrotte deux êtres très-distincts : d'abord mademoiselle Pierrotte une petite bourgeoise à bandeaux plats, bien faite pour trôner dans l'ancienne maison Lalouette ; et puis les yeux noirs, ces grands yeux poétiques qui s'ouvraient comme deux fleurs de velours et n'avaient qu'à paraître pour transfigurer cet intérieur de quincailliers burlesques. Mademoiselle Pierrotte je n'en aurais pas voulu pour rien au monde ; mais les yeux noirs... oh ! les yeux noirs !...

Enfin l'heure du départ arriva. C'est madame Lalouette qui donna le signal. Elle roula son mari dans un grand tartan et l'emporta sous son bras comme une vieille momie entourée de bandelettes.

Derrière eux, Pierrotte nous garda encore longtemps sur le palier à nous faire des discours interminables : « Ah ! ça, monsieur Daniel, maintenant que vous connaissez la maison, j'espère qu'on vous y reverra. Nous n'avons jamais grand monde, mais toujours du monde choisi... c'est bien le cas de le dire... D'abord M. et madame Lalouette, mes anciens patrons; puis madame Tribou, une dame du plus grand mérite, avec qui vous pourrez causer; puis mon commis, un bon garçon qui nous joue quelquefois de la flûte... c'est bien le cas de le dire... Vous ferez des duos tous les deux. Ce sera gentil. »

J'objectai timidement que j'étais fort occupé, et que je ne pourrais peut-être pas venir aussi souvent que je le désirerais.

Cela le fit rire : « Allons donc ! occupé, monsieur Daniel... on les connaît vos occupations à vous autres, dans le quartier Latin... c'est bien le cas de le dire... on doit avoir par là quelque grisette...

— Le fait est, dit Jacques, en riant aussi, que mademoiselle Coucou-Blanc... ne manque pas d'attraits.

Ce nom de Coucou-Blanc mit le comble à l'hilarité de Pierrotte.

— Comment dites-vous cela, monsieur Jacques... Coucou-Blanc ? Elle s'appelle Coucou-Blanc... Hé ! hé ! hé ! voyez-vous ce gaillard-là... à son âge. » Il s'arrêta court en s'apercevant que sa fille l'écoutait ; mais nous étions au bas de l'escalier que nous entendions encore son gros rire qui faisait trembler la rampe...

— Eh bien ! comment les trouves-tu ? me dit Jacques, dès que nous fûmes dehors.

— Mon cher, M. Lalouette est bien laid, mais mademoiselle Pierrotte est charmante.

— N'est-ce pas ? me fit le pauvre amoureux avec une telle vivacité que je ne pus m'empêcher de rire.

— Allons, Jacques, tu t'es trahi, lui dis-je en lui prenant la main.

Ce soir-là nous nous promenâmes bien tard le long des quais. A nos pieds, la rivière tranquille et noire roulait comme des perles des milliers de petites étoiles. Les amarres des gros bateaux criaient. C'était plaisir de marcher doucement dans l'ombre et d'entendre Jacques me parler d'amour... Il aimait de toute son âme ; mais on ne l'aimait pas, il savait bien qu'on ne l'aimait pas.

— Alors, Jacques, c'est qu'elle en aime un autre, sans doute.

— Non, Daniel, je ne crois pas qu'avant ce soir elle ait encore aimé personne.

— Avant ce soir, Jacques, que veux-tu dire ?

— Dame ! c'est que tout le monde t'aime, toi, Daniel... et elle pourrait bien t'aimer aussi.

Pauvre cher Jacques ! Il faut voir de quel air triste et résigné il disait cela. Moi, pour le rassurer, je me mis à rire bruyamment, plus bruyamment même que je n'en avais envie. — « Diable ! mon cher, comme tu y vas... Je suis donc bien irrésistible, ou mademoiselle Pierrotte bien inflammable... Mais non, rassure-toi, ma mère Jacques. Mademoiselle Pierrotte est aussi loin de mon cœur que je le suis du sien ; ce n'est pas moi que tu as à craindre, bien sûr. »

Je parlais sincèrement en disant cela. Mademoiselle Pierrotte n'existait pas pour moi... Les yeux noirs, par exemple, c'était différent.

VII

LA ROSE ROUGE ET LES YEUX NOIRS

Après cette première visite à l'ancienne maison Lalouette, je restai quelque temps sans retourner *là-bas*. Jacques, lui, continuait fidèlement ses pèlerinages du dimanche, et chaque fois il inventait quelque nouveau nœud de cravate rempli de séductions... C'était tout un poëme la cravate de Jacques, un poëme d'amour ardent et contenu, quelque chose comme un selam d'Orient, un de ces bouquets de fleurs emblématiques que les Bach'agas offrent à leurs amoureuses, et auxquels ils savent faire exprimer toutes les nuances de la passion.

Si j'avais été femme, la cravate de Jacques, avec ses mille nœuds qu'il variait à l'infini, m'aurait plus touché qu'une déclaration. Mais voulez-vous que je vous dise? Les femmes n'y entendent rien... Tous les dimanches, avant de partir, le pauvre amoureux ne manquait jamais de me dire : « Je vais *là-bas*, Daniel... viens-tu? » Et moi, je répondais invariablement : « Non, merci, Jacques ; je travaille... » Alors, il s'en allait bien vite, et je restais seul, tout seul, penché sur l'établi aux rimes.

C'était de ma part un parti pris et sérieusement pris de ne plus aller chez Pierrotte. J'avais peur des yeux noirs. Je m'étais dit : « Si tu les revois, tu es perdu, » et je tenais bon pour ne pas les revoir... C'est qu'ils ne me sortaient plus de la tête, ces grands démons d'yeux noirs. Je les retrouvais partout. J'y pensais toujours, en travaillant, en dormant. Sur tous mes cahiers, vous auriez vu de grands yeux dessinés à la plume, avec des cils longs comme cela. C'était une obsession.

Ah ! quand ma mère Jacques, l'œil brillant de plaisir, partait en gambadant pour le passage du Saumon, avec un nœud de cravate inédit, Dieu sait quelles envies folles j'avais de dégringoler l'escalier derrière lui et de lui crier : « Attends-moi ! » Mais non ! Quelque chose au fond de moi-même m'avertissait que ce serait mal d'aller *là-bas*, et j'avais quand même le courage de rester à mon établi... Non, merci, Jacques, je travaille.

Cela dura quelque temps ainsi. A la longue, la muse aidant, je serais sans doute parvenu à chasser les yeux noirs de ma cervelle. Malheureusement j'eus l'imprudence de les revoir encore une fois. Cette fois, ce fut fini ; ma tête, mon cœur, tout y passa. Voici dans quelles circonstances :

Depuis la confidence du bord de l'eau, ma mère Jacques ne m'avait plus parlé de ses amours ; mais je voyais bien à son air que cela n'allait pas comme il aurait voulu... Le dimanche, quand il revenait de chez Pierrotte, il était toujours triste. La nuit, je l'entendais soupirer, soupirer... Si je lui demandais : « Qu'est-ce que tu as, Jacques? » Il me répondait brusquement : « Je n'ai rien. » Mais je comprenais qu'il avait quelque chose rien qu'au ton dont il me disait cela. Lui si bon, si patient, il avait maintenant avec moi des mouvements d'humeur. Quelquefois il me regardait comme si nous étions fâchés. Je me doutais bien, vous pensez, qu'il y avait là-dessous quelque gros ennui d'amour ; mais comme Jacques s'obstinait à ne pas m'en parler, je n'osais pas en parler non plus. Pourtant certain dimanche qu'il m'était revenu plus sombre qu'à l'ordinaire, je voulus en avoir le cœur net.

— Voyons, Jacques, qu'as-tu? lui dis-je en lui prenant les mains... Cela ne va donc pas, *là-bas?*

— Eh bien, non... cela ne va pas... répondit le pauvre garçon d'un air découragé.

— Mais enfin que se passe-t-il? Est-ce que Pierrotte se serait aperçu de quelque chose? Voudrait-il vous empêcher de vous aimer?...

— Oh! non! Daniel, ce n'est pas Pierrotte qui nous empêche... C'est elle qui ne m'aime pas, qui ne m'aimera jamais.

— Quelle folie, Jacques! Comment peux-tu savoir qu'elle ne t'aimera jamais... Lui as-tu dit que tu l'aimais, seulement?... Non, n'est-ce pas?... Eh bien alors...

— Celui qu'elle aime n'a pas parlé ; il n'a pas eu besoin de parler pour être aimé...

— Vraiment, Jacques, tu crois que le joueur de flûte ?...

Jacques n'eut pas l'air d'entendre ma question.

— Celui qu'elle aime n'a pas parlé, dit-il pour la seconde fois.

Et je n'en pus pas savoir davantage.

Cette nuit-là on ne dormit guère dans le clocher de Saint-Germain.

Jacques passa presque tout le temps à la fenêtre à regarder les étoiles en soupirant. Moi, je songeais dans moi-même : « Si j'allais *là-bas,* voir les choses de près... Après tout, Jacques peut se tromper. Mademoiselle Pierrotte n'a sans doute pas compris tout ce qui tient d'amour dans les plis de cette cravate... Puisque Jacques n'ose pas parler de sa passion, peut-être je ferais bien d'en parler pour lui... Oui, c'est cela, j'irai ; je parlerai à cette jeune Philistine, et nous verrons. »

Le lendemain, sans avertir ma mère Jacques, je mis ce beau projet à exécution. Certes Dieu m'est témoin qu'en allant *là-bas* je n'avais aucune arrière-pensée. J'y allais pour Jacques, rien que pour Jacques... Pourtant quand j'aperçus à l'angle du passage du Saumon l'ancienne maison Lalouette avec ses peintures vertes et le *Porcelaines et cristaux* de la devanture, je sentis un léger battement de cœur qui aurait dû m'avertir... J'entrai ; le magasin était désert. Dans le fond, l'homme-flûte prenait sa nourriture. Même en mangeant il gardait son instrument sur la nappe, près de lui. « Que Camille puisse hésiter entre cette flûte ambulante et ma mère Jacques, voilà qui n'est pas possible... me disais-je tout en montant. Enfin, nous allons voir...»

Je trouvai Pierrotte à table, avec sa fille et la dame de grand mérite. Les yeux noirs n'étaient pas là, fort heureusement. Quand j'entrai, il y eut une exclamation de surprise. « Enfin, le voilà! s'écria le bon Pierrotte de sa voix de tonnerre... C'est bien le cas de le dire... Il va prendre le café avec nous. » On me fit place. La dame de grand mérite alla me chercher une belle tasse à fleurs d'or, et je m'assis à côté de mademoiselle Pierrotte...

Elle était très-gentille ce jour-là, mademoiselle Pierrotte. Dans ses cheveux, un peu au-dessus de l'oreille, — ce n'est plus là qu'on les place aujourd'hui, — elle avait mis une petite rose rouge, mais si rouge, si rouge... Entre nous, je crois que cette petite rose rouge était fée, tellement elle embellissait la jeune Philistine. « Ah ça! monsieur Daniel, me dit Pierrotte avec un bon gros rire affectueux, c'est donc fini, vous ne voulez plus venir nous voir... » J'essayai de m'excuser et de parler de mes travaux littéraires. « Oui, oui, je connais ça, le quartier Latin... » fit le Cévenol. Et il se mit à rire de plus belle en regardant la dame de grand mérite qui toussotait, hem! hem! d'un air entendu et m'envoyait des coups de pied sous la table. Pour ces braves gens, quartier Latin, cela voulait dire orgies, violons, masques, pétards, pots cassés, nuits folles, et le reste. Ah! si je leur avais conté ma vie de cénobite dans le clocher de Saint-Germain, je les aurais fort étonnés. Mais vous savez, quand on est jeune, on n'est pas fâché de passer pour un mauvais sujet. Devant les accusations de Pierrotte, je prenais un petit air modeste et je ne me défendais que faiblement : « Mais non, mais non, je vous assure... Ce n'est pas ce que vous croyez. » Jacques aurait bien ri de me voir.

Comme nous achevions de prendre le café, un petit air de flûte se fit entendre dans la cour. C'était Pierrotte qu'on appelait au magasin. A peine eut-il le dos tourné, la dame de grand mérite s'en alla à son tour à l'office faire un cinq cents avec la cuisinière. Entre nous, je crois que son plus grand mérite, à cette dame-là, c'était de tripoter les cartes fort habilement...

Quand je vis qu'on me laissait seul avec la petite rose rouge, je pensai : « Voilà le moment ! » et j'avais déjà le nom de Jacques sur les lèvres ; mais mademoiselle Pierrotte ne me donna pas le temps de parler. A voix basse, sans me regarder, elle me dit tout à coup : « Est-ce que c'est mademoiselle Coucou-Blanc qui vous empêche de venir chez vos amis ? » D'abord je crus qu'elle riait, mais non ! elle ne riait pas. Elle paraissait même très-émue, à voir l'incarnat de ses joues et les battements rapides de sa guimpe. Sans doute on avait parlé de Coucou-Blanc devant elle, et elle s'imaginait confusément des choses qui n'étaient pas. J'aurais pu la détromper d'un mot ; mais je ne sais quelle sotte vanité me retint.. Alors, voyant que je ne lui répondais pas, mademoiselle Pierrotte se tourna de mon côté, et levant ces grands cils qu'elle avait tenus baissés jusqu'alors, elle me regarda... Je mens. Ce n'est pas elle qui me regarda ; mais les yeux noirs, les yeux noirs tout mouillés de larmes et chargés de tendres reproches. Ah ! chers yeux noirs, délices de mon âme !

Ce ne fut qu'une apparition. Les longs cils se baissèrent presque tout de suite, les yeux noirs disparurent et je n'eus plus à côté de moi que mademoiselle Pierrotte. Vite, vite, sans attendre une nouvelle apparition, je me mis à parler de Jacques. Je commençai par dire combien il était bon, loyal, brave, dévoué, généreux. Je racontai ce dévouement qui ne se lassait pas, cette maternité toujours en éveil, à rendre une vraie mère jalouse. C'est Jacques qui me nourrissait, m'habillait, me faisait ma vie, — Dieu sait au prix de quel travail, de quelles privations. Sans lui, je serais encore là-bas, dans cette prison noire de Sarlande, où j'avais tant souffert, tant souffert...

A cet endroit de mon discours, mademoiselle Pierrotte parut s'attendrir et je vis une grosse larme glisser le long de sa joue. Moi, bonnement, je crus que c'était pour Jacques et je me dis en moi-même : « Allons, voilà qui va bien. » Là-dessus je redoublai d'éloquence. Je parlai des mélancolies de Jacques et de cet amour profond, mystérieux, qui lui rongeait le cœur. Ah ! trois et quatre fois heureuse la femme qui...

Ici la petite rose rouge que mademoiselle Pier-

La rose rouge et les yeux noirs

rotte avait dans les cheveux glissa je ne sais comment et vint tomber à mes pieds. Tout juste, à ce moment, je cherchais un moyen délicat de faire comprendre à la jeune Camille qu'elle était cette femme trois et quatre fois heureuse dont Jacques s'était épris. La petite rose rouge en tombant me fournit ce moyen. — Quand je vous disais qu'elle était fée, cette petite rose rouge. — Je la ramassai lestement, mais je me gardai bien de la rendre. « Ce sera pour Jacques, de votre part, » dis-je à mademoiselle Pierrotte avec mon sourire le plus fin. — « Pour Jacques, si vous voulez, » répondit mademoiselle Pierrotte en soupirant ; mais, au même instant, les yeux noirs apparurent et me regardèrent tendrement de l'air de me dire : « Non ! pas pour Jacques, pour toi ! » Et si vous aviez vu comme ils disaient bien cela, avec quelle candeur enflammée, quelle passion pudique et irrésistible ! Pourtant j'hésitais encore, et ils furent obligés de me répéter deux ou trois fois de suite : « Oui... pour toi... pour toi. » Alors je baisai la petite rose rouge et je la mis dans ma poitrine.

Ce soir-là, quand Jacques revint, il me trouva comme à l'ordinaire penché sur l'établi aux rimes et je lui laissai croire que je n'étais pas sorti de la journée. Par malheur, en me déshabillant, la petite rose rouge que j'avais gardée dans ma poitrine roula par terre aux pieds du lit : toutes ces fées sont pleines de malice. Jacques la vit, la ramassa et la regarda longuement. Je ne sais pas qui était le plus rouge, de la rose rouge ou de moi.

— Je la reconnais, me dit-il, c'est une fleur du rosier qui est *là-bas* sur la fenêtre du salon.

Puis il ajouta en me la rendant :

— Elle ne m'en a jamais donné, à moi.

Il dit cela si tristement que les larmes m'en vinrent aux yeux.

— Jacques, mon ami Jacques, je te jure qu'avant ce soir...

Il m'interrompit avec douceur : « Ne t'excuse pas, Daniel. Je suis sûr que tu n'as rien fait pour me trahir... Je le savais, je savais que c'était toi qu'elle aimait. Rappelle-toi ce que je t'ai dit : Celui qu'elle aime n'a pas parlé, il n'a pas eu besoin de parler pour être aimé. » Là-dessus, le pauvre garçon se mit à marcher de long en large dans la chambre. Moi, je le regardais, immobile, ma rose rouge à la main. — « Ce qui arrive devait arriver, reprit-il au bout d'un moment. Il y a longtemps que j'avais prévu tout cela. Je savais que, si elle te voyait, elle ne voudrait jamais de moi... Voilà pourquoi j'ai si longtemps tardé à t'amener *là-bas*. J'étais jaloux de toi par avance. Pardonne-moi, je l'aimais tant... Un jour, enfin, j'ai voulu tenter l'épreuve, et je t'ai laissé venir... Ce jour-là, mon cher, j'ai compris que c'était fini. Au bout de cinq minutes, elle t'a regardé comme jamais elle n'a regardé personne. Tu t'en es bien aperçu, toi aussi. Oh ! ne mens pas, tu t'en es aperçu. La preuve, c'est que tu es resté plus d'un mois sans retourner *là-bas ;* mais pécaïre ! cela ne m'a guère servi... Pour les âmes comme la sienne, les absents n'ont jamais tort, au contraire... Chaque fois que j'y allais, elle ne faisait que me parler de toi, et si naïvement, avec tant de confiance et d'amour... C'était un vrai supplice. Maintenant c'est fini... J'aime mieux ça. »

Jacques me parla ainsi longuement avec la même douceur, le même sourire résigné. Tout ce qu'il disait me faisait peine et plaisir à la fois. Peine, parce que le sentais malheureux; plaisir, parce que je voyais à travers chacune de ses paroles les yeux noirs qui me luisaient, tout pleins de moi. Quand il eut fini, je m'approchai de lui, un peu honteux, mais sans lâcher la petite rose rouge : « Jacques, est-ce que tu ne vas plus m'aimer maintenant? » Il sourit, et me serrant contre son cœur : « T'es bête, je t'aimerai bien davantage. »

C'est une vérité. L'histoire de la rose rouge ne changea rien à la tendresse de ma mère Jacques, pas même à son humeur. Je crois qu'il souffrit beaucoup, mais il ne le laissa jamais voir. Pas un soupir, pas une plainte, rien. Comme par le passé, il continua d'aller *là-bas* le dimanche et de faire bon visage à tous. Il n'y eut que les nœuds de cravate de supprimés. Du reste, toujours calme et fier, travaillant à se tuer, et marchant courageusement dans la vie, les yeux fixés sur un seul but, la reconstruction du foyer... O Jacques! ma mère Jacques!

Quant à moi, du jour où je pus aimer les yeux noirs, librement, sans remords, je me jetai à corps perdu dans ma passion. Je ne bougeais plus de chez Pierrotte. J'y avais gagné tous les cœurs ; — au prix de quelles lâchetés, grand Dieu ! Apporter du sucre à M. Lalouette, faire la partie de la dame de grand mérite, rien ne me coûtait... Je m'appelais Désir de plaire dans cette maison-là... En général, Désir de plaire venait vers le milieu de la journée. A cette heure, Pierrotte était au magasin et mademoiselle Camille toute seule en haut, dans le salon, avec la dame de grand mérite. Dès que j'arrivais, les yeux noirs se montraient bien vite, et presque aussitôt la dame de grand mérite nous laissait seuls. Cette noble dame, que le Cévenol avait donnée à sa fille comme dame de compagnie, se croyait débarrassée de tout service quand elle me voyait là. Vite, vite à l'office avec la cuisinière, et en avant les cartes. Je ne m'en plaignais pas ; pensez donc ! en tête à tête avec les yeux noirs.

Dieu ! les bonnes heures que j'ai passées dans ce petit salon jonquille ! Presque toujours j'apportais un livre, un de mes poëtes favoris et j'en lisais des passages aux yeux noirs qui se mouillaient de belles larmes ou lançaient des éclairs, selon les endroits. Pendant ce temps mademoiselle Pierrotte brodait près de nous des pantoufles pour son père ou nous jouait ses éternelles rêveries de Rosellen ; mais nous la laissions bien tranquille, je vous assure. Quelquefois cependant, à l'endroit le plus pathétique de nos lectures, cette petite bourgeoise faisait à haute voix une réflexion saugrenue, comme : « Il faut que je fasse venir l'accordeur... »

ou bien encore : « J'ai deux points de trop à ma pantoufle. » Alors de dépit je fermais le livre et je ne voulais pas aller plus loin ; mais les yeux noirs avaient une certaine façon de me regarder qui m'apaisait tout de suite et je continuais.

Il y avait sans doute une grande imprudence à nous laisser ainsi toujours seuls dans ce petit salon jonquille. Songez qu'à nous deux, — les yeux noirs et Désir de plaire, — nous ne faisions pas trente-quatre ans... Heureusement que mademoiselle Pierrotte ne nous quittait jamais, et c'était une sentinelle très-sage, très-avisée, très-éveillée, comme il en faut à la garde des poudrières... Un jour, — je me souviens, — nous étions assis, les yeux noirs et moi, sur un canapé du salon, par une tiède après-midi du mois de mai. La fenêtre entr'ouverte, les grands rideaux baissés et tombant jusqu'à terre. On lisait Faust ce jour-là !... La lecture finie, le livre me glissa des mains ; nous restâmes un moment l'un contre l'autre, sans parler, dans le silence et le demi-jour... Elle avait sa tête appuyée sur mon épaule. Par la guimpe entre-bâillée, je voyais de petites médailles d'argent qui reluisaient au fond de la gorgerette... Subitement, mademoiselle Pierrotte parut au milieu de nous. Il faut voir comme elle me renvoya bien vite à l'autre bout du canapé, — et quel grand sermon ! — « Ce que vous faites là est très-mal, chers enfants, nous dit-elle... Vous abusez de la confiance qu'on vous montre... Il faut parler au père de vos projets... Voyons, Daniel, quand lui parlerez-vous? » Je promis de parler à Pierrotte très-prochainement, dès que j'aurais fini mon grand poëme. Cette promesse apaisa un peu notre surveillante; mais, c'est égal! depuis ce jour, défense fut faite aux yeux noirs de s'asseoir sur le canapé, à côté de Désir de plaire.

Ah! c'était une jeune personne très-rigide, cette demoiselle Pierrotte. Figurez-vous que, dans les premiers temps, elle ne voulait pas permettre aux yeux noirs de m'écrire; à la fin, pourtant, elle y consentit à l'expresse condition qu'on lui montrerait toutes les lettres. Malheureusement, ces adorables lettres pleines de passion que m'écrivaient les yeux noirs, mademoiselle Pierrotte ne se contentait pas de les relire; elle y glissait souvent des phrases de son crû comme ceci, par exemple:

« ...... Ce matin, je suis toute triste. J'ai trouvé une araignée dans mon armoire. Araignée du matin, chagrin. »

Ou bien encore:

« On ne se met pas en ménage avec des noyaux de pêche... »

Et puis l'éternel refrain:

« Il faut parler au père de vos projets... »

A quoi je répondais invariablement:

« Quand j'aurai fini mon poëme!... »

VIII

UNE LECTURE AU PASSAGE DU SAUMON

Enfin, je le terminai, ce fameux poëme. J'en vins à bout après quatre mois de travail, et je me souviens qu'arrivé aux derniers vers je ne pouvais plus écrire, tellement les mains me tremblaient de fièvre, d'orgueil, de plaisir, d'impatience.

Dans le clocher de Saint-Germain, ce fut un événement. Jacques, à cette occasion, redevint pour un jour le Jacques d'autrefois, le Jacques du cartonnage et des petits pots de colle. Il me relia un magnifique cahier sur lequel il voulut recopier mon poëme de sa propre main; et c'étaient à chaque vers des cris d'admiration, des trépignements d'enthousiasme... Moi, j'avais moins de confiance dans mon œuvre. Jacques m'aimait trop; je me méfiais de lui. J'aurais voulu faire lire mon poëme à quelqu'un d'impartial et de sûr. Le diable, c'est que je ne connaissais personne.

Pourtant, à la crèmerie, les occasions ne m'avaient pas manqué de faire des connaissances. Depuis que nous étions riches, je mangeais à table d'hôte, dans la salle du fond. Il y avait là une vingtaine de jeunes gens, des écrivains, des peintres, des architectes, ou pour mieux dire de la graine de tout cela. — Aujourd'hui la graine a monté; quelques-uns de ces jeunes gens sont devenus célèbres, et quand je vois leurs noms dans les journaux, cela me crève le cœur, moi qui ne suis rien devenu. — A mon arrivée à la table, tout ce jeune monde m'accueillit à bras ouverts; mais comme j'étais trop timide pour me mêler anx discussions, on m'oublia vite, et je fus aussi seul au milieu d'eux tous que je l'étais à ma petite table, dans la salle commune. J'écoutais; je ne parlais pas...

Une fois par semaine, nous avions à dîner avec nous un poëte très-fameux dont je ne me rappelle plus le nom, mais que ces messieurs appelaient Baghavat, du titre d'un de ses poëmes. Ces jours-là on buvait du bordeaux à dix-huit sous; puis, le dessert venu, le grand Baghavat récitait un poëme indien. C'était sa spécialité, les poëmes indiens. Il en avait un intitulé *Lakçamana*, un autre *Daçaratha*, un autre *Kalatçala*, un autre *Bhagiratha*, et puis *Çudra*, *Cunocépa*, *Viçvamitra*...; mais le plus beau de tous était encore *Baghavat*. Ah! quand le poëte récitait son *Baghavat*, toute la salle du fond croulait. On hurlait, on trépignait, on montait sur les tables. J'avais à ma droite un petit architecte à nez rouge qui sanglotait dès le premier vers, et tout le temps s'essuyait les yeux avec ma serviette...

Moi, par entraînement, je criais plus fort que

tout le monde; mais au fond, je n'étais pas fou de Baghavat. En somme, ces poëmes indiens se ressemblaient tous. C'était toujours un lotus, un condor, un éléphant et un buffle; quelquefois, pour changer, le lotus s'appelait lotos, mais à part cette variante, toutes ces rapsodies se valaient : ni passion, ni vérité, ni fantaisie. Des rimes sur des rimes. Une mystification... Voilà ce qu'en moi-même je pensais du grand Baghavat; et je l'aurais peut-être jugé avec moins de sévérité si on m'avait à mon tour demandé quelques vers; mais on ne me demandait rien, et cela me rendait impitoyable... Du reste, je n'étais pas le seul de mon avis sur la poésie hindoue. J'avais mon voisin de gauche qui n'y mordait pas non plus... Un singulier personnage, mon voisin de gauche : huileux, râpé, luisant, avec un grand front chauve et une longue barbe où couraient toujours quelques fils de vermicelle. C'était le plus vieux de la table et de beaucoup aussi le plus intelligent. Comme tous les grands esprits, il parlait peu, ne se prodiguait pas. Chacun le respectait. On disait de lui : « Il est très-fort... c'est un penseur. » Moi, de voir la grimace ironique qui tordait sa bouche en écoutant les vers du grand Baghavat, j'avais conçu de mon voisin de gauche la plus haute opinion. Je pensais : « Voilà un homme de goût... si je lui lisais mon poëme. »

Un soir, comme on se levait de table — je fis apporter un flacon d'eau-de-vie, et j'offris au penseur de prendre un petit verre avec moi. Il accepta; je connaissais son vice. Tout en buvant, j'amenai la conversation sur le grand Baghavat, et je commençai par dire beaucoup de mal des lotus, des condors, des éléphants et des buffles. — C'était de l'audace; les éléphants sont si rancuniers!... — Pendant que je parlais, le penseur se versait de l'eau-de-vie sans rien dire. De temps en temps il souriait et remuait approbativement la tête en faisant : « Oua... oua... » Enhardi par ce premier succès, je lui avouai que moi aussi j'avais composé un grand poëme, et que je désirais le lui soumettre. « Oua... oua... » fit encore le penseur sans sourciller. En voyant mon homme si bien disposé, je me dis : « C'est le moment! » et je tirai mon poëme de ma poche. Le penseur, sans s'émouvoir, se versa un cinquième petit verre, me regarda tranquillement dérouler mon manuscrit; mais au moment suprême, il posa sa main de vieil ivoire sur ma manche : « Un mot, jeune homme, avant de commencer... quel est votre criterium? »

Je le regardai avec inquiétude.

— Votre criterium!... fit le terrible penseur en haussant la voix... Quel est votre criterium?

Hélas! mon criterium... je n'en avais pas, je n'avais jamais songé à en avoir un; et cela se voyait de reste, à mon œil étonné, à ma rougeur, à ma confusion.

Le penseur se leva indigné : « Comment! malheureux jeune homme, vous n'avez pas de criterium!... Inutile alors de me lire votre poëme... je sais d'avance ce qu'il vaut. » Là-dessus il se versa coup sur coup deux ou trois petits verres qui restaient encore au fond de la bouteille, prit son chapeau et sortit en roulant des yeux furibonds.

Le soir, quand je contai mon aventure à l'ami Jacques, il entra dans une belle colère. « Ton penseur est un imbécile, me dit-il... Qu'est-ce que cela fait d'avoir un criterium ?... Les Bengalis en ont-ils un ?... Un criterium ! qu'est-ce que c'est que ça ?... où ça se fabrique-t-il ? A-t-on jamais vu ?... Marchand de criterium, va !... » Mon brave Jacques ! il en avait les larmes aux yeux, de l'affront que mon chef-d'œuvre et moi nous venions de subir. « Écoute, Daniel, reprit-il au bout d'un moment, j'ai une idée... Puisque tu veux lire ton poëme, si tu le lisais chez Pierrotte, un dimanche ?...

— Chez Pierrotte ?... Oh ! Jacques.

— Pourquoi pas ?... Dame ! Pierrotte n'est pas un aigle, mais ce n'est pas une taupe non plus. Il a le sens très-net, très-droit... Camille, elle, serait un juge excellent, quoique un peu prévenu... La dame de grand mérite a beaucoup lu... Ce vieil oiseau de père Lalouette lui-même n'est pas si fermé qu'il en a l'air... D'ailleurs Pierrotte connaît à Paris des personnes très-distinguées qu'on pourrait inviter pour ce soir-là... Qu'en dis-tu ? Veux-tu que je lui en parle ?...

Cette idée d'aller chercher des juges au passage du Saumon ne me souriait guère; pourtant j'avais une telle démangeaison de lire mes vers, qu'après avoir un brin rechigné, j'acceptai la proposition de Jacques. Dès le lendemain il parla à Pierrotte. Que le bon Pierrotte ait exactement compris ce dont il s'agissait, voilà ce qui est fort douteux; mais comme il voyait là une occasion d'être agréable aux enfants de mademoiselle, le brave homme dit « oui » sans hésiter, et tout de suite on lança des invitations.

Jamais le petit salon jonquille ne s'était trouvé à pareille fête. Pierrotte, pour me faire honneur, avait invité ce qu'il y a de mieux dans le monde de la porcelaine. Le soir de la lecture, nous avions là, en dehors du personnel accoutumé, M. et Madame Passajon, avec leur fils le vétérinaire, un des plus brillants élèves de l'école d'Alfort; Ferrouillat cadet, franc-maçon, beau parleur, qui venait d'avoir un succès de tous les diables à la loge du Grand-Orient; puis les Fougeroux, avec leurs six demoiselles rangées en tuyaux d'orgue, et enfin Ferrouillat l'aîné, un membre du Caveau, l'homme de la soirée. Quand je me vis en face de cet imposant aréopage, vous pensez si je fus ému. Comme on leur avait dit qu'ils étaient là pour juger un ouvrage de poésie, tous ces braves gens avaient cru devoir prendre des physionomies de circonstance, froides, éteintes, sans sourires. Ils parlaient entre eux à voix basse et gravement, en remuant la tête comme des magistrats. Pierrotte, qui n'y mettait pas tant de mystère, les regardait tous d'un air fort étonné... Quand tout le monde fut arrivé, on se plaça. J'étais assis, le dos au piano; l'auditoire en demi-cercle autour de moi, à l'exception du vieux Lalouette, qui grignotait son sucre à la place habituelle. Après un moment de tumulte le silence se fit, et d'une voix émue je commençai mon poëme...

C'était un poëme dramatique, pompeusement intitulé *la Comédie pastorale*... Le lecteur se souvient sans doute que dans les premiers jours de sa captivité au collége de Sarlande, le petit Chose s'amusait à raconter à ses élèves des historiettes fantastiques, pleines de grillons, de papillons et autres bestioles. C'est avec trois de ces petits contes, dialogués et mis en vers, que j'avais fait *la Comédie pastorale*. Mon poëme était divisé en trois parties; mais ce soir-là, chez Pierrotte, je ne leur lus que la première partie. Je demande la permission de transcrire ici ce fragment de *la Comédie pastorale*, non pas comme un morceau choisi de littérature, mais seulement comme pièces justificatives à joindre à *l'Histoire du petit Chose*. Figurez-vous pour un moment, mes chers lecteurs, que vous êtes assis en rond dans le petit salon jonquille, et que Daniel Eyssette tout tremblant récite devant vous

LES AVENTURES D'UN PAPILLON BLEU

Le théâtre représente la campagne. Il est six heures du soir; le soleil s'en va. Au lever du rideau, un Papillon bleu et une jeune Bête à bon Dieu, du sexe mâle, causent à cheval sur un brin de fougère. Ils se sont rencontrés le matin, et ont passé la journée ensemble. Comme il est tard, la Bête à bon Dieu fait mine de se retirer.

LE PAPILLON.

Quoi?... tu t'en vas déjà?...

LA BÊTE A BON DIEU.

Dam! il faut que je rentre;
Il est tard, songez donc!

LE PAPILLON.

Attends un peu, que diantre!
Il n'est jamais trop tard pour retourner chez soi...
Moi d'abord, je m'ennuie à ma maison, et toi?
C'est si bête une porte, un mur, une croisée,
Quand au dehors on a le soleil, la rosée,
Et les coquelicots, et le grand air, et tout.
Si les coquelicots ne sont pas de ton goût
Il faut le dire...

LA BÊTE A BON DIEU.

Hélas! monsieur, je les adore.

LE PAPILLON.

Hé bien, alors, nigaud, ne t'en vas pas encore;
Reste avec moi. Tu vois, il fait bon; l'air est doux...

LA BÊTE A BON DIEU.

Oui, mais...

LE PAPILLON, *la poussant dans l'herbe.*

Hé! roule-toi dans l'herbe; elle est à nous.

LA BÊTE A BON DIEU, *se débattant.*

Non! laissez-moi; parole! il faut que je m'en aille.

LE PAPILLON.

Chut! entends-tu?

LA BÊTE A BON DIEU, *effrayée.*

Quoi donc?

LE PAPILLON.

      Cette petite caille
Qui chante en se grisant dans la vigne à côté...
Hein? la bonne chanson pour ce beau soir d'été,
Et comme c'est joli de la place où nous sommes...

LA BÊTE A BON DIEU.

Sans doute, mais...

LE PAPILLON.

   Tais-toi.

LA BÊTE A BON DIEU.

    Quoi donc?

LE PAPILLON.

       Voilà des hommes.

(Passent des hommes.)

 LA BÊTE A BON DIEU, *bas, après un silence.*

L'homme, c'est très-méchant, n'est-ce pas?

LE PAPILLON.

       Très-méchant.

LA BÊTE A BON DIEU.

J'ai toujours peur qu'un d'eux m'aplatisse en marchant;
Ils ont de si gros pieds et moi des reins si frêles...
Vous, vous n'êtes pas grand, mais vous avez des ailes.
C'est énorme!

LE PAPILLON.

    Pardieu! mon cher, si ces lourdauds
De paysans te font peur, grimpe-moi sur le dos;
Je suis très-fort des reins, moi; je n'ai pas des ailes
En pelure d'oignon comme les demoiselles,

Et je peux te porter où tu voudras, aussi
Longtemps que tu voudras.

              LA BÊTE A BON DIEU.

          Oh! non, monsieur, merci.
Je n'oserai jamais...

              LE PAPILLON.

      C'est donc bien difficile
De grimper là?

             LA BÊTE A BON DIEU.

    Non! mais...

             LE PAPILLON.

               Grimpe donc, imbécile!

             LA BÊTE A BON DIEU.

Vous me ramènerez chez moi, bien entendu;
Car, sans cela...

              LE PAPILLON.

    Sitôt parti, sitôt rendu.

      LA BÊTE A BON DIEU, *grimpant sur son camarade.*

C'est que le soir, chez nous, nous faisons la prière.
Vous comprenez?

             LE PAPILLON.

      Sans doute... Un peu plus en arrière,
Là... maintenant silence à bord, je lâche tout.
      (Prrt! Ils s'envolent; le dialogue continue en l'air.)
Mon cher, c'est merveilleux! tu n'es pas lourd du tout.

          LA BÊTE A BON DIEU, *effrayée.*

Ah!... monsieur...

LE PAPILLON.

Eh bien! quoi?

LA BÊTE A BON DIEU.

Je n'y vois plus... la tête
Me tourne; je voudrais bien descendre...

LE PAPILLON.

Es-tu bête!
Si la tête te tourne, il faut fermer les yeux.
Les as-tu fermés?

LA BÊTE A BON DIEU, fermant les yeux.

Oui...

LE PAPILLON.

Ça va mieux?

LA BÊTE A BON DIEU, avec effort.

Un peu mieux.

LE PAPILLON, riant sous cape.

Décidément, on est mauvais aéronaute
Dans ta famille...

LA BÊTE A BON DIEU.

Oh! oui...

LE PAPILLON.

Ce n'est pas votre faute
Si le guide-ballon n'est pas encor trouvé.

LA BÊTE A BON DIEU.

Oh! non...

14.

LE PAPILLON.

Ça, monseigneur, vous êtes arrivé.
(Il se pose sur un muguet.)

LA BÊTE A BON DIEU, ouvrant les yeux.

Pardon! mais... ce n'est pas ici que je demeure.

LE PAPILLON.

Je sais ; mais comme il est encor de très-bonne heure
Je t'ai mené chez un Muguet, de mes amis.
On va se rafraîchir le bec ; — c'est bien permis...

LA BÊTE A BON DIEU.

Oh! je n'ai pas le temps...

LE PAPILLON.

Bah! rien qu'une seconde...

LA BÊTE A BON DIEU.

Et puis, je ne suis pas reçu, moi, dans le monde...

LE PAPILLON.

Viens donc! je te ferai passer pour mon bâtard;
Tu seras bien reçu, va!...

LA BÊTE A BON DIEU.

Puis, c'est qu'il est tard.

LE PAPILLON.

Eh! non! il n'est pas tard; écoute la Cigale...

LA BÊTE A BON DIEU, à voix basse.

Puis... je... n'ai pas d'argent...

LE PAPILLON, l'entraînant.

Viens! le Muguet régale
(Ils entrent chez le Muguet. — La toile tombe.)

Au second acte, quand le rideau se lève, il fait presque nuit... On voit les deux camarades sortir de chez le Muguet... La Bête à bon Dieu est légèrement ivre.

   LE PAPILLON, tendant le dos.

Et maintenant, en route!

   LA BÊTE A BON DIEU, grimpant bravement.
     En route!
(Prrt! Ils s'envolent... Le dialogue continue en l'air.)

   LE PAPILLON.

       Eh bien! comment
Trouves-tu mon Muguet?

   LA BÊTE A BON DIEU.

     Mon cher, il est charmant;
Il vous livre sa cave et tout, sans vous connaître...

   LE PAPILLON, regardant le ciel.

Oh! oh! Phœbé qui met le nez à la fenêtre;
Il faut nous dépêcher...

   LA BÊTE A BON DIEU.

     Nous dépêcher, pourquoi

   LE PAPILLON.

Tu n'es donc plus pressé de retourner chez toi?...

   LA BÊTE A BON DIEU.

Oh! pourvu que j'arrive à temps pour la prière...
D'ailleurs, ce n'est pas loin, chez nous... c'est là derrière.

   LE PAPILLON.

Si tu n'es pas pressé, je ne le suis pas, moi.

LA BÊTE A BON DIEU, avec effusion.

Quel bon enfant tu fais!... Je ne sais pas pourquoi
Tout le monde n'est pas ton ami sur la terre.
On dit de toi : « C'est un bohême! un réfractaire!
Un poëte! un sauteur!... »

LE PAPILLON.

Tiens! tiens! et qui dit ça?

LA BÊTE A BON DIEU.

Mon Dieu! le Scarabée...

LE PAPILLON.

Ah! oui, ce gros poussah!
Il m'appelle sauteur, parce qu'il a du ventre.

LA BÊTE A BON DIEU.

C'est qu'il n'est pas le seul qui te déteste...

LE PAPILLON.

Ah! diantre!

LA BÊTE A BON DIEU.

Ainsi, les Escargots ne sont pas tes amis,
Va! ni les Scorpions, pas même les Fourmis.

LE PAPILLON.

Vraiment.

LA BÊTE A BON DIEU, confidentielle.

Ne fais jamais la cour à l'Araignée;
Elle te trouve affreux.

LE PAPILLON.

On l'a mal renseignée.

LA BÊTE A BON DIEU.

Hé!... Les Chenilles sont un peu de son avis...

LE PAPILLON.

Je crois bien!... mais, dis-moi, dans le monde où tu vis,
Car enfin tu n'es pas du monde des Chenilles,
Suis-je aussi mal vu?...

LA BÊTE A BON DIEU.

    Dam! c'est selon les familles;
La jeunesse est pour toi. Les vieux, en général,
Trouvent que tu n'as pas assez de sens moral.

LE PAPILLON, tristement.

Je vois que je n'ai pas beaucoup de sympathies,
En somme...

LA BÊTE A BON DIEU.

   Ma foi! non, mon pauvre. Les Orties
T'en veulent. Le Crapaud te hait; jusqu'au Grillon,
Quand il parle de toi, qui dit : « Ce p... p... Papillon! »

LE PAPILLON.

Est-ce que tu me hais, toi, comme tous ces drôles?

LA BÊTE A BON DIEU.

Moi!... Je t'adore; on est si bien sur tes épaules!
Et puis tu me conduis toujours chez les Muguets,
C'est amusant!... Dis donc, si je te fatiguais,
Nous pourrions faire encore une petite pause
Quelque part... tu n'es pas fatigué, je suppose?

LE PAPILLON.

Je te trouve un peu lourd, ce n'est pas l'embarras.

LA BÊTE A BON DIEU, montrant des Muguets.

Alors, entrons ici, tu te reposeras.

LE PAPILLON.

Ah! merci!... des Muguets, toujours la même chose.
(Bas, d'un ton libertin.)
J'aime bien mieux entrer à côté...

LA BÊTE A BON DIEU, toute rouge.

Chez la Rose?...
Oh! non, jamais...

LE PAPILLON, l'entraînant.

Viens donc! on ne nous verra pas.
(Ils entrent discrètement chez la Rose. — La toile tombe.)

—

Au troisième acte...
Mais je ne voudrais pas, mes chers lecteurs, abuser plus longtemps de votre patience. Les vers, par le temps qui court, n'ont pas le don de plaire, je le sais. Aussi, j'arrête là mes citations, et je vais me contenter de raconter sommairement le reste de mon poëme.
Au troisième acte, il est nuit tout à fait... Les deux camarades sortent ensemble de chez la Rose... Le papillon veut ramener la Bête à bon Dieu chez ses parents, mais celle-ci s'y refuse; elle est complétement ivre, fait des cabrioles sur l'herbe et pousse des cris séditieux... Le Papillon est obligé de l'emporter chez elle. On se sépare sur la porte

en se promettant de se revoir bientôt... Et alors le Papillon s'en va tout seul, dans la nuit. Il est un peu ivre, lui aussi ; mais son ivresse est triste : il se rappelle les confidences de la Bête à bon Dieu, et se demande amèrement pourquoi tant de monde le déteste, lui qui jamais n'a fait de mal à personne... Ciel sans lune ! Le vent souffle, la campagne est toute noire... Le Papillon a peur, il a froid ; mais il se console en songeant que son camarade est en sûreté, au fond d'une couchette bien chaude... Cependant on entrevoit dans l'ombre de gros oiseaux de nuit qui traversent la scène d'un vol silencieux. L'éclair brille ! Des bêtes méchantes, embusquées sous des pierres, ricanent en se montrant¹ pillon : « Nous le tenons ! » disent-elles ; et tandis que l'infortuné va de droite et de gauche, plein d'effroi, un Chardon au passage le larde d'un grand coup d'épée, un Scorpion l'éventre avec ses pinces, une grosse Araignée velue lui arrache un pan de son manteau de satin bleu, et, pour finir, une Chauve-Souris lui casse les reins d'un coup d'aile. Le Papillon tombe blessé à mort... Tandis qu'il râle sur l'herbe, les Orties se réjouissent et les Crapauds disent : « C'est bien fait ! »

A l'aube, les Fourmis, qui vont au travail avec leurs saquettes et leurs gourdes, trouvent le cadavre au bord du chemin. Elles le regardent à peine et s'éloignent sans vouloir l'enterrer. Les Fourmis ne travaillent pas pour rien... Heureusement une confrérie de Nécrophores vient à passer par là. Ce sont, comme vous savez, de petites bêtes noires qui ont fait vœu d'ensevelir les morts... Pieusement, elles s'attellent au Papillon défunt et le traînent vers le cimetière... Une foule curieuse se presse sur leur passage et chacun fait des réflexions à haute voix... Les petits Grillons bruns, assis au soleil devant leurs portes, disent gravement : « Il aimait trop les fleurs ! » — « Il courait trop la nuit ! » ajoutent les Escargots, et les Scarabées à gros ventre se dandinent dans leurs habits d'or en grommelant : « Trop bohême ! trop bohême ! » Parmi toute cette foule pas un mot de regret pour le pauvre mort ; seulement, dans les plaines d'alentour, les grands lis ont fermé et les cigales ne chantent pas.

La dernière scène se passe dans le cimetière des Papillons. Après que les Nécrophores ont fait leur œuvre, un Hanneton solennel qui a suivi le convoi s'approche de la fosse, et, se mettant sur le dos, commence l'éloge du défunt. Malheureusement la mémoire lui manque ; il reste là les pattes en l'air, gesticulant pendant une heure et s'entortillant dans ses périodes... Quand l'orateur a fini, chacun se retire, et alors, dans le cimetière désert, on voit la Bête à bon Dieu des premières scènes sortir de derrière une tombe. Tout en larmes, elle s'agenouille sur la terre fraîche de la fosse et dit une prière touchante pour son pauvre petit camarade qui est là !...

IX

TU VENDRAS DE LA PORCELAINE

Au dernier vers de mon poëme, Jacques, enthousiasmé, se leva pour crier bravo; mais il s'arrêta net en voyant la mine effarée de tous ces braves gens.

En vérité, je crois que le cheval de feu de l'Apocalypse, faisant irruption au milieu du petit salon jonquille, n'y aurait pas causé plus de stupeur que mon papillon bleu. Les Passajon, les Fougeroux, tout hérissés de ce qu'ils venaient d'entendre, me regardaient avec de gros yeux ronds; les deux Ferrouillat se faisaient des signes. Personne ne soufflait mot. Pensez comme j'étais à l'aise...

Tout à coup, au milieu du silence et de la consternation générale, une voix, — et quelle voix ! — blanche, terne, froide, sans timbre, une voix de fantôme, sortit de derrière le piano et me fit tressauter sur ma chaise. C'était la première fois, depuis dix ans, qu'on entendait parler l'homme à la tête d'oiseau, le vénérable Lalouette : « Je suis bien content qu'on ait tué ce papillon, dit le singulier vieillard en grignotant son sucre d'un air féroce; je ne les aime pas, moi, les papillons!... »

Tout le monde se mit à rire, et la discussion s'engagea sur mon poëme.

Le membre du Caveau trouvait l'œuvre un peu trop longue et m'engagea beaucoup à la réduire en une ou deux chansonnettes, genre essentiellement français. L'élève d'Alfort, savant naturaliste, me fit observer que les bêtes à bon Dieu avaient des ailes, ce qui enlevait toute vraisemblance à mon affabulation. Ferrouillat cadet prétendait avoir lu tout cela quelque part. « Ne les écoute pas, me dit Jacques à voix basse, c'est un chef-d'œuvre. » Pierrotte, lui, ne disait rien; il paraissait très-occupé. Peut-être le brave homme, assis à côté de sa fille pendant tout le temps de la lecture, avait-il senti trembler dans ses mains une petite main trop impressionnable ou surpris au passage un regard noir trop enflammé; toujours est-il que ce jour-là Pierrotte avait, — c'est bien le cas de le dire, — un air fort singulier, qu'il resta collé tout le soir au canezou de sa demoiselle, que je ne pus dire un seul mot aux yeux noirs, et que je me retirai de très-bonne heure, sans vouloir entendre une chansonnette nouvelle du membre du Caveau, qui ne me le pardonna jamais.

Deux jours après cette lecture mémorable; je reçus de mademoiselle Pierrotte un billet aussi court qu'éloquent : « Venez vite, mon père sait tout. » Et plus bas, mes chers yeux noirs avaient signé : « Je vous aime. »

Je fus un peu troublé, je l'avoue, par cette grosse nouvelle. Depuis deux jours je courais les éditeurs avec mon manuscrit, et je m'occupais beaucoup moins des yeux noirs que de mon poëme. Puis l'idée d'une explication avec ce gros Cévénol de Pierrotte ne me souriait guère... Aussi, malgré le pressant appel des yeux noirs, je restai quelque temps sans retourner *là-bas*, me disant à moi-même pour me rassurer sur mes intentions : « Quand j'aurai vendu mon poëme. » Malheureusement je ne le vendis pas.

En ce temps-là, je ne sais pas si c'est encore la même chose aujourd'hui, MM. les éditeurs étaient des gens très-doux, très-polis, très-généreux, très-accueillants, mais ils avaient un défaut capital : on ne les trouvait jamais chez eux. Comme certaines étoiles trop menues qui ne se révèlent qu'aux grosses lunettes de l'Observatoire, ces messieurs n'étaient pas visibles pour la foule. N'importe l'heure où vous arriviez, on vous disait toujours de revenir...

Dieu ! que j'en ai couru de ces boutiques ! que j'en ai tourné de ces boutons de portes vitrées ! que j'en ai fait de ces stations aux devantures des libraires, à me dire, le cœur battant : Entrerai-je ? n'entrerai-je pas ? A l'intérieur, il faisait chaud. Cela sentait le livre neuf. C'était plein de petits hommes chauves, très-affairés, qui vous répondaient de derrière un comptoir, du haut d'une échelle double. Quant à l'éditeur, invisible... Chaque soir je revenais à la maison, triste, las, énervé. « Courage, me disait Jacques, tu seras plus heureux demain. » Et le lendemain je me remettais en campagne, armé de mon manuscrit. Ce malheureux manuscrit! De jour en jour je le sentais devenir plus pesant, plus incommode. D'abord je le portais sous mon bras, fièrement, comme un parapluie neuf; mais à la fin j'en avais honte, et je le mettais dans ma poitrine, avec ma redingote soigneusement boutonnée par dessus.

Huit jours se passèrent ainsi. Le dimanche arriva. Jacques, selon sa coutume, alla dîner chez Pierrotte; mais il y alla seul. J'étais si las de ma chasse aux étoiles invisibles, que je restai couché tout le jour... Le soir, en rentrant, il vint s'asseoir au bord de mon lit et me gronda doucement :

— Écoute, Daniel : tu as bien tort de ne pas aller *là-bas*. Les yeux noirs pleurent, se désolent; ils meurent de ne pas te voir... Nous avons parlé de toi toute la soirée... Ah! brigand, comme elle t'aime!

La pauvre mère Jacques avait les larmes aux yeux en disant cela.

— Et Pierrotte? demandai-je timidement. Pierrotte, qu'est-ce qu'il dit?...

— Rien... Il a seulement paru très-étonné de ne pas te voir... Il faut y aller, mon Daniel; tu iras, n'est-ce pas?

— Dès demain, Jacques; je te promets.

Pendant que nous causions, Coucou-Blanc, qui

venait de rentrer chez elle, entama son interminable chanson... *Tolocototignan ! tolocototignan !...* Jacques se mit à rire : « Tu ne sais pas, me dit-il à voix basse, les yeux noirs sont jaloux de notre voisine. Ils croient qu'elle est leur rivale... J'ai eu beau dire ce qu'il en était, on n'a pas voulu m'entendre... Les yeux noirs jaloux de Coucou-Blanc!... c'est drôle, n'est-ce pas? » Je fis semblant de rire comme lui; mais, dans moi-même, j'étais plein de honte en songeant que c'était bien ma faute si les yeux noirs étaient jaloux de Coucou-Blanc.

Le lendemain, dans l'après-midi, je m'en allai passage du Saumon. J'aurais voulu monter tout droit au quatrième et parler aux yeux noirs avant de voir Pierrotte; mais le Cévenol me guettait à la porte du passage, et je ne pus pas l'éviter. Il fallut entrer dans la boutique et m'asseoir à côté de lui, derrière le comptoir. Nous étions seuls. De temps en temps un petit air de flûte nous arrivait discrètement de l'arrière-magasin.

— Monsieur Daniel, me dit le Cévenol avec une assurance de langage et une facilité d'élocution que je ne lui avais jamais connues, ce que je veux savoir de vous est très-simple, et je n'irai pas par quatre chemins. C'est bien le cas de le dire... la petite vous aime d'amour... Est-ce que vous l'aimez vraiment, vous aussi?

— De toute mon âme, monsieur Pierrotte.

— Alors tout va bien; voici ce que j'ai à vous proposer... Vous êtes trop jeune et la petite aussi pour songer à vous marier d'ici trois ans. C'est donc trois années que vous avez devant vous pour vous faire une position... Je ne sais pas si vous comptez rester toujours dans le commerce des papillons bleus; mais je sais bien ce que je ferais à votre place... C'est bien le cas de le dire, je planterais là mes historiettes, j'entrerais dans l'ancienne maison Lalouette, je me mettrais au courant du petit train-train de la porcelaine, et je m'arrangerais pour que dans trois ans Pierrotte, qui devient vieux, pût trouver en moi un associé en même temps qu'un gendre... Hein? Qu'est-ce que vous dites de ça, compère?

Là-dessus Pierrotte m'envoya un grand coup de coude et se mit à rire, mais à rire... Bien sûr qu'il croyait me combler de joie, le pauvre homme, en m'offrant de vendre de la porcelaine à ses côtés. Je n'eus pas le courage de me fâcher, pas même celui de répondre; j'étais atterré...

Les assiettes, les verres peints, les globes d'albâtre, tout dansait autour de moi. Sur une étagère, en face du comptoir, des bergers et des bergères, en biscuit de couleurs tendres, me regardaient d'un air narquois et semblaient me dire en brandissant leurs houlettes : « Tu vendras de la porcelaine ! » Un peu plus loin, des magots chinois en robes violettes remuaient leurs caboches vénérables, comme pour approuver ce qu'avaient dit les bergers : « Oui... oui... tu vendras de la porcelaine ! » Et là-bas, dans le fond, la flûte ironique et sournoise sifflotait doucement : « Tu vendras de la porcelaine... tu vendras de la porcelaine !... » C'était à devenir fou.

Pierrotte crut que l'émotion et la joie m'avaient coupé la parole.

— Nous causerons de cela ce soir, me dit-il pour me donner le loisir de me remettre... Maintenant montez vers la petite... C'est bien le cas de le dire... le temps doit lui sembler long.

Je montai vers la petite, que je trouvai installée dans le salon jonquille, à broder ses éternelles pantoufles en compagnie de la dame de grand mérite... Que ma chère Camille me pardonne! Jamais mademoiselle Pierrotte ne me parut si Pierrotte que ce jour-là. Jamais sa façon tranquille de tirer l'aiguille et de compter ses points à haute voix ne me causa tant d'irritation. Avec ses petits doigts rouges, sa joue en fleur, son air paisible, elle ressemblait à une de ces bergères en biscuit colorié qui venaient de me crier d'une façon si impertinente : « Tu vendras de la porcelaine! » Par bonheur, les yeux noirs étaient là eux aussi, un peu voilés, un peu mélancoliques, mais si naïvement joyeux de me revoir que je me sentis tout ému. Cela ne dura pas longtemps. Presque sur mes talons, Pierrotte fit son entrée. Sans doute il n'avait plus autant de confiance dans la dame de grand mérite.

A partir de ce moment, les yeux noirs disparurent et sur toute la ligne la porcelaine triompha. Pierrotte était très-gai, très-bavard, insupportable; les « c'est bien le cas de le dire » pleuvaient plus dru que giboulée. Dîner bruyant, beaucoup trop long... En sortant de table, Pierrotte me prit à part pour me reparler de sa proposition. J'avais eu le temps de me remettre, et je lui dis avec assez de sang-froid que la chose demandait réflexion et que je lui répondrais dans un mois.

Le Cévenol fut certainement très-étonné de mon peu d'empressement à accepter ses offres, mais il eut le bon goût de n'en rien laisser paraître.

— C'est entendu, me dit-il, dans un mois. » Et il ne fut plus question de rien... N'importe ! le coup était porté. Pendant toute la soirée, le sinistre et fatal : « Tu vendras de la porcelaine, » retentit à mon oreille. Je l'entendais dans le grignotement de la tête d'oiseau qui venait d'arriver avec madame Lalouette et s'était installée au coin du piano, je l'entendais dans les roulades du joueur de flûte, dans la rêverie de Rosellen que mademoiselle Pierrotte ne manqua pas de nous jouer ; je le lisais dans les gestes de toutes ces marionnettes bourgeoises, dans la coupe de leurs vêtements, dans le dessin de la tapisserie, dans l'allégorie de la pendule, — Vénus cueillant une rose d'où s'envole un Amour dédoré, — dans la forme des meubles, dans les moindres détails de cet affreux salon jonquille où les mêmes gens disaient tous le soirs les mêmes choses, où le même piano jouait tous les soirs la même rêverie, et que l'uniformité de ses soirées faisait ressembler à un tableau à musique. Le salon jonquille, un tableau à musique!... Où vous cachiez-vous donc, beaux yeux noirs !...

Lorsqu'au retour de cette ennuyeuse soirée, je racontai à ma mère Jacques les propositions de Pierrotte, il en fut encore plus indigné que moi :

— Daniel Eyssette, marchand de porcelaine !... Par exemple, je voudrais bien voir cela, disait le brave garçon, tout rouge de colère... C'est comme si on proposait à Lamartine de vendre des paquets d'allumettes, ou à Sainte-Beuve de débiter des petits balais de crin... Vieille bête de Pierrotte, va !... Après tout, il ne faut pas lui en vouloir ; il ne sait pas, ce pauvre homme. Quand il verra le succès de ton livre et les journaux tout remplis de toi, il changera joliment de gamme.

— Sans doute, Jacques ; mais pour que les journaux parlent de moi, il faut que mon livre paraisse, et je vois bien qu'il ne paraîtra pas... Pourquoi ?... Mais, mon cher, parce que je ne peux pas mettre la main sur un éditeur et que ces gens-là ne sont jamais chez eux pour les poëtes. Le grand Baghavat lui-même est obligé d'imprimer ses vers à ses frais.

— Eh bien ! nous ferons comme lui, dit Jacques en frappant du poing sur la table ; nous imprimerons à nos frais.

Je le regarde avec stupéfaction :

— A nos frais ?...

— Oui, mon petit, à nos frais... Tout juste, le marquis fait imprimer en ce moment le premier volume de ses mémoires... Je vois son imprimeur tous les jours... C'est un Alsacien qui a le nez rouge et l'air bon enfant. Je suis sûr qu'il nous fera crédit... Pardieu ! nous le payerons, à mesure que ton volume se vendra... Allons ! voilà qui est dit ; dès demain je vais voir mon homme. »

Effectivement Jacques, le lendemain, va trouver l'imprimeur et revient enchanté : « C'est fait, me dit-il d'un air de triomphe ; on met ton livre à l'impression demain. Cela nous coûtera neuf cents francs, une bagatelle. Je ferai des billets de trois cents francs, payables de trois mois en trois mois. Maintenant, suis bien mon raisonnement. Nous vendons le volume trois francs, nous tirons à mille exemplaires ; c'est donc trois mille francs que ton volume doit nous rapporter... tu m'entends bien, trois mille francs. Là-dessus, nous payons l'imprimeur, plus la remise d'un franc par exemplaire aux libraires qui vendront l'ouvrage, plus l'envoi aux journalistes... Il nous restera, clair comme de l'eau de roche, un bénéfice de onze cents francs. Hein ? C'est joli, pour un début... »

Si c'était joli, je crois bien !... Plus de chasse aux étoiles invisibles, plus de stations humiliantes aux portes des libraires, et par-dessus le marché onze cents francs à mettre de côté pour la reconstruction du foyer... Aussi quelle joie ce jour-là dans le clocher de Saint-Germain ! Que de projets, que de rêves ! Et puis, les jours suivants, que de petits bonheurs savourés goutte à goutte ; aller à l'imprimerie, corriger les épreuves, discuter la couleur de la couverture, voir le papier sortir tout humide de la presse avec vos pensées imprimées dessus, courir deux fois, trois fois chez le brocheur et revenir enfin avec un premier exemplaire qu'on ouvre en tremblant du bout des doigts... Dites, est-il rien de plus délicieux au monde ?

Pensez que le premier exemplaire de *la Comédie pastorale* revenait de droit aux yeux noirs. Je le leur portai le soir-même, accompagné de ma mère Jacques, qui voulait jouir de mon triomphe. Nous fîmes notre entrée dans le salon jonquille, fiers et radieux. Tout le monde était là :

— Monsieur Pierrotte, dis-je au Cévenol, permettez-moi d'offrir ma première œuvre à Camille. » Et je mis mon volume dans une chère petite main qui frémissait de plaisir. Oh ! si vous aviez vu le joli merci que les yeux noirs m'envoyèrent, et comme ils resplendissaient en lisant mon nom sur la couverture. Pierrotte était moins enthousiasmé, lui. Je l'entendis demander à Jacques combien un volume comme cela pouvait me rapporter :

— Onze cents francs, répondit Jacques avec assurance. » Là-dessus, ils se mirent à causer longuement, à voix basse, mais je ne les écoutai pas. J'étais tout à la joie de voir les yeux noirs abaisser leurs grands cils de soie sur les pages de mon livre et les relever vers moi avec admiration... Mon livre ! les yeux noirs ! deux bonheurs que je devais à ma mère Jacques...

Ce soir-là, avant de rentrer, nous allâmes rôder dans les galeries de l'Odéon pour juger de l'effet que *la Comédie pastorale* faisait à l'étalage des libraires.

— Attends-moi, me dit Jacques ; je vais voir combien on en a vendu.

Je l'attendis en me promenant de long en large, regardant du coin de l'œil certaine couverture verte à filets noirs qui s'épanouissait au milieu de la devanture. Jacques vint me rejoindre au bout d'un moment ; il était pâle d'émotion.

— Mon cher, me dit-il, on en a déjà vendu un. C'est de bon augure...

Je lui serrai la main silencieusement. J'étais trop ému pour parler, mais, dans moi-même, je me disais : Il y a quelqu'un à Paris qui vient de tirer trois francs de sa bourse pour acheter cette production de ton cerveau, quelqu'un qui te lit, qui te juge... Quel est ce quelqu'un ? Je voudrais bien le connaître... Hélas! pour mon malheur, j'allais bientôt le connaître, ce terrible quelqu'un.

Le lendemain de l'apparition de mon volume, j'étais en train de déjeuner à table d'hôte à côté du farouche penseur, quand Jacques, très-essoufflé, se précipita dans la salle :

— Grande nouvelle! me dit-il en m'entraînant dehors ; je pars ce soir, à sept heures, avec le marquis... Nous allons à Nice voir sa sœur, qui est mourante... Peut-être resterons-nous longtemps... Ne t'inquiète pas de ta vie... Le marquis double mes appointements. Je pourrai t'envoyer cent francs par mois... Eh bien qu'as-tu ? Te voilà tout pâle. Voyons, Daniel, pas d'enfantillages. Rentre là-dedans, achève de déjeuner et bois une demi-bordeaux, afin de te donner du courage. Moi, je cours dire adieu à Pierrotte, prévenir l'imprimeur, faire porter les exemplaires aux journalistes... Je n'ai pas une minute... Rendez-vous à la maison à cinq heures.

Je le regardai descendre la rue Saint-Benoît à grandes enjambées, puis je rentrai dans le restaurant; mais je ne pus rien manger ni boire, et c'est le penseur qui vida la demi-bordeaux. L'idée que dans quelques heures ma mère Jacques serait loin m'étreignait le cœur. J'avais beau penser à mon livre, aux yeux noirs, rien ne pouvait me distraire de cette pensée que Jacques allait partir et que je resterais seul, tout seul dans Paris, maître de moi-même et responsable de toutes mes actions.

Il me rejoignit à l'heure dite. Quoique très-ému lui-même, il affecta jusqu'au dernier moment la plus grande gaieté. Jusqu'au dernier moment aussi il me montra la générosité de son âme et l'ardeur admirable qu'il mettait à m'aimer. Il ne songea qu'à moi, à mon bien-être, à ma vie. Sous prétexte de faire sa malle, il inspectait mon linge, mes vêtements :

— Tes chemises sont dans ce coin, vois-tu, Daniel... tes mouchoirs à côté, derrière les cravates.

Comme je lui disais :

— Ce n'est pas ta malle que tu fais, Jacques; c'est mon armoire...

Armoire et malle; quand tout fut prêt, on envoya chercher une voiture et nous partîmes pour la gare. En route, Jacques me faisait ses recommandations. Il y en avait de tout genre :

— Écris-moi souvent... Tous les articles qui paraîtront sur ton volume, envoie-les-moi, surtout celui de Gustave Planche. Je ferai un cahier cartonné et je les collerai tous dedans. Ce sera le livre d'or de la famille Eyssette... A propos, tu sais que la blanchisseuse vient le mardi... Surtout ne te laisse pas éblouir par le succès... Il est clair que tu vas en avoir un très-grand, et c'est fort dangereux, les succès parisiens. Heureusement que Camille sera là pour te garder des tentations... Sur toute chose, mon Daniel, ce que je te demande, c'est d'aller souvent là-bas et de ne pas faire pleurer les yeux noirs.

A ce moment nous passions devant le Jardin des Plantes. Jacques se mit à rire.

— Te rappelles-tu, me dit-il, que nous avons passé ici une nuit, il y a quatre ou cinq mois?... Hein!... Quelle différence entre le Daniel d'alors et celui d'aujourd'hui... Ah! tu as joliment fait du chemin en quatre mois!...

C'est qu'il le croyait vraiment, mon brave Jacques, que j'avais fait beaucoup de chemin, et moi aussi, pauvre niais, j'en étais convaincu.

Nous arrivâmes à la gare. Le marquis s'y trouvait déjà. Je vis de loin ce drôle de petit homme, avec sa tête de hérisson blanc, sautillant de long en large dans une salle d'attente.

— Vite, vite, adieu, me dit Jacques. Et prenant ma tête dans ses larges mains, il m'embrassa trois ou quatre fois de toute ses forces, puis courut rejoindre son bourreau.

En le voyant disparaître, j'éprouvai une singulière sensation.

Je me trouvai tout à coup plus petit, plus chétif, plus timide, plus enfant, comme si mon frère, en s'en allant, m'avait emporté la moelle de mes os, ma force, mon audace et la moitié de ma taille. La foule qui m'entourait me faisait peur. J'étais redevenu le petit Chose...

La nuit tombait. Lentement, par le plus long chemin, par les quais les plus déserts, le petit Chose regagna son clocher. L'idée de se retrouver dans cette chambre vide l'attristait horriblement. Il aurait voulu rester dehors jusqu'au matin. Pourtant il fallait rentrer.

En passant devant la loge, le portier lui cria :

— Monsieur Eyssette, une lettre!...

C'était un petit billet, élégant, parfumé, satiné; écriture de femme plus fine, plus féline que celle des yeux noirs... De qui cela pouvait-il être?... Vivement il rompit le cachet, et lut dans l'escalier à la lueur du gaz :

« Monsieur mon voisin,

« *La Comédie pastorale* est depuis hier sur ma table; mais il y manque une dédicace. Vous seriez bien aimable de venir la mettre ce soir, en prenant une tasse de thé... Vous savez, c'est entre artistes.

« Irma Borel. »

Et plus bas :

« *La dame du premier* »

La dame du premier !... Quand le petit Chose lut cette signature, un grand frisson lui courut par tout le corps. Il la revit telle qu'elle lui était apparue un matin, descendant l'escalier dans un tourbillon de velours, belle, froide, imposante, avec sa petite cicatrice blanche au coin de la lèvre. Et de songer qu'une femme pareille avait acheté son volume, son cœur bondissait d'orgueil.

Il resta là un moment, dans l'escalier, la lettre à la main, se demandant s'il monterait chez lui ou s'il s'arrêterait au premier étage; puis tout à coup la recommandation de Jacques lui revint à la mémoire : « Surtout, Daniel, ne fais pas pleurer les yeux noirs. » Un secret pressentiment l'avertit que s'il allait chez la dame du premier, les yeux noirs pleureraient et Jacques aurait de la peine. Alors il mit résolument la lettre dans sa poche, le petit Chose, et il se dit : « Je n'irai pas. »

X

IRMA BOREL

C'est Coucou-Blanc qui vint lui ouvrir. — Car, ai-je besoin de vous le dire ? cinq minutes après s'être juré qu'il n'irait pas, ce vaniteux de petit Chose sonnait à la porte d'Irma Borel. — En le voyant, l'horrible négresse grimaça un sourire d'ogre en belle humeur, et lui fit signe : « Venez ! » de sa grosse main luisante et noire. Après avoir traversé deux ou trois salons très-somptueux, ils s'arrêtèrent devant une petite porte mystérieuse, à travers laquelle on entendait, — aux trois quarts étouffés par l'épaisseur des tentures, — des cris rauques, des sanglots, des imprécations, des rires convulsifs. La négresse frappa, et, sans attendre qu'on lui eût répondu, introduisit le petit Chose.

Seule, dans un riche boudoir capitonné de soie mauve et tout ruisselant de lumière, Irma Borel marchait à grands pas en déclamant. Un large peignoir bleu de ciel, couvert de guipures, flottait autour d'elle comme une nuée. Une des manches du peignoir, relevée jusqu'à l'épaule, laissait voir un bras de neige d'une incomparable pureté, brandissant, en guise de poignard, un coupe-papier de nacre. L'autre main, noyée dans la guipure, tenait un livre ouvert...

Le petit Chose s'arrêta, ébloui. Jamais la dame du premier ne lui avait paru si belle. D'abord elle était moins pâle qu'à leur première rencontre. Fraîche et rose au contraire, mais d'un rose un peu voilé, elle avait l'air, ce jour-là, d'une jolie fleur d'amandier, et la petite cicatrice blanche du coin de la lèvre en paraissait d'autant plus blanche. Puis ses cheveux, qu'il n'avait pas pu voir la première fois, l'embellissaient encore, en adoucissant ce que son visage avait d'un peu fier et de presque dur. C'étaient des cheveux blonds, d'un blond cendré, d'un blond de poudre, et il y en avait, et ils étaient fins. Un brouillard d'or autour de la tête.

Quand elle vit le petit Chose, la dame coupa net à sa déclamation. Elle jeta sur un divan derrière elle son couteau de nacre et son livre, ramena par un geste adorable la manche de son peignoir, et vint à son visiteur la main cavalièrement tendue.

— Bonjour, mon voisin, lui dit-elle avec un gentil sourire; vous me surprenez en pleines fureurs tragiques : j'apprends le rôle de Clytemnestre... C'est empoignant, n'est-ce pas ?

Elle le fit asseoir sur un divan à côté d'elle, et la conversation s'engagea.

— Vous vous occupez d'art dramatique, madame? (Il n'osa pas dire « ma voisine ».)

— Oh! vous savez, une fantaisie... comme je me suis occupée de sculpture et de musique. Pourtant, cette fois, je crois que je suis bien mordue... Je vais débuter au Théâtre-Français...

A ce moment, un énorme oiseau à huppe jaune vint, avec un grand bruit d'ailes, s'abattre sur la tête frisée du petit Chose.

— N'ayez pas peur, dit la dame en riant de son air effaré, c'est mon kakatoës... une brave bête que j'ai ramenée des îles Marquises.

Elle prit l'oiseau, le caressa, lui dit deux ou trois mots d'espagnol, et le rapporta sur un perchoir doré à l'autre bout du salon... Le petit Chose ouvrait de grands yeux. La négresse, le kakatoës, le Théâtre-Français, les îles Marquises...

— Quelle femme singulière! se disait-il avec admiration.

La dame revint s'asseoir à côté de lui, et la conversation continua. *La Comédie pastorale* en fit d'abord tous les frais. La dame l'avait lue et relue plusieurs fois depuis la veille; elle en savait des vers par cœur et les déclamait avec enthousiasme. Jamais la vanité du petit Chose ne s'était trouvée à pareille fête. On voulut savoir son âge, son pays, comment il vivait, s'il allait dans le monde, s'il était amoureux... A toutes ces questions, il répondit avec la plus grande candeur; si bien qu'au bout d'une heure la dame du premier connaissait à fond la mère Jacques, l'histoire de la maison

Eyssette et ce pauvre foyer que les enfants avaient juré de reconstruire. Par exemple, pas un mot de mademoiselle Pierrotte. Il fut seulement parlé d'une jeune personne du grand monde, qui mourait d'amour pour le petit Chose, et d'un père barbare — pauvre Pierrotte! — qui contrariait leur passion.

Au milieu de ces confidences, quelqu'un entra dans le salon. C'était un vieux sculpteur à crinière blanche, qui avait donné des leçons à la dame au temps où elle sculptait.

— Je parie, lui dit-il à demi-voix en regardant le petit Chose d'un œil plein de malice, je parie que c'est votre corailleur napolitain.

— Tout juste, fit-elle en riant; et se tournant vers le corailleur qui semblait fort surpris de s'entendre désigner ainsi : « Vous ne vous souvenez pas, lui dit-elle, d'un matin où nous nous sommes rencontrés?... Vous alliez le cou nu, la poitrine ouverte, les cheveux en désordre, votre cruche de grès à la main... je crus revoir un de ces petits pêcheurs de corail qu'on rencontre dans la baie de Naples... Le soir, j'en parlai à mes amis; mais nous ne nous doutions guère alors que le petit corailleur était un grand poëte, et qu'au fond de cette cruche de grès, il y avait *la Comédie pastorale.* »

Je vous demande si le petit Chose était ravi de s'entendre traiter avec cette admiration respectueuse. Pendant qu'il s'inclinait et souriait d'un air modeste, Coucou-Blanc introduisit un nouveau visiteur, qui n'était autre que le grand Baghavat, le poëte indien de la table d'hôte. Baghavat, en entrant, alla droit à la dame et lui tendit un livre à couverture verte :

— Je vous rapporte vos papillons, dit-il. Quelle drôle de littérature!...

Un geste de la dame l'arrêta net. Il comprit que l'auteur était là et regarda de son côté avec un sourire contraint. Il y eut un moment de silence et de gêne, auquel l'arrivée d'un troisième personnage vint faire une heureuse diversion. Celui-ci était le professeur de déclamation ; un affreux petit bossu, tête blême, perruque rousse, rire aux dents moisies. Il paraît que sans sa bosse, ce bossu-là eût été le plus grand comédien de son époque ; mais son infirmité ne lui permettant pas de monter sur les planches, il se consolait en faisant des élèves et en disant du mal de tous les comédiens du temps.

Dès qu'il parut, la dame lui cria :

— Avez-vous vu l'Israélite ? Comment a-t-elle marché ce soir ?

L'Israélite, c'était la grande tragédienne Rachel, alors au plus beau moment de sa gloire.

— Elle va de plus en plus mal, dit le professeur en haussant les épaules... Cette fille n'a rien... C'est une grue, une vraie grue.

— Une vraie grue, ajouta l'élève, et derrière elle les deux autres répétèrent avec conviction : « Une vraie grue... »

Un moment après on demanda à la dame de réciter quelque chose.

Sans se faire prier, elle se leva, prit le coupe-papier de nacre, retroussa la manche de son peignoir et se mit à déclamer.

Bien ou mal? Le petit Chose eût été fort empêché pour le dire. Ébloui par ce beau bras de neige, fasciné par cette chevelure d'or qui s'agitait frénétiquement, il regardait et n'écoutait pas. Quand la dame eut fini, il applaudit plus fort que personne et déclara à son tour que Rachel n'était qu'une grue, une vraie grue.

Il en rêva toute la nuit, de ce bras de neige et de ce brouillard d'or. Puis, le jour venu, quand il voulut s'asseoir devant l'établi aux rimes, le bras enchanté vint encore le tirer par la manche. Alors, ne pouvant pas rimer, ne voulant pas sortir, il se mit à écrire à Jacques et à lui parler de la dame du premier.

« ... Ah! mon ami, quelle femme! Elle sait tout, elle connaît tout. Elle a fait des sonates, elle a fait des tableaux. Il y a sur sa cheminée une jolie Colombine en terre cuite qui est son œuvre. Depuis trois mois, elle joue la tragédie, et elle la joue déjà bien mieux que la fameuse Rachel. — Il paraît décidément que cette Rachel n'est qu'une grue. — Enfin, mon cher, une femme comme tu n'en as jamais rêvé. Elle a tout vu, elle a été partout. Tout à coup elle vous dit : « Quand j'étais à Saint-Pétersbourg... », puis, au bout d'un moment, elle vous apprend qu'elle préfère la rade de Rio à celle de Naples. Elle a un kakatoës qu'elle a ramené des îles Marquises, une négresse qu'elle a prise en passant à Port-au-Prince... Mais au fait, tu la connais sa négresse, c'est notre voisine Coucou-Blanc. Malgré son air féroce, cette Coucou-Blanc est une excellente fille, tranquille, discrète, dévouée, et ne parlant jamais que par proverbes comme le bon Sancho. Quand les gens de la maison veulent lui tirer les vers du nez à propos de sa maîtresse, si elle est mariée, s'il y a un M. Borel quelque part, si elle est aussi riche qu'on le dit, Coucou-Blanc répond dans son patois : « *Zaffai cabrite pas zaffai mouton.* » (Les affaires du chevreau ne sont pas celles du mouton.) Ou bien encore : « *C'est soulié qui connaît si bas tini trou* » (c'est le soulier qui connaît si les bas ont des trous). Elle en a comme cela une centaine, et les indiscrets n'ont jamais le dernier mot avec elle... A propos, sais-tu qui j'ai retrouvé chez la dame du premier ?... Le poëte hindou de la table d'hôte, le grand Baghavat lui-même. Il a l'air d'en être fort épris, et lui fait de beaux poëmes où il la compare tour à tour à un condor, un lotus ou un buffle ; mais la dame ne fait pas grand cas de ses hommages. D'ailleurs, elle doit y être habituée : tous les artistes qui viennent chez elle — et je te réponds qu'il y en a et des plus fameux — en sont amoureux.

« Elle est si belle, si étrangement belle !... En vérité, j'aurais craint pour mon cœur, s'il n'était déjà pris. Heureusement que les yeux noirs sont là pour me défendre... Chers yeux noirs ! j'irai passer la soirée avec eux aujourd'hui, et nous parlerons de vous tout le temps, ma mère Jacques. »

Comme le petit Chose achevait cette lettre, on

frappa doucement à la porte. C'était la dame du premier qui lui envoyait, par Coucou-Blanc, une invitation pour venir, au Théâtre-Français, entendre la grue dans sa loge. Il aurait accepté de bon cœur, mais il songea qu'il n'avait pas d'habit et fut obligé de dire non. Cela le mit de fort méchante humeur. « Jacques aurait dû me faire faire un habit, se disait-il... C'est indispensable... Quand les articles paraîtront, il faudra que j'aille remercier les journalistes... Comment faire si je n'ai pas d'habit?... » Le soir il alla au passage du Saumon, mais cette visite ne l'égaya pas. Le Cévenol riait fort; mademoiselle Pierrotte était trop brune. Les yeux noirs avaient beau lui faire signe et lui dire doucement : « Aimez-moi », dans la langue mystique des étoiles, l'ingrat ne voulait rien entendre. Après dîner, quand les Lalouette arrivèrent, il s'installa triste et maussade dans un coin, et tandis que le tableau à musique jouait ses petits airs, il se figurait Irma Borel trônant dans une belle loge découverte, le bras de neige jouant de l'éventail, le brouillard d'or scintillant sous les lumières de la salle, et dans lui-même il se disait : « Comme j'aurais honte si elle me voyait ici ! »

Plusieurs jours se passèrent sans nouveaux incidents. Irma Borel ne donnait plus signe de vie. Entre le premier et le cinquième étage, les relations semblaient interrompues. Toutes les nuits le petit Chose, assis à son établi, entendait rentrer la victoria de la dame, et, sans qu'il y prît garde, le roulement sourd de la voiture, le « Porte, s'il vous plaît » du cocher, le faisaient tressaillir. Même il ne pouvait pas entendre sans émotion la négresse remonter chez elle; s'il avait osé, il serait allé lui demander des nouvelles de sa maîtresse... Malgré tout, cependant, les yeux noirs étaient encore maîtres de la place. Le petit Chose passait de longues heures auprès d'eux. Le reste du temps il s'enfermait chez lui pour chercher des rimes, au grand ébahissement des moineaux, qui venaient le voir de tous les toits à la ronde, car les moineaux du pays Latin sont comme la dame de grand mérite et se font de drôles d'idées sur les mansardes d'étudiants. En revanche, les cloches de Saint-Germain, — les pauvres cloches vouées au Seigneur et cloîtrées toute leur vie comme des Carmélites, — se réjouissaient de voir leur ami le petit Chose éternellement assis devant sa table, et pour l'encourager, elles lui faisaient grande musique.

Sur ces entrefaites, on reçut des nouvelles de Jacques. Il était installé à Nice et donnait force détails sur son installation... « Le beau pays, mon Daniel, et comme cette mer qui est là sous mes fenêtres t'inspirerait! Moi, je n'en jouis guère; je ne sors jamais... Le marquis dicte tout le jour. Diable d'homme, va! Quelquefois, entre deux phrases, je lève la tête, je vois une petite voile rouge à l'horizon, puis tout de suite le nez sur mon papier... Mademoiselle d'Hacqueville est toujours bien malade... Je l'entends au-dessus de nous qui tousse, qui tousse... C'est l'ennui de ce pays, tout le monde tousse... Moi-même, à peine débarqué, j'ai attrapé un gros rhume qui ne veut pas finir... »

Un peu plus loin, parlant de la dame du premier, Jacques disait :

« ... Si tu m'en crois, tu ne retourneras pas chez cette femme. Elle est trop compliquée pour toi; et même faut-il te le dire? je flaire en elle une aventurière... Tiens! j'ai vu hier dans le port un brick hollandais qui venait de faire un voyage autour du monde et qui rentrait avec des mâts japonais, des espars du Chili, un équipage bariolé comme une carte géographique... Eh bien! mon cher, je trouve que ton Irma Borel ressemble à ce navire. Bon pour un brick d'avoir beaucoup voyagé, mais pour une femme, c'est différent. En général, celles qui ont vu tant de pays en font beaucoup voir aux autres... Méfie-toi, Daniel, méfie-toi; et surtout, je t'en conjure, ne fais pas pleurer les yeux noirs... »

Ces derniers mots allèrent droit au cœur du petit Chose. La persistance de Jacques à veiller sur le bonheur de celle qui n'avait pas voulu l'aimer lui parut admirable. « Oh! non, Jacques, n'aie pas peur; je ne la ferai pas pleurer, » se dit-il, et tout de suite il prit la ferme résolution de ne plus retourner chez la dame du premier... Fiez-vous au petit Chose pour les fermes résolutions.

Ce soir-là, quand la victoria roula sous le porche, il y prit à peine garde. La chanson de la négresse ne lui causa pas non plus de distraction. C'était une nuit de septembre, orageuse et lourde... Il travaillait, la porte entr'ouverte. Tout à coup il crut entendre craquer l'escalier de bois qui menait à sa chambre. Bientôt il distingua un léger bruit de pas et le frôlement d'une robe. Quelqu'un montait, c'était sûr... mais qui?...

Coucou-Blanc était rentrée depuis longtemps... Peut-être la dame du premier qui venait parler à sa négresse...

A cette idée, le petit Chose sentit son cœur battre avec violence; mais il eut le courage de rester devant sa table... Les pas approchaient toujours. Arrivé sur le palier on s'arrêta... Il y eut un moment de silence; puis un léger coup frappé à la porte de la négresse qui ne répondit pas.

— C'est elle, se dit-il sans bouger de sa place.

Tout à coup une lumière parfumée se répandit dans la chambre.

La porte cria, quelqu'un entrait.

Alors, sans tourner la tête, le petit Chose demanda en tremblant :

— Qui est là?

XI

LE CŒUR DE SUCRE

Voilà deux mois que Jacques est parti, et il n'est pas encore au moment de revenir. Mademoiselle d'Hacqueville est morte. Le marquis, escorté de son secrétaire, promène son deuil par toute l'Italie, sans interrompre d'un seul jour la terrible dictée de ses mémoires. Jacques, surmené, trouve à peine le temps d'écrire à son frère quelques lignes datées de Rome, de Naples, de Pise, de Palerme. Mais si le timbre de ces lettres varie souvent, leur texte ne change guère... « ... Travailles-tu?... Comment vont les yeux noirs?... Comment va la vente?... L'article de Gustave Planche a-t-il paru?... Es-tu retourné chez Irma Borel? » A ces questions, toujours les mêmes, le petit Chose répond invariablement qu'il travaille beaucoup, que la vente du livre va très-bien, les yeux noirs aussi; qu'il n'a pas revu Irma Borel, ni entendu parler de Gustave Planche.

Qu'y a-t-il de vrai dans tout cela?... Une dernière lettre, écrite par le petit Chose en une nuit de fièvre et de tempête, va nous l'apprendre.

« *Monsieur Jacques Eyssette, à Pise.*

« Dimanche soir, dix heures.

« Jacques, je t'ai menti. Depuis deux mois je ne fais que te mentir. Je t'écris que je travaille, et depuis deux mois mon écritoire est à sec. Je t'écris que la vente de mon livre va bien, et depuis deux mois on n'en a pas vendu un exemplaire. Je t'écris que je ne revois plus Irma Borel, et depuis deux mois je ne l'ai pas quittée. Quant aux yeux noirs, hélas!... O Jacques, Jacques, pourquoi ne t'ai-je pas écouté? Pourquoi suis-je retourné chez cette femme?

« Tu avais raison. C'est une aventurière, rien de plus. D'abord je la croyais intelligente. Ce n'est pas vrai... tout ce qu'elle dit lui vient de quelqu'un. Elle n'a pas de cervelle, pas d'entrailles. Elle est fourbe, elle est cynique, elle est méchante. Dans ses accès de colère, je l'ai vue rouer sa négresse de coups de cravache, la jeter par terre, la trépigner; avec cela une femme forte, qui ne croit ni à Dieu ni au diable, mais accepte aveuglément les prédictions des somnambules et du marc de café. Quant à son talent de tragédienne, elle a beau prendre des leçons d'un avorton à bosse et passer toutes ses journées chez elle avec des boules élastiques dans la bouche, je suis sûr qu'aucun théâtre n'en voudra. Dans la vie privée, par exemple, c'est une fière comédienne.

« Comment j'étais tombé dans les griffes de cette créature, moi qui aime tant ce qui est bon et ce qui est simple, je n'en sais vraiment rien, mon pauvre Jacques; mais ce que je puis te jurer, c'est que je lui ai échappé, et que maintenant tout est fini, fini, fini... Si tu savais comme j'étais lâche et ce qu'elle faisait de moi!... Je lui avais raconté toute mon histoire; je lui parlais de toi, de notre mère, des yeux noirs. C'est à mourir de honte, je te dis... Je lui avais donné tout mon cœur, je lui avais livré toute ma vie; mais de sa vie à elle, jamais elle n'avait rien voulu me livrer. Je ne sais pas qui elle est, je ne sais pas d'où elle vient. Un jour je lui ai demandé si elle avait été mariée, elle s'est mise à rire. Tu sais, cette petite cicatrice qu'elle a sur la lèvre, c'est un coup de couteau qu'elle a reçu là-bas dans son pays, à Cuba. J'ai voulu savoir qui lui avait fait cela. Elle m'a répondu très-simplement : « Un « Espagnol nommé Pacheco, » et pas un mot de plus. C'est bête, n'est-ce pas? Est-ce que je le connais, moi, ce Pacheco? Est-ce qu'elle n'aurait pas dû me donner quelques explications?... Un coup de couteau, ce n'est pas naturel, que diable! Mais voilà... les artistes qui l'entourent lui ont fait un renom de femme étrange, et elle tient à sa réputation... Oh! ces artistes, mon cher, je les exècre. Si tu savais, ces gens-là, à force de vivre avec des statues et des peintures, ils en arrivent à croire qu'il n'y a que cela au monde. Ils vous parlent toujours de forme, de ligne, de couleur, d'art grec, de Parthénon, de méplats, de mastoïdes. Ils regardent votre nez, vos bras, votre menton. Ils cherchent si vous avez un type, du galbe, du *caractère;* mais de ce qui bat dans nos poitrines, de nos passions, de nos larmes, de nos angoisses, ils s'en soucient autant que d'une chèvre morte. Moi, ces bonnes gens ont trouvé que ma tête avait du caractère; mais que ma poésie n'en avait pas du tout. Ils m'ont joliment encouragé, va!

« Au début de notre liaison, cette femme avait cru mettre la main sur un petit prodige, un grand poëte de mansarde; — m'a-t-elle assommé avec sa mansarde! — Plus tard, quand son cénacle lui a prouvé que je n'étais qu'un imbécile, elle m'a gardé pour le caractère de ma tête. Ce caractère, il faut te dire, variait selon les gens. Un de ses peintres, qui me voyait le type italien, m'a fait poser pour un pifferaro; un autre pour un Algérien marchand de violettes; un autre... Est-ce que je sais? Le plus souvent, je posais chez elle, et pour lui plaire, je devais garder tout le jour mes oripeaux sur les épaules et figurer dans son salon, à côté du kakatoës. Nous avons passé bien des heures ainsi, moi en Turc, fumant de longues pipes dans un coin de sa chaise longue, elle à l'autre bout de sa chaise, déclamant avec ses boules élastiques dans la bouche, et s'interrompant de temps à autre pour me dire : « Quelle tête à caractère vous avez, mon « Dani-dan! » Quand j'étais en Turc, elle m'appelait Dani-dan; quand j'étais en Italien, Danielo, jamais Daniel... J'aurai du reste l'honneur de figurer sous ces deux espèces à l'exposition prochaine de peinture; on verra sur le livret : « Jeune piffe-« raro, à madame Irma Borel. » « Jeune fellah, à « madame Irma Borel. » Et ce sera moi... quelle honte!

« Je m'arrête un moment, Jacques. Je vais ouvrir la fenêtre, et boire un peu l'air de la nuit. J'étouffe... je n'y vois plus.

« Onze heures.

« L'air m'a fait du bien. En laissant la fenêtre ouverte, je puis continuer à t'écrire. Il pleut, il fait noir, les cloches sonnent. Que cette chambre est triste!... Chère petite chambre! Moi qui l'aimais tant autrefois; maintenant je m'y ennuie. C'est *elle* qui me l'a gâtée; elle y est venue trop souvent. Tu comprends, elle m'avait là sous la main, dans la maison; c'était commode. Oh! ce n'est plus la chambre du travail...

« Que je fusse ou non chez moi, elle entrait à toute heure et fouillait partout. Un soir je la trouvai furetant dans un tiroir où je renferme ce que j'ai de plus précieux au monde, les lettres de notre mère, les tiennes, celles des yeux noirs; celles-ci dans une boîte dorée que tu dois connaître. Au moment où j'entrai, Irma Borel tenait cette boîte et allait l'ouvrir. Je n'eus que le temps de m'élancer et de la lui arracher des mains. « Que faites-vous là? » lui criai-je indigné... Elle prit son air le plus tragique : « J'ai respecté les lettres de votre mère; mais « celles-ci m'appartiennent, je les veux... Rendez-« moi cette boîte. »

« — Que voulez-vous en faire?

« — Lire les lettres qu'elle contient...

« — Jamais, lui dis-je. Je ne connais rien de votre vie, et vous connaissez toute la mienne.

« — Oh! Dani-dan! — C'était le jour du Turc. — Oh! Dani-dan, est-il possible que vous me reprochiez cela? Est-ce que vous n'entrez pas chez moi quand vous voulez? Est-ce que tous ceux qui viennent chez moi ne vous sont pas connus?...

« Tout en parlant, et de sa voix la plus câline, elle essayait de me prendre la boîte.

« — Eh bien, lui dis-je, puisqu'il en est ainsi, je vous permets de l'ouvrir; mais à une condition...

« — Laquelle?

« — Vous me direz où vous allez tous les matins de huit à dix heures.

« Elle devint pâle et me regarda droit dans les yeux... Je ne lui avais jamais parlé de cela. Ce n'est pas l'envie qui m'en manquait pourtant. Cette mystérieuse sortie de tous les matins m'intriguait, m'inquiétait comme la cicatrice, comme le Pacheco et tout le train de cette existence bizarre. J'aurais voulu savoir, mais en même temps j'avais peur d'apprendre. Je sentais qu'il y avait là-dessous quelque mystère d'infamie qui m'aurait obligé à fuir... Ce jour-là cependant j'osai l'interroger, comme tu vois. Cela la surprit beaucoup. Elle hésita un moment, puis elle me dit avec effort, d'une voix sourde :

« — Donnez-moi la boîte, vous saurez tout.

« Alors je lui donnai la boîte, Jacques ; c'est infâme, n'est-ce pas ? Elle l'ouvrit en frémissant de plaisir et se mit à lire toutes les lettres, — il y en avait une vingtaine, — lentement, à demi-voix, sans sauter une ligne. Cette histoire d'amour, fraîche et pudique, paraissait l'intéresser beaucoup. Je la lui avais déjà racontée, mais à ma façon, lui donnant les yeux noirs pour une jeune fille de la plus haute noblesse, que ses parents refusaient de marier à ce petit plébéien de Daniel Eyssette ; tu reconnais bien là ma ridicule vanité.

« De temps en temps elle interrompait sa lecture pour dire : « Tiens ! c'est gentil, ça ! » ou bien encore : « Oh ! oh ! pour une fille noble... » Puis, à mesure qu'elle les avait lues, elle les approchait de la bougie et les regardait brûler avec un rire méchant. Moi, je la laissais faire ; je voulais savoir où elle allait tous les matins de huit à dix...

« Or, parmi ces lettres, il y en avait une écrite sur du papier de la maison Pierrotte, du papier à tête, avec trois petites assiettes vertes dans le haut, et au-dessous : *Porcelaines et cristaux. Pierrotte, successeur de Lalouette...* Pauvres yeux noirs ! Sans doute un jour, au magasin, ils avaient éprouvé le besoin de m'écrire, et le premier papier venu leur avait semblé bon... Tu penses, quelle découverte pour la tragédienne ! Jusque-là elle avait cru à mon histoire de fille noble et de parents grands seigneurs ; mais quand elle en fut à cette lettre, elle comprit tout et partit d'un grand éclat de rire :

« La voilà donc, cette jeune patricienne, cette
« perle du noble faubourg... Elle s'appelle Pier-
« rotte, et vend de la porcelaine au passage du
« Saumon... Ah ! je comprends maintenant pour-
« quoi vous ne vouliez pas me donner la boîte. »
Et elle riait, elle riait...

« Mon cher, je ne sais pas ce qui me prit ; la honte, le dépit, la rage... Je n'y voyais plus. Je me jetai sur elle pour lui arracher les lettres. Elle eut peur, fit un pas en arrière, et, s'empêtrant dans sa traîne, tomba avec un grand cri. Son horrible négresse l'entendit de la chambre à côté et accourut aussitôt, nue, noire, hideuse, décoiffée. Je voulais l'empêcher d'entrer, mais d'un revers de sa grosse main huileuse elle me cloua contre la muraille et se campa entre sa maîtresse et moi.

« L'autre, pendant ce temps, s'était relevée et pleurait ou faisait semblant. Tout en pleurant, elle continuait à fouiller dans la boîte : « Tu ne sais
« pas, disait-elle à sa négresse, tu ne sais pas pour-
« quoi il a voulu me battre ?... Parce que j'ai dé-
« couvert que sa demoiselle noble n'est pas noble
« du tout, et qu'elle vend des assiettes dans un
« passage... »

« — Tout ça qui porté zéperons, pas maquignon, dit la vieille en forme de sentence.

« — Tiens, regarde, fit la tragédienne, regarde les gages d'amour que lui donnait sa boutiquière... Quatre crins de son chignon et un bouquet de violettes d'un sou... Approche ta lampe, Coucou-Blanc.

« La négresse approcha sa lampe; les cheveux et les fleurs flambèrent en pétillant. Je laissai faire; j'étais atterré.

« — Oh! oh! qu'est-ce que ceci? continua la tragédienne en dépliant un papier de soie... Une dent?... Non! ça a l'air d'être en sucre... Ma foi, oui... c'est une sucrerie allégorique... un petit cœur en sucre.

« Hélas! un jour, à la foire des Prés-Saint-Gervais, les yeux noirs avaient acheté ce petit cœur de sucre et me l'avaient donné en me disant:

« — Je vous donne mon cœur.

« La négresse le regardait d'un œil d'envie.

« — Tu le veux, Coucou, lui cria sa maîtresse... Eh bien! attrappe...

« Et elle le lui jeta dans la bouche comme à un chien... C'est peut-être ridicule; mais quand j'ai entendu le sucre craquer sous la meule de la négresse, j'ai frissonné des pieds à la tête. Il me semblait que c'était le propre cœur des yeux noirs que ce monstre aux dents blanches dévorait si joyeusement.

« Tu crois peut-être, mon pauvre Jacques, qu'après cela tout a été fini entre nous. Eh bien, mon cher, si au lendemain de cette scène tu étais entré chez Irma Borel, tu l'aurais trouvée répétant le rôle d'Hermione avec son bossu, et dans un coin, sur une natte, à côté du kakatoës, tu aurais vu un jeune Turc accroupi, avec une grande pipe qui lui faisait trois fois le tour du corps... Quelle tête à caractère vous avez, mon Dani-dan !

« Mais au moins, diras-tu, pour prix de ton infamie, tu as su ce que tu voulais savoir et ce qu'*elle* devenait tous les matins, de huit à dix? Oui, Jacques, je l'ai su, mais ce matin seulement, à la suite d'une scène terrible, — la dernière, par exemple ! — que je vais te raconter... Mais, chut !... Quelqu'un monte... Si c'était elle, si elle venait me relancer encore... C'est qu'elle en est bien capable, même après ce qui s'est passé. Attends !... Je vais fermer la porte à double tour... Elle n'entrera pas, n'aie pas peur...

« Il ne faut pas qu'elle entre.

Minuit.

« Ce n'est pas elle ; c'était sa négresse. Cela m'étonnait aussi ; je n'avais pas entendu rentrer sa voiture... Coucou-Blanc vient de se coucher. A travers la cloison, j'entends le glou-glou de la bouteille et l'horrible refrain... *tolocototignan*... Maintenant elle ronfle ; on dirait le balancier d'une grosse horloge.

« Voici comment ont fini nos tristes amours :

« Il y a trois semaines à peu près, le bossu qui lui donne des leçons lui déclara qu'elle était mûre pour les grands succès tragiques et qu'il voulait la faire entendre, ainsi que quelques autres de ses élèves.

Voilà ma tragédienne ravie... Comme on n'a pas de théâtre sous la main, on convient de changer en salle de spectacle l'atelier d'un de ces messieurs, et d'envoyer des invitations à tous les directeurs de théâtre de Paris... Quant à la pièce de début, après avoir longtemps discuté, on se décide pour *Athalie*... De toutes les pièces du répertoire, c'était celle que les élèves du bossu savaient le mieux. On n'avait besoin pour la mettre sur pied que de quelques raccords et répétitions d'ensemble. Va donc pour *Athalie*... Comme Irma Borel était trop grande dame pour se déranger, les répétitions se firent chez elle. Chaque jour, le bossu amenait ses élèves, quatre ou cinq grandes filles maigres, solennelles, drapées dans des cachemires français à treize francs cinquante, et trois ou quatre pauvres diables avec des habits de papier noirci et des têtes de naufragés... On répétait tout le jour, excepté de huit à dix; car malgré les apprêts de la représentation, les mystérieuses sorties n'avaient pas cessé. Irma, le bossu, les élèves, tout le monde travaillait avec rage. Pendant deux jours on oublia de donner à manger au kakatoès. Quant au jeune Dani-dan, on ne s'occupait plus de lui... En somme, tout allait bien; l'atelier était paré, le théâtre construit, les costumes prêts, les invitations faites; voilà que trois ou quatre jours avant la représentation, le jeune Eliacin, — une fillette de dix ans, la nièce du bossu, — tombe malade... Comment faire? Où trouver un Eliacin, un enfant capable d'apprendre son rôle en trois jours?... Consternation générale. Tout à coup Irma Borel se tourne vers moi : « Au fait, Dani-dan, si vous vous en chargiez. »

« — Moi? Vous plaisantez... A mon âge...

« — Ne dirait-on pas que c'est un homme... Mais, mon petit, vous avez l'air d'avoir quinze ans; en scène, costumé, maquillé, vous en paraîtrez douze... D'ailleurs, le rôle est tout à fait dans le caractère de votre tête.

« Mon cher ami, j'eus beau me débattre. Il fallut en passer par où elle voulait, comme toujours. Je suis si lâche...

« La représentation eut lieu... Ah! si j'avais le cœur à rire, comme je t'amuserais avec le récit de cette journée... On avait compté sur les directeurs du Gymnase et du Théâtre-Français; mais il paraît que ces messieurs avaient affaire ailleurs, et nous nous contentâmes d'un directeur de la banlieue, amené au dernier moment. En somme, ce petit spectacle de famille n'alla pas trop de travers... Irma Borel fut très-applaudie... Moi, je trouvais que cette Athalie de Cuba était trop emphatique, qu'elle manquait d'expression, et parlait le français comme une... fauvette espagnole; mais, bah! ses amis les artistes n'y regardaient pas de si près. Le costume était authentique, la cheville fine, le cou bien attaché... C'est tout ce qu'il leur fallait. Quant à moi, le caractère de ma tête me valut aussi un très-beau succès, moins beau pourtant que celui de

Coucou-Blanc dans le rôle muet de la nourrice. Il est vrai que la tête de la négresse avait encore plus de caractère que la mienne. Aussi, lorsqu'au cinquième acte elle parut tenant sur son poing l'énorme kakatoës, — son Turc, sa négresse, son kakatoës, la tragédienne avait voulu que nous figurions tous dans la pièce, — et roulant d'un air étonné de gros yeux blancs très-féroces, il y eut par toute la salle une formidable explosion de bravos. « Quel succès! » disait Athalie rayonnante...

« Jacques!... Jacques!... J'entends sa voiture qui rentre. Oh! la misérable femme! D'où vient-elle si tard? Elle l'a donc oubliée notre horrible matinée; moi qui en tremble encore!

« La porte s'est refermée. Pourvu maintenant qu'elle ne monte pas! Vois-tu, c'est terrible, le voisinage d'une femme qu'on exècre!

« Une heure.

« La représentation que je viens de te raconter a eu lieu il y a trois jours.

« Pendant ces trois jours, elle a été gaie, douce, affectueuse, charmante. Elle n'a pas une fois battu sa négresse. A plusieurs reprises, elle m'a demandé de tes nouvelles, si tu toussais toujours; et pourtant, Dieu sait qu'elle ne t'aime pas... J'aurais dû me douter de quelque chose.

« Ce matin, elle entre dans ma chambre, comme neuf heures sonnaient. Neuf heures!... Jamais je ne l'avais vue à cette heure-là!... Elle s'approche de moi et me dit en souriant : « Il est neuf heures! »

Puis tout à coup, devenant solennelle : « Mon « ami, me dit-elle, je vous ai trompé. Quand nous « nous sommes rencontrés, je n'étais pas libre. Il « y avait un homme dans ma vie, lorsque vous y « êtes entré; un homme à qui je dois mon luxe, mes « loisirs, tout ce que j'ai. »

« Je te le disais bien, Jacques, qu'il y avait quelque infamie sous ce mystère.

« ... Du jour où je vous ai connu, cette liaison « m'est devenue odieuse... Si je ne vous en ai pas « parlé, c'est que je vous connaissais trop fier pour « consentir à me partager avec un autre. Si je ne « l'ai pas brisée, c'est parce qu'il m'en coûtait de « renoncer à cette existence indolente et luxueuse « pour laquelle je suis née... Aujourd'hui, je ne « peux plus vivre ainsi... Ce mensonge me pèse, « cette trahison de tous les jours me rend folle... « Et si vous voulez encore de moi après l'aveu que « je viens de vous faire, je suis prête à tout quitter « et à vivre avec vous dans un coin, où vous « voudrez... »

« Ces derniers mots « où vous voudrez » furent dits à voix basse, tout près de moi, presque sur mes lèvres, pour me griser...

« J'eus pourtant le courage de lui répondre, et même très-sèchement, que j'étais pauvre, que je ne gagnais pas ma vie, et que je ne pouvais pas la faire nourrir par mon frère Jacques.

« Sur cette réponse, elle releva la tête d'un air de triomphe :

« — Eh bien! si j'avais trouvé pour nous deux
« un moyen honorable et sûr de gagner notre vie
« sans nous quitter, que diriez-vous?

« Là-dessus, elle tira d'une de ses poches un grimoire sur papier timbré qu'elle se mit à me lire... C'était un engagement pour nous deux dans un théâtre de la banlieue parisienne; elle, à raison de cent francs par mois; moi, à raison de cinquante. Tout était prêt; nous n'avions plus qu'à signer.

« Je la regardai épouvanté. Je sentais qu'elle m'entraînait dans un trou, et j'eus peur un moment de n'être pas assez fort pour résister... La lecture du grimoire finie, sans me laisser le temps de répondre, elle se mit à parler fiévreusement des splendeurs de la carrière théâtrale et de la vie glorieuse que nous allions mener là-bas, libres, fiers, loin du monde, tout à notre art et à notre amour.

« Elle parla trop; c'était une faute. J'eus le temps de me remettre, d'invoquer ma mère Jacques dans le fond de mon cœur, et quand elle eut fini sa tirade, je pus lui dire très-froidement :

« — Je ne veux pas être comédien...

« Bien entendu, elle ne lâcha pas prise et recommença ses belles tirades.

« Peine perdue... A tout ce qu'elle put me dire, je ne répondis qu'une chose :

« — Je ne veux pas être comédien...

« Elle commençait à perdre patience.

« — Alors, me dit-elle en pâlissant, vous préfé-

« rez que je retourne là-bas, de huit à dix, et que
« les choses restent comme elles sont...

« A cela je répondis un peu moins froidement :
« Je ne préfère rien... Je trouve très-honorable à
« vous de vouloir gagner votre vie et ne plus la
« devoir aux générosités d'un monsieur de huit à
« dix... Je vous répète seulement que je ne me sens
« pas la moindre vocation théâtrale, et que je ne
« serai pas comédien. »

« A ce coup elle éclata.

« — Ah! tu ne veux pas être comédien... Qu'est-
« ce que tu seras donc alors?... Te croirais-tu
« poëte, par hasard?... Il se croit poëte!... Mais
« tu n'as rien de ce qu'il faut, pauvre fou!... Je
« vous demande, parce que ça vous a fait im-
« primer un méchant livre dont personne ne
« parle, dont personne ne veut, ça se croit poëte...
« Mais, malheureux, ton livre est idiot, tous me
« le disent bien... Depuis deux mois qu'il est en
« vente, on n'en a vendu qu'un exemplaire, et
« c'est le mien... Toi, poëte, allons donc!... Il n'y
« a que ton frère pour croire à une niaiserie pa-
« reille... Encore un joli naïf, celui-là!... et qui
« t'écrit de bonnes lettres... Il est à mourir de rire
« avec son article de Gustave Planche... En at-
« tendant, il se tue pour te faire vivre; et toi,
« pendant ce temps-là, tu... tu... au fait, qu'est-ce
« que tu fais? Le sais-tu seulement?... Parce que
« ta tête a un certain caractère, cela te suffit; tu
« t'habilles en Turc, et tu crois que tout est là!..
« D'abord, je te préviens que depuis quelque temps

« le caractère de ta tête se perd joliment... tu es
« laid, tu es très-laid. Tiens! regarde-toi... Je suis
« sûre que si tu retournais vers ta donzelle Pier-
« rotte, elle ne voudrait plus de toi... Et pour-
« tant, vous êtes bien faits l'un pour l'autre...
« Vous êtes nés tous les deux pour vendre de la
« porcelaine au passage du Saumon. C'est bien
« mieux ton affaire que d'être comédien... »

« Elle bavait, elle étranglait. Jamais tu n'as vu
folie pareille. Je la regardais sans rien dire. Quand
elle eut fini, je m'approchai d'elle, — j'avais tout le
corps qui me tremblait, — et je lui dis bien tranquillement :

« — Je ne veux pas être comédien.

« Disant cela, j'allai vers la porte, je l'ouvris et la
lui montrai.

« — M'en aller? fit-elle en ricanant... Oh! pas
« encore... j'en ai encore long à vous dire. »

« Pour le coup, je n'y tins plus. Un paquet de
sang me monta au visage. Je pris un des chenets de
la cheminée et je courus sur elle... Je te réponds
qu'elle a déguerpi... Mon cher, à ce moment-là, j'ai
compris l'Espagnol Pacheco.

« Derrière elle, j'ai pris mon chapeau et je suis
descendu. J'ai couru tout le jour, de droite et de
gauche, comme un homme ivre... Ah! si tu avais
été là... Un moment j'ai eu l'idée d'aller chez
Pierrotte, de me jeter à ses pieds, de demander
grâce aux yeux noirs. Je suis allé jusqu'à la porte
du magasin, mais je n'ai pas osé entrer... Voilà
deux mois que je n'y vais plus. On m'a écrit, pas

de réponse. On est venu me voir, je me suis caché. Comment pourrait-on me pardonner?... Pierrotte était assis à son comptoir. Il avait l'air triste... Je suis resté un moment à le regarder, debout contre la vitre; puis je me suis enfui en pleurant.

« La nuit venue, je suis rentré. J'ai pleuré longtemps à la fenêtre; après quoi, j'ai commencé à t'écrire. Je t'écrirai ainsi toute la nuit. Il me semble que tu es là, que je cause avec toi, et cela me fait du bien.

« Quel monstre que cette femme! Comme elle était sûre de moi! Comme elle me croyait bien son jouet, sa chose!... Comprends-tu? m'emmener jouer la comédie dans la banlieue!... Conseille-moi, Jacques, je m'ennuie, je souffre... Elle m'a fait bien du mal, vois-tu. Je ne crois plus en moi, je doute, j'ai peur. Que faut-il faire?... travailler?... Hélas! elle a raison, je ne suis pas poëte. Mon livre ne s'est pas vendu... Et pour payer, comment vas-tu faire?...

« Toute ma vie est gâtée. Je n'y vois plus, je ne sais plus. Il fait noir... Il y a des noms prédestinés. Elle s'appelle Irma Borel. Borel, chez nous, ça veut dire bourreau... Irma Bourreau!... Comme ce nom lui va bien!... Je voudrais déménager. Cette chambre m'est odieuse... Et puis, je suis exposé à *la* rencontrer dans l'escalier... Par exemple, sois tranquille, si elle remonte jamais... Mais elle ne remontera pas. Elle m'a oublié. Les artistes sont là pour la consoler...

« Ah! mon Dieu! qu'est-ce que j'entends?...

Jacques, mon frère, c'est elle. Je te dis que c'est elle. Elle vient ici; j'ai reconnu son pas... Elle est là, tout près. J'entends son haleine.. Son œil collé à la serrure me regarde, me brûle, me...

Cette lettre ne partit pas.

XII

TOLOCOTOTIGNAN

Me voici arrivé aux pages les plus sombres de mon histoire, aux jours de misère et de honte que Daniel Eyssette a vécus à côté de cette femme, comédien dans la banlieue de Paris. Chose singulière ! Ce temps de ma vie, accidenté, bruyant, tourbillonnant, m'a laissé des remords plutôt que des souvenirs.

Tout ce coin de ma mémoire est brouillé, je ne vois rien, rien...

Mais, attendez !... je n'ai qu'à fermer les yeux et à fredonner deux ou trois fois ce refrain bizarre et mélancolique : « *Tolocototignan ! Tolocototignan !* » tout de suite, comme par magie, mes souvenirs assoupis vont se réveiller, les heures mortes sortiront de leurs tombeaux, et je retrouverai le petit Chose, tel qu'il était alors, dans une grande maison neuve du boulevard Montparnasse, entre

Irma Borel qui répétait ses rôles, et Coucou-Blanc qui chantait sans cesse :

Tolocototignan ! Tolocototignan !

Pouah ! l'horrible maison ! Je la vois maintenant, je la vois avec ses mille fenêtres, sa rampe verte et poisseuse, ses plombs béants, ses portes numérotées, ses longs corridors blancs qui sentaient la peinture fraîche... toute neuve, et déjà salie !... Il y avait cent huit chambres là-dedans ; dans chaque chambre un ménage. Et quels ménages !... Tout le jour c'étaient des scènes, des cris, du fracas, des tueries ; la nuit, des piaillements d'enfants, des pieds nus marchant sur le carreau, puis le balancement uniforme et lourd des berceaux. De temps en temps, pour varier, des visites de la police.

C'est là, c'est dans cet antre garni à sept étages qu'Irma Borel et le petit Chose étaient venus abriter leur amour... triste logis et bien fait pour un pareil hôte !... Ils l'avaient choisi parce que c'était près de leur théâtre ; et puis, comme dans toutes les maisons neuves, ils ne payaient pas cher. Pour quarante francs, — un prix d'essuyeurs de plâtres, — ils avaient deux chambres au second étage, avec un liséré de balcon sur le boulevard, le plus bel appartement de l'hôtel... Ils rentraient tous les soirs vers minuit, à la fin du spectacle. C'était sinistre de revenir par ces grandes avenues désertes, où rôdaient des blouses silencieuses, des filles en cheveux, et les longues redingotes des patrouilles grises.

Ils marchaient vite, au milieu de la chaussée. En arrivant, ils trouvaient un peu de viande froide sur un coin de la table et la négresse Coucou-Blanc qui attendait... car Irma Borel avait gardé Coucou-Blanc. M. de Huit-à-Dix avait repris son cocher, ses meubles, sa vaisselle, sa voiture. Irma Borel avait gardé sa négresse, son kakatoës, quelques bijoux et toutes ses robes. Celles-ci, bien entendu, ne lui servaient plus qu'à la scène, les traînes de velours et de moire n'étant point faites pour balayer les boulevards extérieurs... A elles seules, les robes occupaient une des deux chambres. Elles étaient là pendues tout autour à des porte-manteaux d'acier, et leurs grands plis soyeux, leurs couleurs voyantes contrastaient étrangement avec le carreau dérougi et le meuble fané. C'est dans cette chambre que couchait la négresse.

Elle y avait installé sa paillasse, son fer à cheval, sa bouteille d'eau-de-vie; seulement, de peur du feu, on ne lui laissait pas de lumière. Aussi, la nuit, quand ils rentraient, Coucou-Blanc, accroupie sur sa paillasse au clair de lune, avait l'air, parmi ces robes mystérieuses, d'une vieille sorcière préposée par Barbe-Bleue à la garde des sept pendues... L'autre pièce, la plus petite, était pour eux et le kakatoës. Juste la place d'un lit, de trois chaises, d'une table et du grand perchoir à bâtons dorés.

Si triste et si étroit que fût leur logis, ils n'en

sortaient jamais. Le temps que leur laissait le théâtre, ils le passaient chez eux à apprendre leurs rôles, et c'était, je vous jure, un terrible charivari. D'un bout de la maison à l'autre on entendait leurs rugissements dramatiques : « Ma fille, rendez-moi ma fille! — Par ici, Gaspardo! — Son nom, son nom, miséra-a-able! » Par là-dessus, les cris déchirants du kakatoës, et la voix aiguë de Coucou-Blanc qui chantonnait sans cesse :

Tolocototignan!... Tolocototignan!...

Irma Borel était heureuse, elle. Cette vie lui plaisait; cela l'amusait de jouer au ménage d'artistes pauvres. « Je ne regrette rien, » disait-elle souvent. Qu'aurait-elle regretté? Le jour où la misère la fatiguerait, le jour où elle serait lasse de boire du vin au litre et de manger ces hideuses portions à sauces brunes qu'on leur montait de la gargote, le jour où elle en aurait jusque-là de l'art dramatique de la banlieue, ce jour-là, elle savait bien qu'elle reprendrait son existence d'autrefois. Tout ce qu'elle avait perdu, elle n'aurait qu'à lever un doigt pour le retrouver.

C'est cette pensée d'arrière-garde qui lui donnait du courage et lui faisait dire : « Je ne regrette rien. » Elle ne regrettait rien, elle; mais lui, lui?...

Ils avaient débuté tous les deux dans *Gaspardo le Pêcheur,* un des plus beaux morceaux de la ferblanterie mélodramatique. Elle y fut très-acclamée, non certes pour son talent, — mauvaise voix, gestes ridicules, — mais pour ses bras de neige, pour ses robes de velours. Le public de là-bas n'est pas habitué à ces exhibitions de chair éblouissante et de robes glorieuses à quarante francs le mètre. Dans la salle, on disait : « C'est une duchesse ! » et les titis émerveillés applaudissaient à tête fendre...

Il n'eut pas le même succès. On le trouva trop petit; et puis il avait peur, il avait honte. Il parlait tout bas, comme à confesse : « Plus haut ! Plus haut ! » lui criait-on. Mais sa gorge se serrait, étranglant les mots au passage. Il fut sifflé... Que voulez-vous? Irma avait beau dire, la vocation n'y était pas. Après tout, parce qu'on est mauvais poëte, ce n'est pas une raison pour être bon comédien.

La créole le consolait de son mieux : « Ils n'ont pas compris le caractère de ta tête... » lui disait-elle souvent. Le directeur ne s'y trompa point, lui, sur le caractère de sa tête. Après deux représentations orageuses, il le fit venir dans son cabinet et lui dit : « Mon petit, le drame n'est pas ton affaire. Nous nous sommes fourvoyés. Essayons du vaudeville. Je crois que dans les comiques tu marcheras très-bien. » Et dès le lendemain, on essaya du vaudeville. Il joua les jeunes premiers comiques, les gandins ahuris auxquels on fait boire de la limonade Rogé en guise de champagne, et qui courent la scène en se tenant le ventre, les niais à perruque rousse qui pleurent comme des veaux, « heu!... heu!... heu!... » les amoureux de campagne qui roulent des yeux bêtes en disant :

« Mam'selle, j' vous aimons ben!... heulla! ben vrai, j' vous aimons tout plein! »

Il joua les jeannot, les trembleurs, tous ceux qui sont laids, tous ceux qui font rire, et la vérité me force à dire qu'il ne s'en tira pas trop mal. Le malheureux avait du succès; il faisait rire!

Expliquez cela, si vous pouvez. C'est quand il était en scène, grimé, plâtré, chargé d'oripeaux, que le petit Chose pensait à Jacques, aux yeux noirs. C'est au milieu d'une grimace, au coin d'un lazzi bête, que l'image de tous ces chers êtres, qu'il avait si lâchement trahis, se dressait tout à coup devant lui.

Presque tous les soirs, les titis de l'endroit pourront vous l'affirmer, il lui arrivait de s'arrêter net au beau milieu d'une tirade et de rester debout, sans parler, la bouche ouverte, à regarder la salle... Dans ces moments-là son âme lui échappait, sautait par dessus la rampe, crevait le plafond du théâtre d'un coup d'aile, et s'en allait bien loin donner un bonjour à Jacques, un baiser à madame Eyssette, demander grâce aux yeux noirs, en se plaignant amèrement du triste métier qu'on lui faisait faire...

« Heulla! ben vrai, j'vous aimons tout plein!... » disait tout à coup la voix du souffleur, et alors, le malheureux petit Chose, arraché à son rêve, tombé de son ciel, promenait autour de lui de grands yeux étonnés où se peignait un effarement si naturel, si comique, que toute la salle partait d'un gros éclat de rire. En argot de théâtre, c'est ce qu'on appelle un effet. Sans le vouloir, il avait trouvé un effet.

La troupe dont ils faisaient partie desservait plusieurs communes. C'était une façon de troupe nomade, jouant tantôt à Grenelle, à Montparnasse, à Sèvres, à Sceaux, à Saint-Cloud. Pour aller d'un pays à l'autre, on s'entassait dans l'omnibus du théâtre, — un vieil omnibus café-au-lait traîné par un cheval phthisique. En route, on chantait, on jouait aux cartes. Ceux qui ne savaient pas leurs rôles se mettaient dans le fond et repassaient les brochures. C'était sa place à lui.

Il restait là, taciturne et triste comme sont les grands comiques, l'oreille fermée à toutes les trivialités qui bourdonnaient à ses côtés. Si bas qu'il fût tombé, ce cabotinage roulant était encore au-dessous de lui. Il avait honte de se trouver en pareille compagnie. Les femmes, de vieilles prétentions, fanées, fardées, maniérées, sentencieuses. Les hommes, des êtres communs, sans idéal, sans orthographe, des fils de coiffeurs ou de marchandes de *frites*, qui s'étaient fait comédiens par désœuvrement, par fainéantise, par amour du paillon, du costume, pour se montrer sur les planches en collants de couleur tendre et redingotes à la Souwaroff, des Lovelaces de barrière, toujours préoccupés de leur tenue, dépensant leurs appointements en frisures, et vous disant, d'un air convaincu : « Aujourd'hui j'ai bien travaillé, » quand ils avaient passé cinq heures à se faire une paire de bottes Louis XV avec deux mètres de papier verni... En vérité, c'était bien la peine de tant railler le salon à musique de Pierrotte pour venir s'échouer dans cette guimbarde.

A cause de son air maussade et de ses fiertés silencieuses, ses camarades ne l'aimaient pas. On disait : « C'est un sournois. » La créole, en revanche, avait su gagner tous les cœurs. Elle trônait dans l'omnibus comme une princesse en bonne fortune, riait à belles dents, renversait la tête en arrière pour montrer sa fine encolure, tutoyait tout le monde, appelait les hommes « mon vieux », les femmes « ma petite », et forçait les plus hargneux à dire d'elle : « C'est une bonne fille. » Une bonne fille, quelle dérision !...

Ainsi roulant, riant, les grosses plaisanteries faisant feu, on arrivait au lieu de la représentation. Le spectacle fini, on se déshabillait d'un tour de main, et vite on remontait en voiture pour rentrer à Paris. Alors il faisait noir. On causait à voix basse, en se cherchant dans l'ombre avec les genoux. De temps en temps, un rire étouffé... A l'octroi du faubourg du Maine, l'omnibus s'arrêtait pour remiser. Tout le monde descendait, et l'on allait en troupe reconduire Irma Borel jusqu'à la porte du grand taudis, où Coucou-Blanc, aux trois quarts ivre, les attendait avec sa chanson triste :

Tolocototignan !... Tolocototignan !...

A les voir rivés ainsi l'un à l'autre, on aurait pu croire qu'ils s'aimaient. Non ! ils ne s'aimaient pas.

Ils se connaissaient bien trop pour cela. Il la savait menteuse, froide, sans entrailles. Elle le savait faible et mou jusqu'à la lâcheté. Elle se disait : « Un beau matin, son frère va venir et me l'enlever pour le rendre à sa porcelainière. » Lui se disait : « Un de ces jours, lassée de la vie qu'elle mène, elle s'envolera avec un monsieur de Huit-à-Dix, et moi je resterai seul dans ma fange... » Cette crainte éternelle qu'ils avaient de se perdre faisait le plus clair de leur amour. Ils ne s'aimaient pas, et pourtant ils étaient jaloux.

Chose singulière, n'est-ce pas? que là où il n'y a point d'amour, il puisse y avoir de la jalousie. Eh bien! c'était ainsi... Quand elle parlait familièrement à quelqu'un du théâtre, il devenait pâle. Quand il recevait une lettre, elle se jetait dessus et la décachetait avec des mains tremblantes... Le plus souvent c'était une lettre de Jacques. Elle la lisait jusqu'au bout en ricanant, puis la jetait sur un meuble : « Toujours la même chose », disait-elle avec dédain. Hélas! oui, toujours la même chose, c'est-à-dire toujours le dévouement, la générosité, l'abnégation. C'est bien pour cela qu'elle détestait tant le frère...

Le brave Jacques ne s'en doutait pas, lui. Il ne se doutait de rien. On lui écrivait que tout allait bien, que *la Comédie pastorale* était aux trois quarts vendue, et qu'à l'échéance des billets on trouverait chez les libraires tout l'argent qu'il faudrait pour faire face. Confiant et bon comme toujours, il continuait d'envoyer les cent francs du mois rue Bonaparte, où Coucou-Blanc allait les chercher.

Avec les cent francs de Jacques et les appointements du théâtre, ils avaient bien sûr de quoi vivre, surtout dans ce quartier de pauvres hères. Mais ni l'un ni l'autre ils ne savaient, comme on dit, ce que c'est que l'argent : lui, parce qu'il n'en avait jamais eu; elle, parce qu'elle en avait toujours eu trop. Aussi, quel gaspillage! Dès le 5 du mois, la caisse — une petite pantoufle javanaise en paille de maïs — la caisse était vide. Il y avait d'abord le kakatoës qui, à lui seul, coûtait autant à nourrir qu'une personne de grandeur naturelle. Il y avait ensuite le blanc, le kohl, la poudre de riz, les opiats, les pattes de lièvre, tout l'attirail de la peinture dramatique. Puis les brochures du théâtre étaient trop vieilles, trop fanées; madame voulait des brochures neuves. Il lui fallait aussi des fleurs, beaucoup de fleurs. Elle se serait passée de manger plutôt que de voir ses jardinières vides.

En deux mois, la maison fut criblée de dettes. On devait à l'hôtel, au restaurant, au portier du théâtre. De temps en temps un fournisseur se lassait et venait faire du bruit le matin. Ces jours-là, en désespoir de tout, on courait vite chez l'imprimeur de *la Comédie pastorale* et on lui empruntait quelques louis de la part de Jacques. L'imprimeur, qui avait entre les mains le second volume des fameux mémoires et savait Jacques toujours secrétaire du d'Hacqueville, ouvrait sa bourse sans méfiance. De louis en louis, on était arrivé à lui emprunter quatre cents francs, qui, joints aux neuf cents de *la Comédie pastorale*, portaient la dette de Jacques à treize cents francs.

Pauvre mère Jacques! Que de désastres l'attendaient à son retour! Daniel disparu, les yeux noirs en larmes, pas un volume vendu et treize cents francs à payer. Comment se tirerait-il de là?... La créole ne s'en inquiétait guère, elle. Mais lui, le petit Chose, cette pensée ne le quittait pas. C'était une obsession, une angoisse perpétuelle. Il avait beau chercher à s'étourdir, travailler comme un forçat (et de quel travail, juste Dieu!), apprendre de nouvelles bouffonneries, étudier devant son miroir de nouvelles grimaces, toujours le miroir lui renvoyait l'image de Jacques au lieu de la sienne : entre les lignes de son rôle, au lieu de Langlumeau, de Josias et autres personnages de vaudeville, il ne voyait que le nom de Jacques; Jacques, Jacques, toujours Jacques!

Chaque matin, il regardait le calendrier avec terreur et, comptant les jours qui le séparaient de la première échéance des billets, il se disait en frissonnant : « Plus qu'un mois... plus que trois semaines! » Car il savait bien qu'au premier billet protesté tout serait découvert, et que le martyre de son frère commencerait dès ce jour-là. Jusque dans son sommeil cette idée le poursuivait. Quelquefois il se réveillait en sursaut, le cœur serré, le visage inondé de larmes, avec le souvenir confus d'un rêve terrible et singulier qu'il venait d'avoir.

Ce rêve, toujours le même, revenait presque

toutes les nuits. Cela se passait dans une chambre inconnue, où il y avait une grande armoire à vieilles ferrures grimpantes. Jacques était là, pâle, horriblement pâle, étendu sur un canapé ; il venait de mourir. Camille Pierrotte était là, elle aussi, et, debout devant l'armoire, elle cherchait à l'ouvrir pour prendre un linceul. Seulement elle ne pouvait pas y parvenir, et tout en tâtonnant avec la clef autour de la serrure, on l'entendait dire d'une voix navrante : « Je ne peux pas ouvrir... J'ai trop pleuré... je n'y vois plus... »

Quoiqu'il voulût s'en défendre, ce rêve l'impressionnait au delà de la raison. Dès qu'il fermait les yeux, il revoyait Jacques étendu sur le canapé, et Camille, aveugle, devant l'armoire... Tous ces remords, toutes ces terreurs le rendaient de jour en jour plus sombre, plus irritable. La créole, de son côté, n'était pas endurante. D'ailleurs elle sentait vaguement qu'il lui échappait — sans qu'elle sût par où — et cela l'exaspérait. A tout moment, c'étaient des scènes terribles : des cris, des injures, à se croire dans un bateau de blanchisseuses.

Elle lui disait : « Va-t'en avec ta Pierrotte te faire donner des cœurs de sucre. »

Et lui tout de suite : « Retourne à ton Pacheco te faire fendre la lèvre. »

Elle l'appelait : « Bourgeois ! »

Il lui répondait : « Coquine ! »

Puis ils fondaient en larmes et se pardonnaient généreusement pour recommencer le lendemain.

C'est ainsi qu'ils vivaient, non ! qu'ils croupissaient ensemble, rivés au même fer, couchés dans le même ruisseau... C'est cette existence fangeuse, ce sont ces heures misérables qui défilent aujourd'hui devant mes yeux quand je fredonne le refrain de la négresse, le bizarre et mélancolique :

Tolocototignan! Tolocototignan!

XIII

L'ENLÈVEMENT

C'était un soir, vers neuf heures, au théâtre Montparnasse. Le petit Chose, qui jouait dans la première pièce, venait de finir et remontait dans sa loge. En montant, il se croisa avec Irma Borel, qui allait entrer en scène. Elle était rayonnante, toute en velours et en guipure, l'éventail au poing comme Célimène.

— Viens dans la salle, lui dit-elle en passant, je suis en train... je serai très-belle.

Il hâta le pas vers sa loge, et se déshabilla bien vite. Cette loge, qu'il partageait avec deux camarades, était un cabinet sans fenêtres, bas de plafond, éclairé au schiste. Deux ou trois chaises de paille formaient tout l'ameublement. Le long du mur pendaient des fragments de glace, des perruques défrisées, des guenilles à paillettes, velours fanés, dorures éteintes. A terre, dans un coin, des pots de rouge sans couvercles, des houppes à poudre de riz toutes déplumées...

Le petit Chose était là depuis un moment, en train de se défubler, quand il entendit un machiniste qui l'appelait d'en bas : « Monsieur Daniel ! monsieur Daniel ! » Il sortit de sa loge, et, penché sur le bois humide de la rampe, demanda : « Qu'y a-t-il ? » Puis, voyant qu'on ne répondait pas, il descendit, tel qu'il était, à peine vêtu, barbouillé de blanc et de rouge, avec sa grande perruque jaune qui lui tombait sur les yeux...

Au bas de l'escalier, il se heurta contre quelqu'un.

— Jacques ! cria-t-il en reculant.

C'était Jacques... Ils se regardèrent un moment, sans parler. A la fin, Jacques joignit les mains et murmura d'une voix douce, pleine de larmes : « Oh ! Daniel ! » Ce fut assez. Le petit Chose, remué jusqu'au fond des entrailles, regarda autour de lui comme un enfant craintif, et dit tout bas, si bas que son frère put à peine l'entendre : « Emmène-moi d'ici, Jacques. »

Jacques tressaillit, et le prenant par la main, il l'entraîna dehors. Un fiacre attendait à la porte ; ils y montèrent. — « Rue des Dames, aux Batignolles ! » cria la mère Jacques. — « C'est mon quartier ! » répondit le cocher d'une voix joyeuse, et la voiture s'ébranla...

... Jacques était à Paris depuis deux jours. Il arrivait de Palerme, où une lettre de Pierrotte — qui lui courait après depuis trois mois, — l'avait enfin découvert. Cette lettre, courte et sans phrases lui apprenait la disparition de Daniel.

En la lisant, Jacques devina tout. Il se dit : « L'enfant fait des bêtises... Il faut que j'y aille. » Et sur-le-champ il demanda un congé au marquis.

— Un congé, fit le bonhomme en bondissant. Êtes-vous fou ?... Et mes mémoires ?...

— Rien que huit jours, monsieur le marquis, le temps d'aller et de revenir ; il y va de la vie de mon frère.

— Je me moque pas mal de votre frère... Est-ce que vous n'étiez pas prévenu, en entrant ? Avez-vous oublié nos conventions ?

— Non, monsieur le marquis, mais...

— Pas de mais qui tienne. Il en sera de vous comme des autres. Si vous quittez votre place pour huit jours, vous n'y rentrerez jamais. Réfléchissez là-dessus, je vous prie... Et tenez, pendant que vous faites vos réflexions, mettez-vous là. Je vais dicter.

— C'est tout réfléchi, monsieur le marquis. Je m'en vais.

— Allez au diable!

Sur quoi l'intraitable vieillard prit son chapeau, et se rendit au consulat français pour s'informer d'un nouveau secrétaire.

Jacques partit le soir même.

En arrivant à Paris, il courut rue Bonaparte. « Mon frère est là-haut ? » cria-t il au portier qui fumait sa pipe dans la cour, à califourchon sur la fontaine. Le portier se mit à rire : « Il y a beau temps qu'il court, » dit-il sournoisement.

Il voulait faire le discret, mais une pièce de cent sous lui desserra les dents. Alors il raconta que depuis longtemps le petit du cinquième et la dame du premier avaient disparu, qu'ils se cachaient on ne sait où, dans quelque coin de Paris, mais ensemble à coup sûr, car la négresse Coucou-Blanc venait tous les mois voir s'il n'y avait rien pour eux. Il ajouta que M. Daniel, en partant, avait oublié de lui donner congé, et qu'on lui devait les loyers des quatre derniers mois, sans parler d'autres menues dettes.

« C'est bien, dit Jacques, tout sera payé. » Et sans perdre une minute, sans prendre seulement le temps de secouer la poussière du voyage, il se mit à la recherche de son enfant.

Il alla d'abord chez l'imprimeur, pensant avec raison que le dépôt général de *la Comédie pastorale* étant là, Daniel devait y venir souvent :

« J'allais vous écrire, lui dit l'imprimeur en le voyant entrer. Vous savez que le premier billet échoit dans quatre jours. »

Jacques répondit sans s'émouvoir : « J'y ai songé... Dès demain j'irai faire ma tournée chez les libraires. Ils ont de l'argent à me remettre. La vente a très-bien marché. »

L'imprimeur ouvrit démesurément ses gros yeux bleu-d'Alsace.

« Comment ?... La vente a bien marché ! Qui vous a dit cela ?

Jacques pâlit, pressentant une catastrophe.

« Regardez donc dans ce coin, continua l'Alsacien, tous ces volumes empilés. C'est *la Comédie pastorale*. Depuis cinq mois qu'elle est dans le commerce, on n'en a vendu qu'un exemplaire. A la fin les libraires se sont lassés et m'ont renvoyé les volumes qu'ils avaient en dépôt. A l'heure qu'il est, tout cela n'est plus bon qu'à vendre au poids du papier. C'est dommage ; c'était bien imprimé. »

Chaque parole de cet homme tombait sur la tête de Jacques comme un coup de canne plombée ; mais ce qui l'acheva, ce fut d'apprendre que Daniel, en son nom, avait emprunté de l'argent à l'imprimeur.

— Pas plus tard qu'hier, dit l'impitoyable Alsacien, il m'a envoyé une horrible négresse pour me demander deux louis; mais j'ai refusé net. D'abord parce que ce mystérieux commissionnaire à tête de ramoneur ne m'inspirait pas de confiance, et puis, vous comprenez, monsieur Eyssette, moi je ne suis pas riche, et cela fait déjà plus de quatre cents francs que j'avance à votre frère.

— Je le sais, répondit fièrement la mère Jacques, mais soyez sans inquiétude, cet argent vous sera bientôt rendu. Puis il sortit bien vite de peur de laisser voir son émotion. Dans la rue, il fut obligé de s'asseoir sur une borne. Les jambes lui manquaient. Son enfant en fuite, sa place perdue, l'argent de l'imprimeur à rendre, la chambre, le portier, l'échéance du surlendemain, tout cela bourdonnait, tourbillonnait dans sa cervelle... Tout à coup il se leva : « D'abord les dettes, se dit-il, c'est le plus pressé. » Et malgré la lâche conduite de son frère envers les Pierrotte, il alla sans hésiter s'adresser à eux.

En entrant dans le magasin de l'*ancienne maison Lalouette*, Jacques aperçut derrière le comptoir une grosse face jaune et bouffie que d'abord il ne reconnaissait pas ; mais au bruit que fit la porte, la grosse face se souleva, et voyant qui venait d'entrer, poussa un retentissant « C'est bien le cas de le dire » auquel on ne pouvait pas se tromper... Pauvre Pierrotte ! Le chagrin de sa fille en avait fait un autre homme. Le Pierrotte d'autrefois, si jovial et si rubicond, n'existait plus. Les larmes que sa petite versait depuis cinq mois avaient rougi ses yeux, fondu ses joues. Sur ses lèvres décolorées, le rire éclatant des anciens jours faisait place maintenant à un sourire froid, silencieux, le sourire des veuves et des amantes délaissées. Ce n'était plus Pierrotte, c'était Ariane, c'était Nina.

Du reste, dans le magasin de l'*ancienne maison Lalouette*, il n'y avait que lui de changé. Les bergères coloriées, les Chinois à bedaines violettes souriaient toujours béatement sur les hautes étagères, parmi les verres de Bohême et les assiettes à grandes fleurs. Les soupières rebondies, les carcels en porcelaine peinte, reluisaient toujours par places derrière les mêmes vitrines, et dans l'arrière-boutique, la même flûte roucoulait toujours discrètement.

— C'est moi, Pierrotte, dit la mère Jacques, en

affermissant sa voix, je viens vous demander un grand service. Prêtez-moi quinze cents francs.

Pierrotte, sans répondre, ouvrit sa caisse, remua quelques écus, puis repoussant le tiroir, il se leva tranquillement.

« Je ne les ai pas ici, monsieur Jacques. Attendez-moi, je vais les chercher là-haut. » Avant de sortir, il ajouta d'un air contraint : « Je ne vous dis pas de monter ; cela lui ferait trop de peine. »

Jacques soupira. « Vous avez raison, Pierrotte ; il vaut mieux que je ne monte pas. »

Au bout de cinq minutes, le Cévenol revint avec deux billets de mille francs qu'il lui mit dans la main. Jacques ne voulait pas les prendre : « Je n'ai besoin que de quinze cents francs, » disait-il. Mais le Cévenol insista :

« Je vous en prie, monsieur Jacques, gardez tout. Je tiens à ce chiffre de deux mille francs. C'est ce que mademoiselle m'a prêté dans le temps pour m'acheter un homme. Si vous me refusiez... c'est bien le cas de le dire, je vous en voudrais mortellement.

Jacques n'osa pas refuser ; il mit l'argent dans sa poche, et tendant la main au Cévenol, il lui dit très-simplement : « Adieu, Pierrotte, et merci. » Pierrotte lui retint la main.

Ils restèrent quelque temps ainsi, émus et silencieux, en face l'un de l'autre. Tous les deux, ils avaient le nom de Daniel sur les lèvres, mais ils n'osaient pas le prononcer, par une même délicatesse... Ce père et cette mère se comprenaient si bien !... Jacques, le premier, se dégagea doucement. Les larmes le gagnaient ; il avait hâte de sortir. Le Cévenol l'accompagna jusque dans le passage. Arrivé là, le pauvre homme ne put pas contenir plus longtemps l'amertume dont son cœur était plein, et il commença d'un air de reproche : « Ah ! monsieur Jacques... monsieur Jacques... c'est bien le cas de le dire !... » Mais il était trop ému pour achever sa traduction, et ne put que répéter deux fois de suite : « C'est bien le cas de le dire... c'est bien le cas de le dire... »

Oh ! oui, c'était bien le cas de le dire !...

En quittant Pierrotte, Jacques retourna chez l'imprimeur. Malgré les protestations de l'Alsacien, il voulut lui rendre sur-le-champ les quatre cents francs prêtés à Daniel. Il lui laissa, en outre, pour n'avoir plus à s'en inquiéter, l'argent des trois billets à échoir ; après quoi, se sentant le cœur plus léger, il se dit : « Cherchons l'enfant. » Malheureusement, l'heure était déjà trop avancée pour se mettre en chasse le jour même ; d'ailleurs la fatigue du voyage, l'émotion, la petite toux sèche et continue qui le minait depuis longtemps avaient tellement brisé la pauvre mère Jacques, qu'il dut revenir rue Bonaparte pour prendre un peu de repos.

Ah ! lorsqu'il entra dans la petite chambre et qu'aux dernières heures d'un vieux soleil d'octobre, il revit tous ces objets qui lui parlaient de son enfant, l'établi aux rimes devant la fenêtre, son verre, son encrier, ses pipes à court tuyau comme celles de l'abbé Germane ; lorsqu'il entendit sonner les bonnes cloches de Saint-Germain un peu enrouées par le brouillard, lorsque l'*angelus* du soir — cet *angelus* mélancolique que Daniel aimait tant — vint battre de l'aile contre les vitres humides ; ce que la mère Jacques souffrit, une mère seule pourrait le dire...

Il fit deux ou trois fois le tour de la chambre, regardant partout, ouvrant toutes les armoires, dans l'espoir d'y trouver quelque chose qui le mît sur la trace du fugitif. Mais, hélas! les armoires étaient vides. On n'avait laissé que du vieux linge, des guenilles. Toute la chambre sentait le désastre et l'abandon. On n'était pas parti, on s'était enfui. Il y avait dans un coin, par terre, un chandelier, et dans la cheminée, sous un monceau de papier brûlé, une boîte blanche à filets d'or. Cette boîte, il la reconnut. C'était là qu'on mettait les lettres des yeux noirs. Maintenant il la retrouvait dans les cendres. Quel sacrilége !

En continuant ses recherches, il dénicha dans un tiroir de l'établi quelques feuillets couverts d'une écriture irrégulière, fiévreuse, l'écriture de Daniel quand il était inspiré. — « C'est un poëme, sans doute, se dit la mère Jacques en s'approchant de la fenêtre pour lire. » C'était un poëme, en effet, un poëme lugubre, qui commençait ainsi :

« Jacques, je t'ai menti. Depuis deux mois, je ne fais que te mentir... » Suivait une longue lettre que le lecteur se rappelle sans doute, et dans laquelle le petit Chose racontait tout ce que la femme d'en bas lui avait fait souffrir. Cette lettre n'était pas partie; mais, comme on voit, elle arrivait quand même à sa destination. La Providence cette fois avait fait le service de la poste.

Jacques la lut d'un bout à l'autre. Quand il fut au passage où la lettre parlait d'un engagement à Montparnasse, proposé avec tant d'insistance, refusé avec tant de fermeté, il fit un bond de joie :

— Je sais où il est, cria-t-il; et mettant la lettre dans sa poche, il se coucha plus tranquille ; mais, quoique brisé de fatigue, il ne dormit pas. Toujours cette maudite toux... Au premier bonjour de l'aurore, une aurore d'automne, paresseuse et froide, il se leva lestement. Son plan était fait.

Il ramassa les hardes qui restaient au fond des armoires, les mit dans sa malle, sans oublier la petite boîte à filets d'or, dit un dernier adieu à la vieille tour de Saint-Germain, et partit en laissant tout ouvert, la porte, la fenêtre, les armoires, pour que rien de leur belle vie ne restât dans ce logis que d'autres habiteraient désormais. En bas, il donna congé de la chambre, paya les loyers en retard; puis, sans répondre aux questions insidieuses du portier, il héla une voiture qui passait et se fit conduire à l'hôtel Pilois, rue des Dames, à Batignolles.

Cet hôtel était tenu par un frère du vieux Pilois, le cuisinier du marquis. On n'y logeait qu'au trimestre et des personnes recommandées. Aussi, dans le quartier, la maison jouissait-elle d'une réputation toute particulière. Habiter l'hôtel Pilois, c'était un certificat de bonne vie et mœurs. Jacques, qui avait gagné la confiance du Vatel de la maison d'Hacqueville, apportait de sa part à son frère un panier de vin de Marsala.

Cette recommandation fut suffisante, et quand il demanda timidement à faire partie des locataires, on lui donna sans hésiter une belle chambre au rez-de-chaussée, avec deux croisées ouvrant sur le jardin de l'hôtel, j'allais dire du couvent. Ce jardin n'était pas grand : trois ou quatre acacias, un carré de verdure indigente — la verdure de Batignolles, un figuier sans figues, une vigne malade et quelques pieds de chrysanthème en faisaient tous les frais ; mais enfin cela suffisait pour égayer la chambre, un peu triste et humide de son naturel...

Jacques, sans perdre une minute, fit son installation, planta des clous, serra son linge, posa un râtelier pour les pipes de Daniel, accrocha le portrait de madame Eyssette à la tête du lit, fit enfin de son mieux pour chasser cet air de banalité qui empeste les garnis ; puis, quand il eut bien pris possession, il déjeuna sur le pouce, et sortit sitôt après. En passant, il avertit M. Pilois que ce soir-là, exceptionnellement, il rentrerait peut être un peu tard et le pria de faire préparer dans sa chambre un gentil souper avec deux couverts et du vin vieux. Au lieu de se réjouir de cet extra, le bon M. Pilois rougit jusqu'au bout des oreilles, comme un vicaire de première année.

— C'est que, dit-il d'un air embarrassé, je ne

sais pas... Le règlement de l'hôtel s'oppose... nous avons des ecclésiastiques qui...

Jacques sourit: « Ah ! très-bien, je comprends... Ce sont les deux couverts qui vous épouvantent... Rassurez-vous, mon cher monsieur Pilois, ce n'est pas une femme. » Et à part lui, en descendant vers Montparnasse, il se disait : « Pourtant si, c'est une femme, une femme sans courage, un enfant sans raison qu'il ne faut plus jamais laisser seul. »

Dites-moi pourquoi ma mère Jacques était si sûr de me trouver à Montparnasse. J'aurais bien pu, depuis le temps où je lui écrivis la terrible lettre qui ne partit pas, avoir quitté le théâtre; j'aurais pu n'y être pas entré... Eh bien! non. L'instinct maternel le guidait. Il avait la conviction de me trouver là-bas, et de me ramener le soir même ; seulement il pensait avec raison : « Pour l'enlever, il faut qu'il soit seul, que cette femme ne se doute de rien. » C'est ce qui l'empêcha de se rendre directement au théâtre chercher des renseignements. Les coulisses sont bavardes ; un mot pouvait donner l'éveil... Il aima mieux s'en rapporter tout bonnement aux affiches, et s'en fut vite les consulter.

Les prospectus des spectacles faubouriens se posent à la porte des marchands de vins du quartier, derrière un grillage, à peu près comme les publications de mariage dans les villages de l'Alsace. Jacques, en les lisant, poussa une exclamation de joie.

Le théâtre Montparnasse donnait ce soir-là

Marie-Jeanne, drame en cinq actes, joué par mesdames Irma Borel, Désirée Levrault, Guigne, etc.

Précédé de :

Amour et Pruneaux, vaudeville en un acte, par MM. Daniel, Antonin et mademoiselle Léontine.

— Tout va bien, se dit-il. Ils ne jouent pas dans la même pièce ; je suis sûr de mon coup.

Et il entra dans un café du Luxembourg, pour attendre l'heure de l'enlèvement.

Le soir venu il se rendit au théâtre. Le spectacle était déjà commencé. Il se promena environ une heure sous la galerie, devant la porte, avec les gardes municipaux.

De temps en temps, les applaudissements de l'intérieur venaient jusqu'à lui comme un bruit de grêle lointaine, et cela lui serrait le cœur de penser que c'était peut-être les grimaces de son enfant qu'on applaudissait ainsi... Vers neuf heures, un flot de monde se précipita bruyamment dans la rue. Le vaudeville venait de finir ; il y avait des gens qni riaient encore. On sifflait, on s'appelait : Ohé !... Pilouitt !... Lala-itou ! toutes les vociférations de la ménagerie parisienne... Dame ! ce n'était pas la sortie des Italiens!

Il attendit encore un moment, perdu dans cette cohue ; puis, vers la fin de l'entr'acte, quand tout le monde rentrait, il se glissa dans une allée noire et gluante à côté du théâtre, — l'entrée des artistes, — et demanda à parler à madame Irma Borel.

— Impossible, lui dit-on. Elle est en scène...

C'était un sauvage pour la ruse, cette mère

Jacques ! De son air le plus tranquille, il répondit :
« Puisque je ne peux pas voir madame Irma Borel,
veuillez appeler M. Daniel ; il fera ma commission
auprès d'elle. »

Une minute après, la mère Jacques avait reconquis son enfant et l'emportait bien vite à l'autre bout de Paris.

XIV

LE RÊVE

— Regarde donc, Daniel, me dit ma mère Jacques quand nous entrâmes dans la chambre de l'hôtel Pilois, c'est comme la nuit de ton arrivée à Paris !

Comme cette nuit-là, en effet, un joli réveillon nous attendait sur une nappe bien blanche : le pâté sentait bon, le vin avait l'air vénérable, la flamme claire des bougies riait au fond des verres... Et pourtant, et pourtant, ce n'était plus la même chose ! Il y a des bonheurs qu'on ne recommence pas. Le réveillon était le même ; mais il y manquait la fleur de nos anciens convives, les belles ardeurs de l'arrivée, les projets de travail, les rêves de gloire et cette sainte confiance qui fait rire et qui donne faim. Pas un, hélas ! pas un de ces réveillonneurs du temps passé n'avait voulu venir chez M. Pilois. Ils étaient tous restés dans le clocher de Saint-Germain ; même au dernier moment, l'Expansion, qui nous avait promis d'être de la fête, fit dire qu'elle ne viendrait pas.

Oh! non, ce n'était plus la même chose. Je le compris si bien qu'au lieu de m'égayer, l'observation de Jacques me fit monter aux yeux un grand flot de larmes. Je suis sûr qu'au fond du cœur il avait bonne envie de pleurer, lui aussi; mais il eut le courage de se contenir, et me dit en prenant un petit air allègre : « Voyons, Daniel, assez pleuré. Tu ne fais que cela depuis une heure. (Dans la voiture, pendant qu'il me parlait, je n'avais cessé de sangloter sur son épaule.) En voilà un drôle d'accueil! Tu me rappelles positivement les plus mauvais jours de mon histoire, le temps des pots de colle et de : « Jacques, tu es un âne! » Voyons, séchez vos larmes, jeune repenti, et regardez-vous dans la glace, cela vous fera rire. »

Je me regardai dans la glace; mais je ne ris pas. Je me fis honte... J'avais ma perruque jaune collée à plat sur mon front, du rouge et du blanc plein les joues, par là-dessus la sueur, les larmes... C'était hideux! D'un geste de dégoût, j'arrachai ma perruque; mais au moment de la jeter, je fis réflexion, et j'allai la pendre à un clou au beau milieu de la muraille.

Jacques me regardait très-étonné : « Pourquoi la mets-tu là, Daniel? C'est très-vilain, ce trophée de guerrier apache... Nous avons l'air d'avoir scalpé Polichinelle. »

Et moi, très-gravement : « Non, Jacques, ce n'est pas un trophée. C'est mon remords, mon remords palpable et visible, que je veux avoir toujours devant moi. »

Il y eut l'ombre d'un sourire amer sur les lèvres de Jacques, mais tout de suite il reprit sa mine joyeuse : « Bah! laissons cela tranquille; maintenant que te voilà débarbouillé et que j'ai retrouvé ta chère frimousse, mettons-nous à table, mon joli frisé, je meurs de faim. »

Ce n'est pas vrai; il n'avait pas faim, ni moi non plus, grand Dieu! J'avais beau vouloir faire bon visage au réveillon, tout ce que je mangeais s'arrêtait à ma gorge, et malgré mes efforts pour être calme, j'arrosais mon pâté de larmes silencieuses. Jacques, qui m'épiait du coin de l'œil, me dit au bout d'un moment : « Pourquoi pleures-tu?... Est-ce que tu regrettes d'être ici? Est-ce que tu m'en veux de t'avoir enlevé?... »

Je lui répondis tristement : « Voilà une mauvaise parole, Jacques; mais je t'ai donné le droit de tout me dire. »

Nous continuâmes pendant quelque temps encore à manger, ou plutôt à faire semblant. A la fin, impatienté de cette comédie que nous nous jouions l'un à l'autre, Jacques repoussa son assiette et se leva : « Décidément, le réveillon ne va pas; nous ferons mieux de nous coucher... »

Il y a chez nous un proverbe qui dit : « Le tourment et le sommeil ne sont pas camarades de lit. » Je m'en aperçus cette nuit-là. Mon tourment, c'était de songer à tout le bien que m'avait fait ma mère Jacques et à tout le mal que je lui avais rendu, de comparer ma vie à la sienne, mon égoïsme à son dévouement, cette âme d'enfant lâche à ce cœur de héros, qui avait pris pour devise : Il n'y a qu'un bonheur au monde, le bonheur des autres. C'était aussi de me dire : « Maintenant ma vie est gâtée. J'ai perdu la confiance de Jacques, l'amour des yeux noirs, l'estime de moi-même... Qu'est-ce que je vais devenir? »

Cet affreux tourment-là me tint éveillé jusqu'au matin... Jacques non plus ne dormit pas. Je l'entendais se virer de droite et de gauche sur son oreiller, et tousser d'une petite toux sèche qui me picotait les yeux. Une fois, je lui demandai bien doucement : « Tu tousses, Jacques. Est-ce que tu es malade?... » Il me répondit : « Ce n'est rien... dors... » Et je compris à son air qu'il était plus fâché contre moi qu'il ne voulait le paraître. Cette idée redoubla mon chagrin, et je me remis à pleurer tout seulet sous ma couverture, tant et tant que je finis par m'endormir. Si le tourment empêche le sommeil, les larmes sont un narcotique.

Quand je me réveillai, il faisait grand jour. Jacques n'était plus à côté de moi. Je le croyais sorti, mais en écartant les rideaux, je l'aperçus à l'autre bout de la chambre, couché sur un canapé, et si pâle, oh! si pâle... Je ne sais quelle idée terrible me traversa la cervelle. — « Jacques! » criai-je en m'élançant vers lui... Il dormait, mon cri ne le réveilla pas. Chose singulière! son visage avait dans le sommeil une expression de souffrance triste que je ne lui avais jamais vue, et qui pourtant ne m'était pas nouvelle. Ses traits amaigris, sa face allongée, la pâleur de ses joues, la transparence maladive de ses mains, tout cela me faisait peine à voir, mais une peine déjà ressentie.

Cependant Jacques n'avait jamais été malade. Jamais il n'avait eu auparavant ce demi-cercle bleuâtre sous les yeux, ce visage décharné... Dans quel monde antérieur avais-je donc eu déjà la vision de ces choses?... Tout à coup le souvenir de mon rêve me revint... Oui, c'est cela, voilà bien le Jacques du rêve, pâle, horriblement pâle, étendu sur un canapé, il vient de mourir... Jacques vient de mourir, Daniel Eyssette, et c'est vous qui l'avez tué... A ce moment, un rayon de soleil gris entre timidement par la fenêtre, et vient courir comme un lézard sur ce pâle visage inanimé... O douceur! voilà le mort qui se réveille, se frotte les yeux, et me voyant debout devant lui me dit avec un gai sourire :

« Bonjour, Daniel. As-tu bien dormi? Moi, je toussais trop. Je me suis mis sur ce canapé pour ne pas te réveiller. » Et tandis qu'il me parle bien tranquillement, je sens mes jambes qui tremblent encore de l'horrible vision que je viens d'avoir, et je dis dans le secret de mon cœur : « Éternel Dieu, conservez-moi ma mère Jacques! »

Malgré ce triste réveil, le matin fut assez gai. Nous sûmes même retrouver un écho des anciens bons rires, lorsque je m'aperçus en m'habillant que je possédais pour tout vêtement une culotte courte en futaine et un gilet rouge à grandes basques, défroques théâtrales que j'avais sur moi au moment de l'enlèvement.

— Pardieu! mon cher, me dit Jacques, on ne pense pas à tout. Il n'y a que les don Juan sans délicatesse qui songent au trousseau quand ils enlèvent une belle... Du reste, n'aie pas peur. Nous allons te faire habiller de neuf... Ce sera encore comme à ton arrivée à Paris.

Il disait cela pour me faire plaisir, car il sentait bien comme moi que ce n'était plus la même chose. Oh! non, ce n'était plus la même chose.

— Allons, Daniel, continua mon brave Jacques en voyant ma mine redevenir songeuse, ne pensons plus au passé. Voici une vie nouvelle qui s'ouvre devant nous; entrons-y sans remords, sans méfiance, et tâchons seulement qu'elle ne nous joue pas les mêmes tours que l'ancienne... Ce que tu comptes faire désormais, mon frérot, je ne te le demande pas; mais il me semble que si tu veux entreprendre un nouveau poëme, l'endroit sera bon ici pour travailler. La chambre est tranquille. Il y a des oiseaux qui chantent dans le jardin. Tu mets l'établi aux rimes devant la fenêtre...

Je l'interrompis vivement : « Non, Jacques, plus de poëmes, plus de rimes. Ce sont des fantaisies qui te coûtent trop cher. Ce que je veux, maintenant, c'est faire comme toi, travailler, gagner ma vie et t'aider de toutes mes forces à reconstruire le foyer. »

Et lui, souriant et calme : « Voilà de beaux projets, monsieur le papillon bleu; mais ce n'est point cela qu'on vous demande. Il ne s'agit pas de gagner votre vie, et si seulement vous promettiez... Mais, bast! nous recauserons de cela plus tard. Allons acheter tes habits. »

Je fus obligé, pour sortir, d'endosser une de ses redingotes, qui me tombait jusqu'aux talons et me donnait l'air d'un musicien piémontais; il ne me manquait qu'une harpe. Quelques mois auparavant, si j'avais dû courir les rues dans un pareil accoutrement, je serais mort de honte; mais pour l'heure j'avais bien d'autres hontes à fouetter, et les yeux des femmes pouvaient rire sur mon passage, ce n'était plus la même chose que du temps de mes caoutchoucs... Oh! non, ce n'était plus la même chose.

— A présent que te voilà chrétien, me dit la mère Jacques en sortant de chez le fripier, je vais te ramener à l'hôtel Pilois; puis j'irai voir si le marchand de fer dont je tenais les livres avant mon départ veut encore me donner de l'ouvrage... L'argent de Pierrotte ne sera pas éternel; il faut que je songe à notre pot-au-feu!

J'avais envie de lui dire : « Eh bien! Jacques, va-t'en chez ton marchand de fer. Je saurai bien rentrer seul à la maison. » Mais ce qu'il en faisait, je le compris, c'était pour être sûr que je n'allais pas retourner à Montparnasse. Ah! s'il avait pu lire dans mon âme.

... Pour le tranquilliser, je le laissai me reconduire jusqu'à l'hôtel; mais à peine eut-il les talons tournés que je pris mon vol dans la rue. J'avais des courses à faire, moi aussi...

Quand je rentrai, il était tard. Dans la brume du jardin, une grande ombre noire se promenait avec agitation. C'était ma mère Jacques. « Tu fais bien d'arriver, me dit-il en grelottant. J'allais partir pour Montparnasse... »

J'eus un mouvement de colère : « Tu doutes trop de moi, Jacques, ce n'est pas généreux... Est-ce que nous serons toujours ainsi? Est-ce que tu ne me rendras jamais ta confiance? Je te jure, sur ce que j'ai de plus cher au monde, que je ne viens pas d'où tu crois; que cette femme est morte pour moi, que je ne la reverrai jamais, que tu m'as reconquis tout entier et que ce passé terrible auquel ta tendresse m'arrache ne m'a laissé que des remords et pas un regret... Que faut-il te dire encore pour te convaincre? Ah! tiens, méchant! Je voudrais t'ouvrir ma poitrine, tu verrais que je ne mens pas. »

Ce qu'il me répondit ne m'est pas resté, mais je me souviens que dans l'ombre il secouait tristement la tête de l'air de dire : « Hélas! je voudrais bien te croire... » Et cependant j'étais sincère en lui parlant ainsi. Sans doute qu'à moi seul je n'aurais jamais eu le courage de m'arracher à cette femme, mais maintenant que la chaîne était brisée, j'éprouvais un soulagement inexprimable. Comme ces gens qui essayent de se faire mourir par le charbon et qui s'en repentent au dernier moment, lorsqu'il est trop tard et que déjà l'asphyxie les étrangle et les paralyse. Tout à coup les voisins arrivent, la porte vole en éclats, l'air sauveur circule dans la chambre, et les pauvres suicidés le boivent avec délice, heureux de vivre encore et promettant bien de ne plus recommencer. Moi pareillement, après cinq mois d'asphyxie morale, je humais à pleines narines l'air pur et fort de la vie honnête, j'en remplissais mes poumons, et je vous jure Dieu que je n'avais pas envie de recommencer... C'est ce que Jacques ne voulait pas croire, et tous les serments du monde ne l'auraient pas convaincu de ma sincérité... Pauvre garçon ! Je lui en avais tant fait.

Nous passâmes cette première soirée chez nous, assis au coin du feu comme en hiver, car la chambre était humide et la brume du jardin nous pénétrait jusqu'à la moelle des os. Puis, vous savez, quand on est triste, cela semble bon de voir un peu de flamme... Jacques travaillait, faisait des chiffres. En son absence, le marchand de fer avait voulu tenir ses livres lui-même et il en était résulté un si beau griffonnage, un tel gâchis du *doit et avoir*, qu'il fallait maintenant un mois de grand travail pour remettre les choses en état. Comme vous pensez, je n'aurais pas mieux demandé que d'aider ma mère Jacques dans cette opération. Mais les papillons bleus n'entendent rien à l'arithmétique, et après une heure passée sur ces gros cahiers de commerce rayés de rouge et chargés d'hiéroglyphes bizarres, je fus obligé de jeter ma plume aux chiens.

Jacques, lui, se tirait à merveille de cette aride besogne. Il donnait, tête baissée, au plus épais des chiffres, et les grosses colonnes ne lui faisaient pas peur. De temps en temps, au milieu de son travail, il se tournait vers moi et me disait, un peu inquiet de ma rêverie silencieuse :

— Nous sommes bien, n'est-ce pas? tu ne t'ennuies pas, au moins?

Je ne m'ennuyais pas, mais j'étais triste de lui voir prendre tant de peine; et je pensais, plein d'amertume : « Pourquoi suis-je sur la terre?... Je ne sais rien faire de mes bras... Je ne paye pas ma place au soleil de la vie. Je ne suis bon qu'à tourmenter le monde et faire pleurer les yeux qui m'aiment... » En me disant cela, je songeais aux yeux noirs, et je regardais douloureusement la petite boîte à filets d'or que Jacques avait posée, — peut-être à dessein, — sur le dôme carré de la pendule. Que de choses elle me rappelait, cette boîte! Quels discours éloquents elle me tenait du haut de son socle de bronze! « Les yeux noirs t'avaient donné leur cœur, qu'en as-tu fait? me disait-elle... tu l'as livré en pâture aux bêtes... C'est Coucou-Blanc qui l'a mangé... »

Et moi, gardant encore un germe d'espoir au fond de l'âme, j'essayais de rappeler à la vie, de réchauffer de mon haleine tous ces anciens bonheurs tués de ma propre main. Je songeais : — « Peut-être il est encore temps... Peut-être, si les yeux noirs me voyaient à leurs genoux, me pardonneraient-ils encore... » Mais cette damnée petite boîte était inflexible et répétait toujours : « C'est Coucou-Blanc qui l'a mangé!... C'est Coucou-Blanc qui l'a mangé! »

... Cette longue soirée mélancolique passée devant le feu en travail et en rêvasseries vous représente assez bien la nouvelle vie que nous allions mener dorénavant. Tous les jours qui suivirent ressemblèrent à cette soirée... Ce n'est pas Jacques qui rêvassait, bien entendu. Il vous restait des dix heures sur ses gros livres, enfoui jusqu'au cou dans la chiffraille. Moi, pendant ce temps, je tisonnais et, tout en tisonnant, je disais à la petite boîte à filets d'or : « Parlons un peu des yeux noirs, veux-tu ?... » Car pour en parler avec Jacques, il n'y fallait pas penser. Pour une raison ou pour une autre, il évitait avec soin toute conversation à ce sujet. Pas même un mot sur Pierrotte. Rien... Aussi je prenais ma revanche avec la petite boîte, et nos causeries n'en finissaient pas.

Vers le milieu du jour, quand je voyais ma mère bien en train sur ses livres, je gagnais la porte à pas de chat et m'esquivais doucement, en disant : « A tout à l'heure, Jacques. » Jamais il ne me demandait où j'allais; mais je comprenais à son air malheureux, au ton plein d'inquiétude dont il me faisait : « Tu t'en vas? » qu'il n'avait pas grande confiance en moi. L'idée de cette femme le poursuivait toujours. Il pensait : « S'il la revoit, nous sommes perdus !... »

Et qui sait? Peut-être qu'il avait raison. Peut-être que si je l'avais revue, l'ensorceleuse maudite, j'aurais encore subi le charme qu'elle exerçait sur mon pauvre moi, avec sa crinière d'or pâle et son signe blanc au coin de la lèvre... Mais, Dieu merci !

je ne la revis pas. Un monsieur de Huit-à-Dix quelconque lui fit sans doute oublier son Dani-dan, et jamais plus, jamais plus, je n'entendis parler d'elle, ni de son kakatoës, ni de sa négresse Coucou-Blanc.

Un soir, au retour d'une de mes courses mystérieuses, j'entrai dans la chambre avec un cri de joie : « Jacques ! Jacques ! Une bonne nouvelle. J'ai trouvé une place... Voilà dix jours que, sans t'en rien dire, je battais le pavé à cette intention... Enfin, c'est fait. J'ai une place... Dès demain j'entre comme surveillant général à l'institution Ouly, à Montmartre, tout près de chez nous... J'irai de sept heures du matin à sept heures du soir... Ce sera beaucoup de temps passé loin de toi, mais au moins je gagnerai ma vie, et je pourrai te soulager un peu. »

Jacques releva la tête de dessus ses chiffres, et me répondit assez froidement : « Ma foi ! mon cher, tu fais bien de venir à mon secours... La maison serait trop lourde pour moi seul... Je ne sais pas ce que j'ai, mais depuis quelque temps je me sens tout patraque. » Un violent accès de toux l'empêcha de continuer. Il laissa tomber sa plume d'un air de tristesse et vint se jeter sur le canapé... De le voir allongé là-dessus, pâle, horriblement pâle, la terrible vision de mon rêve passa encore une fois devant mes yeux, mais ce ne fut qu'un éclair... Presque aussitôt ma mère Jacques se releva et se mit à rire en voyant ma mine effarée :

— Ce n'est rien, nigaud. C'est un peu de fatigue... J'ai trop travaillé ces derniers temps... maintenant que tu as une place, j'en prendrai plus à mon aise, et dans huit jours je serai guéri.

Il disait cela si naturellement, d'une figure si riante que mes tristes pressentiments s'envolèrent, et d'un grand mois je n'entendis plus dans mon cerveau le battement de leurs ailes noires...

Le lendemain, j'entrai à l'institution Ouly.

Malgré son étiquette pompeuse, l'institution Ouly était une petite école pour rire, tenue par une vieille dame à repentirs, que les enfants appelaient « bonne amie ». Il y avait là-dedans une vingtaine de petits bonshommes, mais vous savez, des tout petits, de ceux qui viennent à la classe avec leur goûter dans un panier, et toujours un bout de chemise qui passe. C'étaient nos élèves. Madame Ouly leur apprenait des cantiques; moi, je les initiais aux mystères de l'alphabet. J'étais en outre chargé de surveiller les récréations, dans une cour où il y avait des poules et un coq d'Inde dont ces messieurs avaient grand'peur.

Quelquefois aussi, quand « bonne amie » avait sa goutte, c'était moi qui balayais la classe, besogne bien peu digne d'un surveillant général, et que pourtant je faisais sans dégoût, tant je me sentais heureux de pouvoir gagner ma vie... Le soir, en rentrant à l'hôtel Pilois, je trouvais le dîner servi et la mère Jacques qui m'attendait... Après dîner, quelques tours de jardin faits à grands pas, puis la veillée au coin du feu... Voilà toute notre vie...

De temps en temps on recevait une lettre de M. ou

de Madame Eyssette; c'étaient nos grands événements. Madame Eyssette continuait à vivre chez l'oncle Baptiste; M. Eyssette voyageait toujours pour la *Compagnie vinicole*. Les affaires n'allaient pas trop mal. Les dettes de Lyon étaient aux trois quarts payées. Dans un an ou deux, tout serait réglé, et on pourrait songer à se remettre tous ensemble...

Moi, j'étais d'avis, en attendant, de faire venir madame Eyssette à l'hotel Pilois avec nous, mais Jacques ne voulait pas. — « Non! pas encore, disait-il d'un air singulier, pas encore... attendons. » Et cette réponse, toujours la même, me brisait le cœur. Je me disais : « Il se méfie de moi... Il a peur que je fasse encore quelque folie quand madame Eyssette sera ici... C'est pour cela qu'il veut attendre encore... » Je me trompais... Ce n'était pas pour cela que Jacques disait : « Attendons! »

V

....

Lecteur, si tu es un esprit fort, si les rêves te font sourire, si tu n'as jamais eu le cœur mordu, — mordu jusqu'à crier, — par le pressentiment des choses futures; si tu es un homme positif, une de ces têtes de fer que la réalité seule impressionne et qui ne laissent pas traîner un grain de superstition dans leurs cerveaux; si tu ne veux en aucun cas croire au surnaturel, admettre l'inexplicable, n'achève pas de lire ces mémoires. Ce qui me reste à dire en ces derniers chapitres est vrai comme la vérité éternelle; mais tu ne le croirais pas.

C'était le 4 décembre...

Je revenais de l'institution Ouly encore plus vite que d'ordinaire. Le matin, j'avais laissé Jacques à la maison, se plaignant d'une grande fatigue, et je languissais d'avoir de ses nouvelles. En traversant le jardin, je me jetai dans les jambes de M. Pilois, debout près du figuier, et causant à voix basse avec un gros personnage court et pattu, qui paraissait avoir beaucoup de peine à boutonner ses gants.

Je voulais m'excuser et passer outre, mais l'hôtelier me retint :

— Un mot, monsieur Daniel.

Puis, se tournant vers l'autre, il ajouta :

— C'est le jeune homme en question. Je crois que vous ferez bien de le prévenir...

Je m'arrêtai fort intrigué. De quoi ce gros bonhomme voulait-il me prévenir? Que ses gants étaient beaucoup trop étroits pour ses pattes? Je le voyais bien, parbleu !...

Il y eut un moment de silence et de gêne. M. Pilois, le nez en l'air, regardait dans son figuier comme pour y chercher les figues qui n'y étaient pas. L'homme aux gants tirait toujours sur ses boutonnières... A la fin pourtant il se décida à parler; mais sans lâcher son bouton, n'ayez pas peur.

— Monsieur, me dit-il, je suis depuis vingt ans médecin de l'hôtel Pilois, et j'ose affirmer...

Je ne le laissai pas achever sa phrase. Ce mot de médecin m'avait tout appris. « Vous venez pour mon frère? lui demandai-je en tremblant... Il est bien malade, n'est-ce pas? »

Je ne crois pas que ce médecin fût un méchant homme, mais à ce moment-là, c'étaient ses gants surtout qui le préoccupaient, et sans songer qu'il parlait à l'enfant de Jacques, sans essayer d'amortir le coup, il me répondit brutalement : « S'il est malade, je crois bien... Il ne passera pas la nuit. »

Ce fut bien asséné, je vous en réponds. La maison, le jardin, M. Pilois, le médecin, je vis tout tourner. Je fus obligé de m'appuyer contre le figuier... Il avait le poignet rude, le docteur de l'hôtel Pilois !... Du reste, il ne s'aperçut de rien et continua avec le plus grand calme, sans cesser de boutonner ses gants : « C'est un cas foudroyant de phthisie galopante... Il n'y a rien à faire, du moins rien de sérieux... D'ailleurs on m'a prévenu beaucoup trop tard, comme toujours.

— Ce n'est pas ma faute, docteur, fit le bon M. Pilois qui persistait à chercher des figues avec la plus grande attention, un moyen comme un autre de cacher ses larmes, ce n'est pas ma faute. Je savais depuis longtemps qu'il était malade, ce pauvre M. Eyssette, et je lui ai souvent conseillé de faire venir quelqu'un ; mais il ne voulait jamais. Bien sûr qu'il avait peur d'effrayer son frère... C'était si uni, voyez-vous, ces enfants-là !

Un sanglot désespéré me jaillit du fond des entrailles.

— Allons, mon garçon, du courage ! me dit l'homme aux gants d'un air de bonté... Qui sait ? la science a prononcé son dernier mot, mais la nature pas encore... Je reviendrai demain matin.

Là-dessus, il fit une pirouette et s'éloigna avec un soupir de satisfaction : il venait d'en boutonner un !

Je restai encore un moment dehors pour essuyer mes yeux et me calmer un peu ; puis faisant appel à tout mon courage, j'entrai dans notre chambre d'un air délibéré.

Ce que je vis, en ouvrant la porte, me terrifia. Jacques, pour me laisser le lit sans doute, s'était fait mettre un matelas sur le canapé, et c'est là que je le trouvai, pâle, horriblement pâle, tout à fait semblable au Jacques de mon rêve...

Ma première idée fut de me jeter sur lui, de le prendre dans mes bras, de le porter sur son lit, n'importe où; mais de l'enlever de là, mon Dieu! de l'enlever de là; puis tout de suite je fis cette réflexion : « Tu ne pourras pas, il est trop grand! » Et alors de voir ma mère Jacques étendu sans rémission à cette place où le rêve avait dit qu'il devait mourir, mon courage m'abandonna; ce masque de gaieté contrainte qu'on se colle au visage pour rassurer les moribonds, ne put pas tenir sur mes joues, et je vins tomber à genoux près du canapé, en versant un torrent de larmes.

Jacques se tourna vers moi, péniblement.

— C'est toi, Daniel... Tu as rencontré le médecin, n'est-ce pas? Je lui avais pourtant bien recommandé de ne pas t'effrayer, à ce gros-là. Mais je vois à ton air qu'il n'en a rien fait et que tu sais tout... Donne-moi ta main, frérot... Qui diable se serait douté d'une chose pareille? Il y a des gens qui vont à Nice pour guérir leur maladie de poitrine; moi, je suis allé en chercher une. C'est tout à fait original... Ah! tu sais, si tu te désoles, tu vas m'enlever tout mon courage; je ne suis déjà pas si vaillant... Ce matin, après ton départ, j'ai compris que cela se gâtait. J'ai envoyé chercher le curé de Saint-Pierre; il est venu me voir et reviendra tout à l'heure m'apporter les sacrements... Cela fera plaisir à notre mère, tu comprends... C'est un bon homme, ce curé... Il s'appelle comme ton ami, ton ami du collège de Sarlande.

Il n'en put pas dire plus long et se renversa sur l'oreiller, en fermant les yeux. Je crus qu'il allait mourir, et je me mis à crier bien fort : « Jacques ! Jacques ! mon ami !... » De la main, sans parler, il me fit : « Chut ! chut ! » à plusieurs reprises.

A ce moment, la porte s'ouvrit. M. Pilois entra dans la chambre, suivi d'un gros homme qui roula comme une boule vers le canapé, en criant : « Qu'est-ce que j'apprends, monsieur Jacques ?... C'est bien le cas de le dire... »

— Bonjour, Pierrotte, dit Jacques en rouvrant les yeux ; bonjour, mon vieil ami. J'étais bien sûr que vous viendriez au premier signe... Laisse-le mettre là, Daniel : nous avons à causer tous les deux.

Pierrotte pencha sa grosse tête jusqu'aux lèvres pâles du moribond, et ils restèrent ainsi un long moment à s'entretenir à voix basse... Moi, je regardais, immobile au milieu de la chambre. J'avais encore mes livres sous le bras. M. Pilois me les enleva doucement, en me disant quelque chose que je n'entendis pas ; puis il alla allumer les bougies et mettre sur la table une grande serviette blanche. En moi-même je me disais : « Pourquoi met-il le couvert ?... Est-ce que nous allons dîner ?... mais je n'ai pas faim ! »

La nuit tombait. Dehors, dans le jardin, des personnes de l'hôtel se faisaient des signes en regardant nos fenêtres. Jacques et Pierrotte causaient toujours. De temps en temps, j'entendais le Cévenol dire avec sa grosse voix pleine de larmes : « Oui, monsieur Jacques... Oui, monsieur Jacques... » Mais je n'osais pas m'approcher... A la fin pourtant, Jacques m'appela et me fit mettre à son chevet, à côté de Pierrotte :

— Daniel, mon chéri, me dit-il après une longue pause, je suis bien triste d'être obligé de te quitter; mais une chose me console : je ne te laisse pas seul dans la vie... Il te restera Pierrotte, le bon Pierrotte qui te pardonne et s'engage à me remplacer près de toi...

— Oh! oui, monsieur Jacques, je m'engage... c'est bien le cas de le dire... je m'engage...

— Vois-tu, mon pauvre petit, continua la mère Jacques, jamais à toi seul tu ne parviendrais à reconstruire le foyer... Ce n'est pas pour te faire de la peine, mais tu es un mauvais reconstructeur de foyer... Seulement, je crois qu'aidé de Pierrotte tu parviendras à réaliser notre beau rêve... Je ne te demande pas d'essayer de devenir un homme; je pense, comme l'abbé Germane, que tu seras un enfant toute ta vie. Mais je te supplie d'être toujours un bon enfant, un brave enfant, et surtout... Approche un peu que je te dise ça dans l'oreille... et surtout de ne pas faire pleurer les yeux noirs.

Ici mon pauvre bien-aimé se reposa encore un moment; puis il reprit :

— Quand tout sera fini, tu écriras à papa et à

maman. Seulement il faudra leur apprendre la chose par morceaux... En une seule fois, cela leur ferait trop de mal... Comprends-tu, maintenant, pourquoi je n'ai pas fait venir madame Eyssette ? je ne voulais pas qu'elle fût là. Ce sont de trop mauvais moments pour les mères...

Il s'interrompit et regarda du côté de la porte :

— Voilà le bon Dieu ! dit-il en souriant. Et il nous fit signe de nous écarter.

C'était le viatique qu'on apportait. Sur la nappe blanche, au milieu des cierges, l'hostie et les saintes huiles prirent place. Après quoi le prêtre s'approcha du lit, et la cérémonie commença...

Quand ce fut fini — oh ! que le temps me sembla long ! — quand ce fut fini, Jacques m'appela doucement près de lui :

« Embrasse-moi, » me dit-il; et sa voix était si faible qu'il avait l'air de me parler de loin... Il devait être loin en effet, depuis tantôt douze heures que l'horrible phthisie galopante l'avait jeté sur son dos maigre et l'emportait vers la mort au triple galop !...

Alors, en m'approchant pour l'embrasser, ma main rencontra sa main, sa chère main toute moite des sueurs de l'agonie. Je m'en emparai et je ne la quittai plus... Nous restâmes ainsi, je ne sais combien de temps; peut-être une heure, peut-être une éternité, je ne sais pas du tout... Il ne me voyait plus, il ne me parlait plus. Seulement, à plusieurs fois, sa main remua dans la mienne comme pour me dire : « Je sens que tu es là. » Soudain un long soubresaut agita son pauvre corps des pieds à la tête. Je vis ses yeux s'ouvrir et regarder autour d'eux pour chercher quelqu'un ; et, comme je me penchais sur lui, je l'entendis dire deux fois très-doucement : « Jacques, tu es un âne... Jacques, tu es un âne !... » puis rien... Il était mort...

... Oh ! le rêve !...

Il fit grand vent cette nuit-là. Décembre envoyait des poignées de grésil contre les vitres. Sur la table, au bout de la chambre, un christ d'argent flambait entre deux bougies. A genoux devant le christ, un prêtre que je ne connaissais pas priait d'une voix forte, dans le bruit du vent... Moi, je ne priais pas ; je ne pleurais pas non plus... Je n'avais qu'une idée, une idée fixe, c'était de réchauffer la main de mon bien-aimé que je tenais étroitement serrée dans les miennes. Hélas ! plus le matin approchait, plus cette main devenait lourde et de glace...

Tout à coup le prêtre qui récitait du latin là-bas devant le christ, se leva et vint me frapper sur l'épaule.

— Essaye de prier, me dit-il... Cela te fera du bien.

Alors seulement je le reconnus... C'était mon vieil ami du collége de Sarlande, l'abbé Germane lui-même avec sa belle figure mutilée et son air de dragon en soutane... La souffrance m'avait tellement anéanti que je ne fus pas étonné de le voir là. Cela me parut tout simple... Mais comme le lecteur n'aurait pas les mêmes raisons que moi pour trouver cette apparition naturelle, je crois devoir lui expliquer comment le professeur de Sarlande était venu dans cette chambre de mort.

On se souvient peut-être que, le jour où le petit Chose quittait le collége, l'abbé Germane lui avait dit : « J'ai bien un frère à Paris, un brave homme de prêtre... mais bast! A quoi bon te donner son adresse?... Je suis sûr que tu n'irais pas. » Voyez un peu la destinée. Ce frère de l'abbé était curé de l'église de Saint-Pierre à Montmartre, et c'est lui que la pauvre mère Jacques avait appelé à son lit de mort. Juste à ce moment il se trouvait que l'abbé Germane était de passage à Paris et logeait au presbytère... Le soir du 4 décembre, son frère lui dit en rentrant :

— Je viens de porter l'extrême-onction à un malheureux enfant qui meurt tout près d'ici. Il faudra prier pour lui, l'abbé.

L'abbé répondit : — J'y penserai demain, en disant ma messe. Comment s'appelle-t-il?...

— Attends... c'est un nom du Midi, assez difficile à retenir... Jacques Eysset... Oui, c'est cela, Jacques Eyssette... Jacob Eysseta...

Ce nom d'Eyssette rappela à l'abbé certain petit pion de sa connaissance; et sans perdre une minute il courut à l'hôtel Pilois... En entrant, il m'aperçut debout, cramponné à la main de Jacques. Il ne voulut pas déranger ma douleur et renvoya tout le monde en disant qu'il veillerait avec moi; puis il s'agenouilla, et ce ne fut que fort avant dans la nuit qu'effrayé de mon silence et de mon immobilité, il me frappa sur l'épaule et se fit connaître...

A partir de ce moment, je ne sais plus bien ce qui se passa. La fin de cette nuit terrible, le jour qui la suivit, le lendemain de ce jour et beaucoup d'autres lendemains encore ne m'ont laissé que de vagues souvenirs confus. Il y a là un grand trou dans ma mémoire. Pourtant je me souviens, — mais vaguement, comme de choses arrivées il y a des siècles, — d'une longue marche interminable dans la boue de Paris, derrière une voiture noire. Je me vois allant tête nue, entre Pierrotte et l'abbé Germane. Une pluie froide mêlée de grésil nous fouette le visage. Pierrotte a un grand parapluie; mais il le tient si mal, et la pluie tombe si dru que la soutane de l'abbé ruisselle, toute luisante... Il pleut! il pleut! oh! comme il pleut!

Près de nous, à côté de la voiture, marche un long monsieur tout en noir, qui porte une baguette d'ébène. Celui-là, c'est le maître des cérémonies, une sorte de chambellan de la mort. Comme tous les chambellans, il a le manteau de soie, l'épée, la culotte courte et le claque... Est-ce une hallucination de mon cerveau?... Je trouve que cet homme bizarre ressemble à M. Viot, le surveillant général du collége de Sarlande. Il est long comme lui, tient comme lui sa tête penchée sur l'épaule, et chaque fois qu'il me regarde, il a ce même sourire faux et glacial qui courait sur les lèvres du terrible porte-clefs. Ce n'est pas M. Viot, mais c'est peut-être son ombre...

La voiture noire avance toujours, mais si lentement, si lentement... Il me semble que nous n'arriverons jamais… Enfin, nous voici dans un jardin triste, plein d'une boue jaunâtre où l'on enfonce jusqu'aux chevilles. Nous nous arrêtons au bord d'un grand trou. Des hommes en manteaux courts apportent une grande boîte très-lourde qu'il faut descendre là-dedans. L'opération est difficile. Les cordes, toutes roides de pluie, ne glissent pas. J'entends un des hommes qui crie : « Les pieds en avant ! les pieds en avant !… » En face de moi, de l'autre côté du trou, l'ombre de M. Viot, la tête penchée sur l'épaule, continue à me sourire doucement. Longue, mince, étranglée dans ses habits de deuil, elle se détache sur le gris du ciel comme une grande sauterelle noire, toute mouillée…

Maintenant je suis seul avec Pierrotte… Nous descendons le faubourg Montmartre… Pierrotte cherche une voiture, mais il n'en trouve pas… Je marche à côté de lui, mon chapeau à la main ; il me semble que je suis toujours derrière le corbillard… Tout le long du faubourg, les gens se retournent pour voir ce gros homme qui pleure en appelant des fiacres, et cet enfant qui va tête nue sous une pluie battante…

Nous allons, nous allons toujours. Et je suis las, et ma tête est lourde… Enfin voici le passage du Saumon, l'ancienne maison Lalouette avec ses contrevents peints, ruisselants d'eau verte… Sans entrer dans la boutique, nous montons chez Pierrotte… Au premier étage, les forces me manquent. Je m'assieds sur une marche. Impossible d'aller plus loin ; ma tête pèse trop… Alors Pierrotte me prend dans ses bras; et tandis qu'il me monte chez lui, aux trois quarts mort et grelottant de fièvre, j'entends le grésil qui petille sur la vitrine du passage et l'eau des gouttières qui tombe à grand bruit dans la cour... Il pleut! il pleut! oh! comme il pleut!

XVI

LA FIN DU RÊVE

Le petit Chose est malade; le petit Chose va mourir... Devant le passage du Saumon, une large litière de paille qu'on renouvelle tous les deux jours fait dire aux gens de la rue : « Il y a là-haut quelque vieux richard en train de mourir... » Ce n'est pas un vieux richard qui va mourir; c'est le petit Chose... Tous les médecins l'ont condamné. Deux fièvres typhoïdes en deux ans, c'est beaucoup trop pour ce cervelet d'oiseau-mouche! Allons! vite, attelez la voiture noire! Que la grande sauterelle prépare sa baguette d'ébène et son sourire désolé! Le petit Chose est malade; le petit Chose va mourir.

Il faut voir quelle consternation dans l'ancienne maison Lalouette! Pierrotte ne dort plus; les yeux noirs se désespèrent. La dame de grand mérite feuillette son Raspail avec frénésie, en suppliant le bienheureux saint Camphre de faire un nouveau miracle en faveur du cher malade... Le salon jonquille est condamné, le piano mort, la flûte enclouée. Mais le plus navrant de tout, oh! le plus navrant, c'est une petite robe noire assise dans un coin de la maison, et tricotant du matin au soir sans rien dire, avec de grosses larmes qui lui coulent.

Or, tandis que l'ancienne maison Lalouette se lamente ainsi nuit et jour, le petit Chose est bien tranquillement couché dans un grand lit de plume, sans se douter des pleurs qu'il fait répandre autour de lui. Il a les yeux ouverts, mais il ne voit rien; les objets ne vont pas jusqu'à son âme. Il n'entend rien non plus, rien qu'un bourdonnement sourd, un roulement confus, comme s'il avait pour oreilles deux coquilles marines, de ces grosses coquilles à lèvres roses où l'on entend ronfler la mer. Il ne ne parle pas, il ne pense pas : vous diriez une fleur malade... Pourvu qu'on lui tienne une compresse d'eau fraîche sur la tête et un morceau de glace dans la bouche, c'est tout ce qu'il demande. Quand la glace est fondue, quand la compresse s'est desséchée au feu de son crâne, il pousse un grognement : c'est toute sa conversation...

Plusieurs jours se passent ainsi — jours sans heures, jours de chaos; puis subitement, un beau matin, le petit Chose éprouve une sensation singulière. Il lui semble qu'on vient de le tirer du fond de la mer. Ses yeux voient, ses oreilles entendent. Il respire; il reprend pied... La machine à penser, qui dormait dans un coin du cerveau avec ses rouages fins comme des cheveux de fée, se réveille et se met en branle; d'abord lentement, puis un peu plus vite, puis avec une rapidité folle — Tic! tic! tic! — à croire que tout va casser. On sent que cette jolie machine n'est pas faite pour dormir et qu'elle veut réparer le temps perdu... Tic! tic! tic... Les idées se croisent, s'enchevêtrent comme des fils de soie : « Où suis-je? mon Dieu!... Qu'est-ce que c'est que ce grand lit?... Et ces trois dames, là-bas près de la fenêtre, qu'est-ce qu'elles font?... Cette petite robe noire qui me tourne le dos, est-ce que je ne la connais pas?... On dirait que... »

Et pour mieux regarder cette robe noire qu'il croit reconnaître, péniblement le petit Chose se soulève sur son coude et se penche hors du lit, puis tout de suite se jette en arrière, épouvanté... Là, devant lui, au milieu de la chambre, il vient d'apercevoir une armoire, une grosse armoire en noyer avec de vieilles ferrures qui grimpent sur le devant. Cette armoire, il la reconnaît; il l'a vue déjà dans un rêve, dans un horrible rêve... Tic! tic! tic! La machine à penser va comme le vent... Oh! maintenant le petit Chose se rappelle. L'hôtel Pilois, la mort de Jacques, l'enterrement, l'arrivée chez Pierrotte dans la pluie, il revoit tout, il se souvient de tout. Hélas! en renaissant à la vie, le malheureux enfant vient de renaître à la douleur; et sa première parole est un gémissement...

A ce gémissement, les trois femmes qui travaillent là-bas près de la fenêtre, ont tressailli. Une d'elles, la plus jeune, se lève en criant : « De la glace ! de la glace ! » Et vite elle court à la cheminée prendre un morceau de glace qu'elle vient présenter au petit Chose ; mais le petit Chose n'en veut pas... Doucement il repousse la main qui cherche ses lèvres ; — c'est une main bien fine pour une main de garde-malade ! — Et tout bas, d'une voix qui tremble, il dit :

— Bonjour, Camille...

Camille Pierrotte est si surprise d'entendre parler le moribond, qu'elle reste là tout interdite, le bras tendu, la main ouverte, avec son morceau de glace claire qui tremble au bout de ses doigts roses.

— Bonjour, Camille, reprend le petit Chose. Oh! je vous reconnais bien, allez!... J'ai toute ma tête maintenant... Et vous ? est-ce que vous me voyez ?... Est-ce que vous pouvez me voir ?

Camille Pierrotte ouvre de grands yeux :

— Si je vous vois, Daniel !... Je crois bien que je vous vois !...

Alors, de penser que l'armoire a menti, que Camille Pierrotte n'est pas aveugle, que le rêve, l'horrible rêve ne sera pas vrai jusqu'au bout, le petit Chose reprend courage et se hasarde à faire d'autres questions :

— J'ai été bien malade, n'est-ce pas, Camille ?

— Oh ! oui, Daniel, bien malade...

— Est-ce que je suis couché depuis longtemps ?...

— Il y aura demain trois semaines...

— Miséricorde ! trois semaines !... Déjà trois semaines que ma pauvre mère Jacques...

Il n'achève pas sa phrase, et cache sa tête dans l'oreiller en sanglotant.

... A ce moment, Pierrotte entre dans la chambre ; il amène un nouveau médecin. (Pour peu que la maladie continue, toute l'Académie de médecine y passera.) Celui-ci est l'illustre docteur *Broum-Broum*, un gaillard qui va vite en besogne et ne s'amuse pas à boutonner ses gants au chevet des malades. Il s'approche du petit Chose, lui tâte le pouls, lui regarde les yeux et la langue, puis se tournant vers Pierrotte :

— Qu'est-ce que vous me chantiez donc ?... Mais il est guéri, ce garçon-là !...

— Guéri ! fait le bon Pierrotte en joignant les mains.

— Si bien guéri que vous allez me jeter tout de suite cette glace par la fenêtre et donner à votre malade une aile de poulet aspergée de Saint-Émilion... Allons ! ne vous désolez plus, ma petite demoiselle ; dans huit jours ce jeune trompe-la-mort sera sur pied, c'est moi qui vous en réponds... D'ici là, gardez-le bien tranquille dans son lit, évitez-lui toute émotion, toute secousse ; c'est le point essentiel... Pour le reste, laissons faire la nature ; elle s'entend à soigner mieux que vous et moi...

Ayant ainsi parlé, l'illustre docteur *Broum-Broum* donne une chiquenaude au jeune trompe-la-mort, un sourire à mademoiselle Camille et s'éloigne lestement, escorté du bon Pierrotte qui pleure de joie et répète tout le temps : « Ah ! monsieur le docteur, c'est bien le cas de le dire... c'est bien le cas de le dire... »

Derrière eux, Camille veut faire dormir le malade; mais il s'y refuse avec énergie :

— Ne vous en allez pas, Camille, je vous en prie... Ne me laissez pas seul... Comment voulez-vous que je dorme avec le gros chagrin que j'ai ?

— Si, Daniel, il le faut... Il faut que vous dormiez... Vous avez besoin de repos; le médecin l'a dit... Voyons, soyez raisonnable, fermez les yeux, et ne pensez à rien... Tantôt je viendrai vous voir encore; et, si vous avez dormi, je resterai bien longtemps.

— Je dors... je dors.... dit le petit Chose en fermant les yeux. Puis se ravisant : — Encore un mot, Camille... Quelle est donc cette petite robe noire que j'ai aperçue ici tout à l'heure?

— Une robe noire !...

— Mais oui, vous savez bien, cette petite robe noire qui travaillait là-bas avec vous près de la fenêtre... Maintenant, elle n'y est plus... Mais tout à l'heure je l'ai vue, j'en suis sûr...

— Oh ! non, Daniel, vous vous trompez... J'ai travaillé ici toute la matinée avec madame Tribou, votre vieille amie madame Tribou, vous savez, celle que vous appeliez la dame de grand mérite; mais madame Tribou n'est pas en noir... Elle a toujours sa même robe verte... Non ! sûrement, il n'y a pas de robe noire dans la maison... Vous avez dû rêver cela... Allons ! Je m'en vais... Dormez bien...

Là-dessus, Camille Pierrotte s'encourt vite, toute confuse et le feu aux joues, comme si elle venait de mentir.

Le petit Chose reste seul; mais il n'en dort pas mieux. La machine aux fins rouages fait le diable dans sa cervelle. Les fils de soie se croisent, s'enchevêtrent... Il pense à son bien-aimé qui dort dans l'herbe de Montmartre; il pense aux yeux noirs aussi, à ces belles lumières sombres que la Providence semblait avoir allumées exprès pour lui, et qui maintenant...

Ici la porte de la chambre s'entr'ouvre doucement, doucement, comme si quelqu'un voulait entrer; mais presque aussitôt on entend Camille Pierrotte dire à voix basse :

— N'y allez pas... L'émotion va le tuer, s'il se réveille...

Et voilà la porte qui se referme doucement, doucement, comme elle s'était ouverte. Par malheur un pan de robe noire se trouve pris dans la rainure; et ce pan de robe qui passe, de son lit le petit Chose l'aperçoit...

Du coup son cœur bondit; ses yeux s'allument, et, se dressant sur son coude, il se met à crier bien fort : « Mère ! mère ! pourquoi ne venez-vous pas m'embrasser ?... »

Aussitôt la porte s'ouvre. La petite robe noire, — qui n'y peut plus tenir, — se précipite dans la chambre; mais au lieu d'aller vers le lit, elle va droit à l'autre bout de la pièce, les bras ouverts, en appelant :

— Daniel ! Daniel !

— Par ici, mère... crie le petit Chose, qui lui tend les bras en riant... Par ici; vous ne me voyez donc pas !...

Et alors madame Eyssette, à demi tournée vers le lit, tâtonnant dans l'air autour d'elle avec ses mains qui tremblent, répond d'une voix navrante :

— Hélas ! non, mon cher trésor, je ne vous vois pas... Jamais plus je ne vous verrai... Je suis aveugle !

En entendant cela, le petit Chose pousse un grand cri et tombe à la renverse sur son oreiller...

Certes, qu'après vingt ans de misères et de souffrances, deux enfants morts, son foyer détruit, son mari loin d'elle, la pauvre mère Eyssette ait ses yeux divins tout brûlés par les larmes comme les voilà, il n'y a rien là-dedans de bien extraordinaire... Mais pour le petit Chose, quelle effroyable coïncidence avec son rêve ! Quel dernier coup terrible la destinée lui tenait en réserve ! Est-ce qu'il ne va pas en mourir de celui-là ?...

Eh bien ! non... le petit Chose ne mourra pas. Il ne faut pas qu'il meure. Derrière lui, que deviendrait la pauvre mère aveugle ? Où trouverait-elle des larmes pour pleurer ce troisième fils ? Que deviendrait le père Eyssette, cette victime de l'honneur commercial, ce Juif-Errant de la viniculture, qui n'a pas même le temps de venir embrasser son enfant malade, ni de porter une fleur à son enfant mort ? Qui reconstruirait le foyer, ce beau foyer de famille où les deux vieux viendront un jour chauffer leurs pauvres mains glacées ?... Non ! non ! le petit Chose ne veut pas mourir. Il se cramponne à la vie, au contraire, et de toutes ses forces... On lui a dit que, pour guérir plus vite, il ne fallait pas penser, — il ne pense pas ; qu'il ne fallait pas parler, — il ne parle pas ; qu'il ne fallait pas pleurer, — il ne pleure pas... C'est plaisir de le voir dans son lit, l'air paisible, les yeux ouverts, jouant pour se distraire avec les glands de l'édredon. Une vraie convalescence de chanoine...

Autour de lui toute la maison Lalouette s'empresse silencieuse. Madame Eyssette passe ses journées aux pieds du lit, avec son tricot ; la chère aveugle a tellement l'habitude des longues aiguilles qu'elle tricote aussi bien que du temps de ses yeux. La dame de grand mérite est là, elle aussi ; puis à tout moment on voit paraître à la porte la bonne figure de Pierrotte. Il n'y a pas jusqu'au joueur de flûte qui ne monte prendre des nouvelles quatre ou cinq fois dans le jour. Seulement, il faut bien le dire, celui-là ne vient pas pour le malade ; c'est la dame de grand mérite qui l'attire surtout... Depuis que Camille Pierrotte lui a formellement déclaré qu'elle ne voulait ni de lui ni de sa flûte, le fougueux instrumentiste s'est rabattu sur la veuve Tribou, qui, pour être moins riche et moins jolie que la fille du Cévenol, n'est pas cependant tout à fait dépourvue de charmes ni d'économies. Avec cette romanesque matrone, l'homme-flûte n'a pas perdu son temps ; à la troisième séance, il y avait déjà du mariage dans l'air, et l'on parlait vaguement de monter une herboristerie rue des Lombards, avec les économies de la dame. C'est pour ne pas laisser dormir ces beaux projets, que le jeune virtuose vient si souvent prendre des nouvelles.

Et mademoiselle Pierrotte? On n'en parle pas? Est-ce qu'elle ne serait plus dans la maison?... Si, toujours; seulement, depuis que le malade est hors de danger, elle n'entre presque jamais dans sa chambre. Quand elle y vient, c'est en passant, pour prendre l'aveugle et la mener à table; mais le petit Chose, jamais un mot... Ah! qu'il est loin le temps de la rose rouge, le temps où pour dire : « Je vous aime, » les yeux noirs s'ouvraient comme deux fleurs de velours! Dans son lit, le malade soupire, en pensant à ces bonheurs envolés. Il voit bien qu'on ne l'aime plus, qu'on le fuit, qu'il fait horreur; mais c'est lui qui l'a voulu. Il n'a pas le droit de se plaindre. Et pourtant c'eût été si bon, au milieu de tant de deuils et de tristesses, d'avoir un peu d'amour pour se chauffer le cœur : c'eût été si bon de pleurer sur une épaule amie!... « Enfin!... le mal est fait, se dit le pauvre enfant, n'y songeons plus, et trêve aux rêvasseries. Pour moi, il ne s'agit plus d'être heureux dans la vie; il s'agit de faire mon devoir... Demain, je parlerai à Pierrotte. »

En effet, le lendemain, à l'heure où le Cévenol traverse la chambre à pas de loup pour descendre au magasin, le petit Chose, qui est là depuis l'aube à guetter derrière ses rideaux, appelle doucement : « Monsieur Pierrotte! monsieur Pierrotte! »

Pierrotte s'approche du lit; et alors le malade, très-ému, sans lever les yeux :

« Voici que je m'en vais sur ma guérison, mon bon monsieur Pierrotte, et j'ai besoin de causer sérieusement avec vous. Je ne veux pas vous remercier de ce que vous faites pour ma mère et pour moi... »

Vive interruption du Cévenol : « Pas un mot là-dessus, monsieur Daniel; tout ce que je fais, je devais le faire. C'était convenu avec M. Jacques.

— Oui, je sais, Pierrotte, je sais qu'à tout ce qu'on veut vous dire sur ce chapitre vous faites toujours la même réponse... Aussi n'est-ce pas de cela que je vais vous parler. Au contraire, si je vous appelle, c'est pour vous demander un service. Votre commis va vous quitter bientôt; voulez-vous me prendre à sa place? Oh! je vous en prie, Pierrotte, écoutez-moi jusqu'au bout; ne me dites pas non, sans m'avoir écouté jusqu'au bout... Je le sais, après ma lâche conduite, je n'ai plus le droit de vivre au milieu de vous. Il y a dans la maison quelqu'un que ma présence fait souffrir, quelqu'un à qui ma vue est odieuse, et ce n'est que justice!... Mais si je m'arrange pour qu'on ne me voie jamais, si je m'engage à ne jamais monter ici, si je reste toujours au magasin, si je suis de votre maison sans en être, comme les gros chiens de basse-cour qui n'entrent jamais dans les appartements, est-ce qu'à ces conditions-là vous ne pourriez pas m'accepter?

Pierrotte a bonne envie de prendre dans ses grosses mains la tête frisée du petit Chose et de l'embrasser bien fort; mais il se contient et répond tranquillement :

— Dame! écoutez, monsieur Daniel, avant de rien dire, j'ai besoin de consulter la petite... Moi, votre proposition me convient assez; mais je ne sais pas si la petite... Du reste, nous allons voir. Elle doit être levée... Camille! Camille!

Camille Pierrotte, matinale comme une abeille, est en train d'arroser son rosier rouge sur la cheminée du salon. Elle arrive en peignoir du matin, les cheveux relevés à la chinoise, fraîche, gaie, sentant les fleurs.

— Tiens! petite, lui dit le Cévenol, voilà M. Daniel qui demande à entrer chez nous pour remplacer le commis... Seulement, comme il pense que sa présence ici te serait trop pénible...

— Trop pénible! interrompt Camille Pierrotte en changeant de couleur.

Elle n'en dit pas plus long, mais les yeux noirs achèvent sa phrase. Oui, les yeux noirs eux-mêmes se montrent devant le petit Chose, profonds comme la nuit, lumineux comme les étoiles et criant : « Amour! amour! » avec tant de passion et de flamme que le pauvre malade en a le cœur incendié.

Alors Pierrotte dit en riant sous cape :

— Dame! expliquez-vous tous les deux... Il y a quelque malentendu là-dessous.

Et il s'en va tambouriner une bourrée cévenole sur les vitres; puis quand il croit que les enfants se sont suffisamment expliqués, — oh! mon Dieu!

c'est à peine s'ils ont eu le temps de se dire trois paroles! — il s'approche d'eux et les regarde :

— Eh bien?

— Ah! Pierrotte, dit le petit Chose en lui tendant les mains, elle est aussi bonne que vous... elle m'a tout pardonné!

A partir de ce moment, la convalescence du malade marche avec des bottes de sept lieues... Je crois bien! les yeux noirs ne bougent plus de la chambre. On passe les journées à faire des projets d'avenir. On parle de mariage, de foyer à reconstruire. On parle aussi de la chère mère Jacques, et son nom fait encore verser de belles larmes. Mais c'est égal! il y a de l'amour dans l'ancienne maison Lalouette. Cela se sent. Et si quelqu'un s'étonne que l'amour puisse fleurir ainsi dans le deuil et dans les larmes, je lui dirai d'aller voir aux cimetières toutes ces jolies fleurettes qui poussent entre les fentes des tombeaux.

D'ailleurs, n'allez pas croire que la passion fasse oublier son devoir au petit Chose. Pour si bien qu'il soit dans son grand lit, entre madame Eyssette et les yeux noirs, il a hâte d'être guéri, de se lever, de descendre au magasin. Non certes que la porcelaine le tente beaucoup; mais il languit de commencer cette vie de dévouement et de travail dont la mère Jacques lui a donné l'exemple. Après tout, il vaut encore mieux vendre des assiettes dans un passage, comme disait la tragédienne Irma, que balayer l'institution Ouly ou se faire siffler à Montparnasse. Quant à la Muse, on n'en parle plus.

Daniel Eyssette aime toujours les vers, mais plus les siens; et le jour où l'imprimeur, fatigué de garder chez lui les neuf cent quatre-vingt-dix-neuf volumes de *la Comédie pastorale*, les renvoie au passage du Saumon, le malheureux ancien poëte a le courage de dire :

— Il faut brûler tout ça.

A quoi Pierrotte, plus avisé, répond :

— Brûler tout ça!... ma foi non!... j'aime bien mieux le garder au magasin. J'en trouverai l'emploi... C'est bien le cas de le dire... J'ai tout juste prochainement un envoi de coquetiers à faire à Madagascar. Il paraît que dans ce pays-là, depuis qu'on a vu la femme d'un missionnaire anglais manger des œufs à la coque, on ne veut plus manger les œufs autrement... Avec votre permission, monsieur Daniel, vos livres serviront à envelopper mes coquetiers.

Et en effet, quinze jours après, *la Comédie pastorale* se met en route pour le pays de l'illustre Rana-Volo. Puisse-t-elle y avoir plus de succès qu'à Paris!

... Et maintenant, lecteur, avant de clore cette histoire, je veux encore une fois t'introduire dans le salon jonquille. C'est par une après-midi de dimanche, un beau dimanche d'hiver, — froid sec et grand soleil. Toute la maison Lalouette rayonne. Le petit Chose est complétement guéri et vient de se lever pour la première fois. Le matin, en l'honneur de cet heureux événement, on a sacrifié à Esculape quelques douzaines d'huîtres, arrosées d'un joli vin blanc de Touraine. Maintenant on est au salon, tous réunis. Il fait bon; la cheminée flambe. Sur les vitres chargées de givre, le soleil fait des paysages d'argent...

Devant la cheminée, le petit Chose, assis sur un tabouret aux pieds de la pauvre aveugle assoupie, cause à voix basse avec mademoiselle Pierrotte, plus rouge que la petite rose rouge qu'elle a dans les cheveux. Cela se comprend, elle est si près du feu !... De temps en temps un grignotement de souris, — c'est la tête d'oiseau qui becquète dans un coin; ou bien un cri de détresse, — c'est la dame de grand mérite qui est en train de perdre au bezigue l'argent de l'herboristerie. Je vous prie de remarquer l'air triomphant de madame Lalouette qui gagne, et le sourire inquiet du joueur de flûte, — qui perd.

Et M. Pierrotte ?... Oh ! M. Pierrotte n'est pas loin... Il est là-bas, dans l'embrasure de la fenêtre, à demi caché par le grand rideau jonquille, et se livrant à une besogne silencieuse qui l'absorbe et le fait suer. Il a devant lui, sur un guéridon, des compas, des crayons, des règles, des équerres, de l'encre de Chine, des pinceaux, et enfin une longue pancarte de papier à dessin qu'il couvre de signes singuliers... L'ouvrage a l'air de lui plaire. Toutes les cinq minutes il relève la tête, la penche un peu de côté et sourit à son barbouillage d'un air de complaisance.

Quel est donc ce travail mystérieux ?...

Attendez; nous allons le savoir... Pierrotte a

La fin du rêve

fini. Il sort de sa cachette, arrive doucement derrière Camille et le petit Chose; puis, tout à coup, leur étale sa grande pancarte sous les yeux en disant : « Tenez, les amoureux ! que pensez-vous de ceci ? »

Deux exclamations lui répondent : « Oh ! papa... — Oh ! monsieur Pierrotte ! »

— Qu'est-ce qu'il y a?... Qu'est-ce que c'est?... demande la pauvre aveugle, réveillée en sursaut.

Et Pierrotte joyeusement :

— Ce que c'est, mademoiselle Eyssette?... C'est... c'est bien le cas de le dire... C'est un projet de la nouvelle enseigne que nous mettrons sur la boutique dans quelques mois... Allons ! monsieur Daniel, lisez-nous ça tout haut pour qu'on juge un peu de l'effet.

Dans le fond de son cœur, le petit Chose donne une dernière larme à ses papillons bleus; et prenant la pancarte à deux mains, — voyons ! sois homme, petit Chose ! — il lit tout haut, d'une voix ferme, cette enseigne de boutique, où son avenir est écrit en lettres grosses d'un pied :

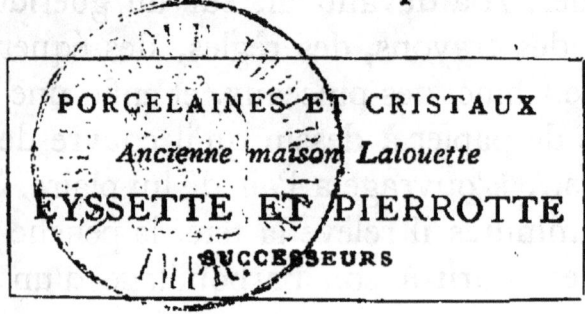

TABLE DES MATIÈRES

PREMIÈRE PARTIE

I.	La Fabrique．	1
II.	Les Babarottes	13
III.	Il est mort! Priez pour lui	25
IV.	Le Cahier rouge．	32
V.	Gagne ta vie	48
VI.	Les Petits．	62
VII.	Le Pion．	75
VIII.	Les Yeux noirs	88
IX.	L'Affaire Boucoyran．	101
X.	Les mauvais jours．	113
XI.	Mon bon ami le maître d'armes．	119
XII.	L'Anneau de fer．	132
XIII.	Les Clefs de M. Viot	147
XIV.	L'Oncle Baptiste．	153

DEUXIÈME PARTIE

I.	Mes Caoutchoucs	157
II.	De la part du curé de Saint-Nizier	163
III.	Ma mère Jacques	176

IV. — La discussion du Budget.	181
V. — Coucou-Blanc et la dame du premier	193
VI. — Le Roman de Pierrotte	204
VII. — La Rose rouge et les Yeux noirs	222
VIII. — Une Lecture au passage du Saumon	235
IX. — Tu vendras de la porcelaine.	253
X. — Irma Borel	269
XI. — Le cœur de sucre	280
XII. — Tolocototignan!	299
XIII. — L'Enlèvement	312
XIV. — Le Rêve.	326
XV. —	340
XVI. — La fin du Rêve	352

OUVRAGES EN VENTE
A LA MÊME LIBRAIRIE

P.-J. STAHL
Les Bonnes Fortunes Parisiennes :
- Les Amours d'un Pierrot. 4ᵉ édition. 1 vol...... 3 »
- Les Amours d'un Notaire. 2ᵉ édition. 1 vol....... 3 »
- Histoire d'un Homme enrhumé. 1 vol.............. 3 »
- Voyage d'un Étudiant. 1 vol..................... 3 »
- La Morale familière. 1 vol...................... 3 »

LUCIEN BIART
- Le Bizco. *Une Passion au Mexique.* 2ᵉ édit. 1 vol... 3 »
- La Terre chaude. 1 vol.......................... 3 »
- La Terre tempérée. 1 vol........................ 3 »

GUSTAVE DROZ
- Monsieur, Madame et Bébé. 24ᵉ édition. 1 vol..... 3 »
- Entre Nous. 14ᵉ édition. 1 vol................... 3 »
- Le Cahier bleu de Mlle Cibot. 10ᵉ édition. 1 vol.. 3 »

E. LEGOUVÉ (de l'Académie française)
- Les Pères et les Enfants au XIXᵉ siècle. 4ᵉ édit. 1 vol. 3 »

L. SIMONIN
- Histoire de la Terre. 2ᵉ édition. 1 vol.......... 3 »

ZURCHER ET MARGOLLÉ
- Histoire de la Navigation. 1 vol................ 3 »
- Les Tempêtes. 1 vol.............................. 3 »

A. BRACHET
- Grammaire historique de la langue française..... 3 »

ÉDOUARD SIEBECKER
- Physiologie des Chemins de Fer. 1 vol........... 3 »

HIPPOLYTE DURAND
- Les Grands Prosateurs. 1 vol.................... 3 »
- Les Grands Poètes. 1 vol........................ 3 »

X. NAGRIEN
- Prodigieuse Découverte et ses incalculables conséquences sur les destinées du monde. 1 vol...... 3 »

H. STEEL
- Haôma. 1 vol.................................... 3 »

OLIVIER MERSON
- Ingres, sa Vie et ses Œuvres. 1 vol. avec photographie. 1 50

POUJARD'HIEU
- La Liberté et les Intérêts matériels. 1 vol..... 3 »
- Les Chemins de Fer et le Crédit en France. 1 vol... 3 »

FLAVIO
- Où mènent les Chemins de Traverse. 2ᵉ édition. 1 vol. 3 »

HECTOR MALOT
- Les Victimes d'Amour. *Les Amants.* 4ᵉ édition. 1 vol. 3 »

MAYNE-REID
- Le Désert d'Eau, illustré par Benet. 1 vol...... 3 50

www.ingramcontent.com/pod-product-compliance
Lightning Source LLC
Chambersburg PA
CBHW060554170426
43201CB00009B/770